우리말 어원의
일본어 단어

2023
개정증보판

語 源

우리말 어원의
일본어 단어

JLPT 일본어능력시험(N5-N1) 대비
1,300개 훈독단어 수록

한창화 지음

일본어에는 우리말이 광범위하게 녹아 들어가 있다

외국어를 공부하는 데 있어 특히 같은 어족(語族)이면 유사성을 탐구하면서 학습한다면 학습의 즐거움도 생기고 능률도 올라갈 것이기 때문에 일본어를 공부하시는 분은 이 책을 통해서 나름 노하우를 쌓아 나가길 기대하는 바이다.

좋은땅

서문
········

　2022년 12월에 『우리말 어원의 일본어 단어』를 출간한 이래 비교적 짧은 기간에 증보판을 내게 되었다. 이번의 증보판은 어휘수도 대폭 늘어났으며 어휘를 수준별로 구분하여 일본어를 막 시작한 초심자도 편안하게 접할 수 있게 하였다.

　우리말과 일본어는 우랄알타이어족으로 같은 어족(語族)에 속한다. 두 언어의 공통점은 어순이 같으며 한자(漢字)를 사용한다는 점을 꼽을 수 있다. 그리고 역사적으로 보면 일본 열도와 가장 가까운 한반도를 통해 많은 사람들이 일본으로 건너갔다. 일본에서는 3세기에서 7세기경에 대륙(한반도, 중국 등)에서 일본에 이주한 사람을 역사적 용어로 도래인(渡来人)이라고 한다. 사람이 이동하면 말을 포함해 문물(文物)도 함께 이동하기 마련이다.

　위와 같은 역사적 사실에서 일본어 상용한자(2,136자) 훈독 단어 하나하나를 분석하여 우리말과의 연관성을 따져보았다. 유사한 면이 있는 단어는 일본 포털사이트에서 어원을 검색하고 일본어 고어사전과 비교검토 하였다. 그리고 이 책에 수록한 단어는 순수 일본어인 한자의 훈독 단어이다. 다만 예외적으로 한자의 음독이 하나의 단어가 되거나, 한자의 음독이 변화하면서 한 단어에 포함되는 경우에는 그것도 수록하되, 우리 한자음과 비슷한 오음(吳音)만을 대상으로 하였다.

　일본에서도 자신의 말인 일본어 어원을 연구하여 밝히고 있지만 우리말과의 관계는 폭넓게 밝히지 못하고 있는 면이 있어 아쉬움이 있다. 그러나, 일본어 어원이 되는 우리말은 현재 우리가 쓰고 있는 말뿐만 아니라 고어도 있고 방언도 많은데 이런 것까지 다 감안하는 데는 한계도 있기 때문일 것이다.

　외국어를 공부하는 데 있어 특히 같은 어족(語族)이면 말의 기본이 되는 단어의 관련성을 탐구하면서 학습한다면 학습의 즐거움도 생기고 능률도 올라갈 수 있다. 영어 단어인 경우 어원을 따져서 공부하는 단어 학습서가 많지만 어원의 대다수는 라틴어이다. 그런데, 일본어의 경우 어원이 다른 외국어가 아닌 바로 우리말이기 때문에 말의 어원을 안다면 그 유용함은 두말을 필요로 하지 않을 것이다.

그리고 언어 구조적인 면에서 일본어와 우리말을 비교해 보면 다음과 같다. 가나(50자)를 바탕으로 하는 음절문자인 일본어의 실제 발음 수는 112개이다. 한자 발음 수는 300개 정도지만 이것은 한자 발음에는 한 음절만 있는 것이 아니라 두 음절의 발음도 꽤 있고, 같은 발음이라도 장음과 단음을 구분하기 때문에 한자의 발음 수가 늘어난 때문이다. 그리고, 순수 일본어를 표기하는 글자는 71개이다(가나 46자, 탁음 20자, 반탁음 5자). 반면에 우리말의 실제 발음 수는 1,096개(모음 10자, 반모음 2자, 자음 19자로 총 31개 음가의 교접합을 통하여 발음)이며, 그중 한자 발음 수는 460개로 일본의 1.53배이다.

발음 수가 적은 언어 쪽에서 발음 수가 많은 언어를 도입하여 표기할 때에는 본래의 발음을 충분히 표기하지 못하고 약간의 변형이 일어날 수밖에 없다. 예를 들면, 「밭」을 뜻하는 「はた」는 『밭 〉바타 〉하타 〉はた』로 바뀌었는데, 음절이 2개로 되고, 탁음 바(ば)가 청음 하(は)로 바뀌었다. 탁음(반탁음)이 청음(淸音)으로 바뀌는 현상은 말이 변화할 때 나타나는 일반적인 현상이다(필자는 이것을 「청음화 현상」이라고 명명한다). 그리고, 일본에는 음성모음 「ㅓ, ㅕ, ㅡ」가 없기 때문에 양성모음으로 바뀌는 것도 일반적인 현상이다[별 〉볼 〉보시 〉호시 〉ほし(星)]. 별에서 보듯이 음성모음 「ㅕ」가 양성모음 「ㅗ」로 바뀌었다.

우리말은 발음 수가 많기 때문에 한 음절의 말로도 충분히 사물을 지칭할 수 있다. 또 이런 한 음절의 말이 특히 일본의 생활기초어의 토대가 되어 다른 말과 결합하면서 광범위하게 활용되고 있다. 그리고, 「다」로 끝나는 두 음절의 용언이 일본어 동사 및 형용사에 끼친 영향은 매우 크다. 우리말은 일본어 명사, 동사, 형용사는 물론 부사, 의태어, 의성어는 물론이고, 한자음(漢字音)에 있어서는 오음(吳音)을 통하여 참으로 많은 영향을 끼쳤다고 평가할 수 있다.

이번의 어원조사연구 작업에서 재미있는 것은 일본어에도 우리말처럼 두음법칙과 유사한 면이 있다는 점이다. 예를 들면, 「널(널빤지)」이 일본어로 「いた(板)」인데 「にた」라 하지 않고 「いた」라

고 하고 있다. 발음 변화는 다음과 같다. (「널 〉 너얼 〉 얼 〉 일 〉 이다 〉 いた」)[ㄴ → 이]

그리고 일본어의 우리말 어원에서 우리말 단어의 뒷말을 어원으로 삼는 것도 있는데 예를 들면 「깃발」(旗발)이 있다. 깃발을 뜻하는 「はた」(旗)의 어원은 「깃발」의 「발」이다. 「발 〉 바다 〉 하다 〉 はた」 이유는 「깃발」은 깃발을 뜻하는 「기」와 역시 깃발의 뜻인 「발」의 합성어이기 때문이다(異音同義語).

앞에서도 언급했듯이 일본에서 우리말과의 연관성을 충분히 규명하지 못한 말들이 많아 필자가 제안한 것도 많은데 동의하기 어려운 부분이 있으면, 이런 의견도 있구나 하며 넓은 마음으로 보아 주시기 당부드리는 바이다. 어원 설명에 있어 정설(定說)이 없을 때는 여러 가지 설(說)이 있기 마련이다.

끝으로, 이 책 『우리말 어원의 일본어 단어』을 보신 분들은 다른 일본어 단어를 접할 때에도 스스로 응용하는 힘을 길러 학습의 즐거움과 함께 능률도 한껏 올려 주시길 당부드리는 바이다.

2023년 6월 저자 한창화

일러두기

1. 단어의 배열순서는 한자발음의 「가나다」순으로 하고 한자 획수가 적은 말을 앞쪽으로 배치하였다.

2. 어원을 분석하는 데 있어, 일본어 발음 표기는 다음과 같이 하였다.
   • か는 「가」, き는 「기」, く는 「구」, け는 「게」, こ는 「고」, た는 「다」, と는 「도」로 표기하는 것을 원칙으로 하고,
   • 나머지 가나는 소리 나는 대로 표기하였다.

3. 단어 출처는 특별한 경우에만 표시하였으며 참고 서적은 아래와 같다.
   岩波古語辞典, 古典基礎語辞典(大野すすむ),
   日本語源大辞典(小学館), 日本語源広辞典(増井金典著)

4. 이 책에서는 단어가 가진 대표적인 의미만 취급하였으므로, 단어의 여러 의미를 알고자 하면 일반 사전을 참고해 주시기 바란다.

5. 단어의 배열순서는 JLPT(일본어능력시험) 낮은 급수(N5)에서 높은 급수(N1) 순으로 하였다.

6. 쉬어 가는 곳에 표제어와 일부 중복되는 단어가 있지만 단어의 뉘앙스를 살리기 위해 그대로 두었다.

7. 방언은 표준국어대사전, 고려대 한국어대사전을 우선하였다.

종성「ㄹ」의 변화

우리말 종성「ㄹ」이 일본어로 바뀔 때, 자음은「ㄱ, ㅁ, ㅅ, ㅈ, ㅊ, ㄷ, ㄹ」로 바뀌고 모음「ㅏ, ㅜ, ㅗ, ㅡ, ㅣ, ㅔ」등이 붙는다. (종성 ㄹ이 탈락하는 경우도 있음)

구분	단어	첨가모음
ㄹ → ㄱ	쓰다(쓸) : 쓸 〉쓰가 〉つか 〉つかう (使う, 쓰다, 사용하다)	ㅏ
	짜다(짤) : 짤 〉짜구 〉쯔구 〉つく 〉つくる (作る, 만들다)	ㅜ
	달(山) : 달 〉다가 〉たか 〉たかい (高い, 높다)	ㅏ
	술 : 술 〉살 〉사게 〉さけ (酒, 술)	ㅔ
ㄹ → ㅁ	날(것) : 날 〉나마 〉なま (生)	ㅏ
	서리 : 서리 〉설 〉실 〉시모 〉しも (霜)	ㅗ
	칼(카락) : 칼 〉카미 〉かみ (髮, 머리털)	ㅣ
ㄹ → ㅅ	별 : 별 〉볼 〉볼 〉보시 〉호시 〉ほし (星)	ㅣ
	발(:) : 발 〉바시 〉하시 〉はし (橋, 다리)	ㅣ
	쏠다 : 쏠 〉쏘시 〉소시 〉そし 〉そしる (謗る, 비방하다)	ㅣ
ㄹ → ㅈ	갉다 : 갉 〉갈 〉가지 〉かじ 〉かじる (齧る)	ㅣ
	줄(힘줄) : 줄 〉주지 〉즈지 〉스지 〉すじ (筋, 힘줄, 근육)	ㅣ
ㄹ → ㅊ	벌 : 벌 〉발 〉바치 〉하치 〉はち (蜂, 벌)	ㅣ
	팔 : 팔 〉파치 〉하치 〉はち (八)	ㅣ
ㄹ → ㄷ	풀다 : 풀 〉푸도 〉포도 〉호도 〉ほど 〉ほどく (解く)	ㅗ
ㄹ → ㄹ	절(寺) : 절 〉졸 〉출 〉チョル 〉テル 〉テラ 〉てら (寺)	ㅜ

(주 1) 종성 ㄹ 탈락. 「살」(화살) : 살 〉사 〉さ 〉や (矢)

(주 2) さけ (酒, 술)의 어원으로「삭다」(발효되다)도 있다. 「삭 〉사게 〉さけ (酒)」

(주 3) 이러한 발음변화는 두 언어의 발음 수의 차이에서 기인하는 것임(우리말의 실제 발음 수는 1,096개이고 순수 일본어를 표기하는 일본어 발음 수는 71개이다). 그리고, 순수 일본어를 표기할 때는 직음(直音)을 사용하기 때문임.

(주 4) 直音(ちょくおん) : 요음(拗音, きゃ), 촉음(促音, きっ), 발음(撥音, ん) 이외의 가나(仮名) 한 자로 표시되는 음.

仮名(かな)

ひらがな

	あ行	か行	さ行	た行	な行	は行	ま行	や行	ら行	わ行
あ단	あ a	か ka	さ sa	た ta	な na	は ha	ま ma	や ya	ら ra	わ wa
い단	い i	き ki	し si	ち ti	に ni	ひ hi	み mi		り ri	を wo
う단	う u	く ku	す su	つ tu	ぬ nu	ふ hu	む mu	ゆ yu	る ru	ん n
え단	え e	け ke	せ se	て te	ね ne	へ he	め me		れ re	
お단	お o	こ ko	そ so	と to	の no	ほ ho	も mo	よ yo	ろ ro	

かたかな

	ア行	カ行	サ行	タ行	ナ行	ハ行	マ行	ヤ行	ラ行	ワ行
ア단	ア	カ	サ	タ	ナ	ハ	マ	ヤ	ラ	ワ
イ단	イ	キ	シ	チ	ニ	ヒ	ミ		リ	ヲ
ウ단	ウ	ク	ス	ツ	ヌ	フ	ム	ユ	ル	ン
エ단	エ	ケ	セ	テ	ネ	ヘ	メ		レ	
オ단	オ	コ	ソ	ト	ノ	ホ	モ	ヨ	ロ	

목차

N5

700. 惨め(みじめ) : 비참함, 참혹함 [참혹할 참(惨)] •365

701. 錆びる(さびる) : 녹슬다 [자세할 창(錆)] •365

702. 責める(せめる) : 비난하다, 괴롭히다 [꾸짖을 책(責)] •365

703. 泉(いずみ) : 샘, 샘물 [샘 천(泉)] •366

704. 尖る(とがる) : 뾰족해지다 [뾰족할 첨(尖)] •366

705. 喋る(しゃべる) : 지껄이다, 말하다 [재재거릴 첩(喋)] •367

706. 初(はつ) : 첫(접두사) [처음 초(初)] •367

707. 清い(きよい) : 맑다, 깨끗하다 [맑을 청(清)] •367

708. 焦がる(こがる) : 불에 그슬려지다, 검게 눋다, 타다 [탈 초(焦)] •368

쉬어 가는 곳 つぶ(粒)의 일가친척 •369

709. 触れる(ふれる) : 접촉하다, 닿다, 언급하다 [닿을 촉(触)] •370

710. 皺(しわ) : 주름 [주름 추(皺)] •370

711. 蓄える, 貯える(たくわえる) : 저축하다, 저장하다 [모을 축(蓄)] •370

712. 縮む(ちぢむ) : 주름이 지다, 오그라들다, 줄어들다 [줄일 축(縮)] •371

713. 治める(おさめる) : 다스리다, 통치하다 [다스릴 치(治)] •371

714. 枕(まくら) : 베개 [베개 침(枕)] •371

715. 侵す(おかす) : 침범하다 [침노할 침(侵)] •372

716. 濁る(にごる) : 탁하게 되다, 흐려지다 [흐릴 탁(濁)] •372

717. のんき(呑気) : 느긋한 모양, 만사태평 [삼킬 탄(呑)] •372

718. 炭(すみ) : 숯 [숯 탄(炭)] •372

719. 奪う(うばう) : 빼앗다 [빼앗을 탈(奪)] •373

720. 吐く(はく) : 토하다, 뱉다 [토할 토(吐)] •373

721. 透き(すき) : 틈, 빈틈, 짬 [사무칠 투(透)] •373

722. はで(派手) : 화려한 모양 [갈래 파(派)] •373

723. おやつ(御八つ) : 오후의 간식 [여덟 팔(八)] •374

724. 貝(かい) : 조개 [조개 패(貝)] •374

725. 編む(あむ) : 엮다, 편찬하다, 짜다 [엮을 편(編)] •374

726. 平(ひら) : 평평함, 보통 [평평할 평(平)] •375

727. 吠える(ほえる) : (짐승) 짖다, 고함지르다 [짖을 폐(吠)] •375

728. 抱える(かかえる) : 껴안다, 끼다 [안을 포(抱)] •375

729. 豊か(ゆたか) : 풍족함, 풍부함 [풍성할 풍(豊)] •376

730. 皮(かわ) : 가죽, 껍질, 표면 [가죽 피(皮)] •376

731. 下(しも) : 아래, 하류 [아래 하(下)] •376

732. 詫びる(わびる) : 빌다, 사죄하다 [고할 하(詫)] •377

733. 限る(かぎる) : 제한하다, 한정하다 [한할 한(限)] •377

734. 含む(ふくむ) : 포함하다, 함유하다 [머금을 함(含)] •377

N1

N5

초보 문법, 한자 100자 정도, 어휘 800개 정도 습득

특별하지 않고 날마다 접할 수 있는 회화가 가능

간단한 문장을 읽고 쓸 수 있는 아주 기초적인 능력

일본어를 100시간 정도 학습하고 완전 초급 수준의 일본어 과정을 마친 수준

1. 家(いえ) : 집, 주택   [집 가(家)]

어원은 「이엉」

「이엉」은 짚이나 새 따위로 엮은 것으로 지붕을 이는 데 쓴다.

집이 되기 위한 최소한의 조건이 눈비를 피할 수 있는 지붕이다.

『이엉 〉이에 〉いえ』

「いえ」: 집, 주택

* いえぬし(家主, 집주인)

☞ ぬし(主, 주인)의 어원은, 「임자」(주인)의 옛말 「님자」

　『님자 〉니자 〉누자 〉누지 〉누시 〉ぬし』

2. 歌(うた) : 노래   [노래 가(歌)]

어원은 「읊다」

「읊다」는 억양을 넣어서 「노래하듯이 시를 읽거나 외다」

『읊다 〉읖따 〉으따 〉우따 〉うた』

(일본어에는 음성모음 ― 발음이 없어 ㅜ, ㅗ 등으로 바뀜)

「うた」: 노래

* 歌う(うたう) : 노래하다

3. 角(かど) : 모난 귀퉁이, 길모퉁이   [뿔 각(角)]

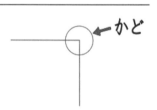

어원은 「꺾다」(어간은 꺽)

『꺾 〉꺼 〉까 〉か』

「か + と(= ところ, 所, 곳·장소)」→ かと → かど

꺾인 곳이 모퉁이다.

「かど」: 모난 귀퉁이, 길모퉁이

4. 降る(ふる) : (비, 눈) 내리다 [내릴 강(降)]

어원은「뿌리다」

「뿌리다」는 눈이나 비 따위가 날려서 떨어지다.

『뿌리 〉 뿌루 〉 후루 〉 ふる』

[반탁음 뿌(ぷ)가 청음 후(ふ)로 바뀜]

「ふる」 : (비, 눈) 내리다

5. 強い(つよい) : 세다, 강하다 [강할 강(強)]

어원은「쎄다」(어간은 쎄), 세다의 힘준 말

『쎄 〉 쓰에 〉 쓰요 〉 つよ』

「つよ + い(형용사를 만드는 접미어)」→ つよい

「つよい」 : 세다, 강하다

6. 皆(みな, みんな) : 모두, 전부 [다 개(皆)]

어원은 많다의「많(만)」

많게 해서,「모두, 전부」라는 뜻이다.

『만 〉 마나 〉 미나, 민나 〉 みな, みんな』

「みな, みんな」 : 모두, 전부

7. 鍵(かぎ) : 열쇠 [열쇠 건(鍵)]

어원은「꼭끼다」(어간은 꼭끼)

『꼭끼 〉 깍끼 〉 까끼 〉 까기 〉 かぎ』

자물쇠 구멍에 꼭끼는 것이「열쇠」다.

「かぎ」 : 열쇠

*「꼭」은 '정확하게'라는 뜻이다.

8. 犬(いぬ) : 개 [개 견(犬)]

여러 어원설이 있으나 간명한 것은, 개의 우는 소리 「왕왕」

「ワンワン → インイン」

「イン」이 「いぬ」로 바뀜 [인 〉이누]

「いぬ」: 개

9. 軽い(かるい) : 가볍다 [가벼울 경(輕)]

어원은 「가르다」(어간은 가르)

짐을 갈라(나누어) 따로따로 하면 가볍다.

『가르 〉가루 〉かる』

「かる + い(형용사를 만드는 접미어)」→ かるい

「かるい」: 가볍다

10. 古い(ふるい) : 오래되다 [옛 고(古)]

어원은 「흐르다」(어간은 흐르)

세월이 흐르다(오래되다)

『흐르 〉후루 〉ふる』(일본어에는 음성모음 ㅡ가 없어 ㅜ로 바뀜)

「ふる + い(형용사를 만드는 접미어)」→ ふるい

「ふるい」: 오래되다

11. 困る(こまる) : 곤란하다 [괴로울 곤(困)]

어원은 「이제, 고마」의 「고마」

「고마」는 고만(그만)의 경상 방언이다.

이제 그만, 더 이상은 「곤란하다」라는 뜻이다.

「고마 + る(동사를 만드는 접미어)」→ こまる

「こまる」: 곤란하다

12. 空(そら) : 하늘 [빌 공(空)]

어원은 「솔개」의 「솔」

솔개는 「하늘을 나는 사나운 개 같은 새」(수릿과)를 말한다.

『솔 〉소라 〉そら』

「そら」: 하늘

* あおぞら(青空) : 파랗게 갠 하늘

　よぞら(夜空) : 밤하늘

13. 掛ける(かける) : 걸다 [걸 괘(掛)]

어원은 「걸다」(어간은 걸)

『걸 〉갈 〉가게 〉かけ』

「かけ + る(동사를 만드는 접미어)」→ かける

「かける」: 걸다

* 掛かる(かかる) : 걸리다, 늘어져 있다

☞ 우리말 종성 「ㄹ」이 일본어로 바뀔 때, 자음이 「ㄱ, ㅁ, ㅅ, ㅈ, ㅊ, ㄷ)으로 바뀌며 모음(ㅣ, ㅡ, ㅏ, ㅔ
　 등)이 붙는다. (『종성 ㄹ의 변화표』 8쪽 참조)

14. 教える(おしえる) : 가르치다 [가르칠 교(教)]

어원은 「옳다」(어간은 옳)

『옳 〉올 〉오시 〉おし』

「おし + える(동사를 만듦)」→ おしえる

어긋나지 않게 옳게 가르치다.

「おしえる」: 가르치다

* 教わる(おそわる) : 가르침을 받다

☞ 우리말 종성 「ㄹ」이 일본어로 바뀔 때, 자음이 「ㄱ, ㅁ, ㅅ, ㅈ, ㅊ, ㄷ)으로 바뀌며 모음(ㅣ, ㅡ, ㅏ
　 등)이 붙는다. (『종성 ㄹ의 변화표』 8쪽 참조)

15. 口(くち) : 입 [입 구(口)]

어원을 풀어 쓰면,

「くう(食う, 먹다) + みち(道, 길)」

「くうみち → くち」

「くち」 : 입

☞ くう(食う) : 먹다

　「하루 세끼」를 먹다에서 「세끼」의 「끼」를 동사화한 말이다.

　『끼 〉꾸 〉くう』

☞ みち(道) : 길 (159 참조)

---

16. 国(くに) : 나라, 국가 [나라 국(国)]

어원은 「인군」(人君, 임금)의 「군」

『군 〉구니 〉くに』

인군(임금)은 나라를 다스리는 나라님이다.

「くに」 : 나라, 국가

---

17. 机(つくえ) : 책상 [책상 궤(机)]

어원은 「책상」의 「책」

『책 〉채구 〉츠구 〉つく』

「つく + え(접미어)」

「つくえ」 : 책상

18. 近い(ちかい) : 가깝다 [가까울 근(近)]

풀어 쓰면,
「ち(= ちい, 小, 작다) + か(所, 장소의 뜻) + い(형용사를 만드는 접미어)」
작은 거리의 장소(곳)로 가깝다는 의미다.
「ちかい」: 가깝다

☞ 「か」는 「こ」가 변한 말
　「こ」: 장소(곳)
　『곳 〉고 〉こ』

☞ ちいさい(小さい) : 작다, 크지 않다 [작을 소(小)]
　어원은 「짝다」(어간은 짝), 작다의 된 말
　『짝 〉짜: 〉찌: 〉찌이 〉ちい』
　「ちい(작다의 뜻) + さ(접미어) + い(형용사를 만드는 접미어)」
　「ちいさい」: 작다, 크지 않다

---

19. お金(おかね) : 돈, 금전

풀어 쓰면,
「お(御, 존경·공손·친숙의 뜻) + かね(金. 쇠, 금전, 돈)」
「쇠는 강하다」에서 어원은 「강」
「강 〉간 〉가네 〉かね」
「おかね」: 돈, 금전

☞ 「강」을 일본어로 표기하면 「カン」이 된다. 「강남」을 보통 일본인이 발음하면 「간남」으로 발음하고,
　훈련받은 아나운서는 「강남」으로 제대로 발음한다.

「소나기」의 어원

「소나기」는 갑자기 세차게 쏟아지다가 곧 그치는 비이고, 특히 여름에 많으며 번개나 천둥, 강 풍 따위를 동반한다. 「소낙비」라고도 한다. 소나기는 세차게 오는 비라서 비 듣는 소리도 요란하 고, 또 하늘에서 번개 치며 뒤따르는 천둥소리는 정말 요란하다.

영어의 「sonic」이란 말이 있다. 「소리의, 음(파)의, 음속의」라는 뜻이다. 초음속을 돌파할 때 나 는 소리를 소닉붐(sonic boom) 현상이라고 한다. 「소낙비」의 「소낙」과 「sonic」의 어원은 같다.

정리하면 「소낙비」는 큰 소리가 나는 비란 뜻이며, 어원은 「소리」이다. 그리고 「소낙」이란 말은 「소락빼기」(성질을 내며 큰소리를 치는 것)의 「소락」에서 나온 말이다[소락 〉 소낙]. 「소나기」는 「소낙비」에서 「비」가 생략된 말이다[소낙 〉 소나기].

일본어로 소낙비는 夕立(ゆうだち), 俄か雨(にわかあめ)라고 한다. 비의 표현에서 우리의 소낙 비를 따라오지 못하는 이름이라 하겠다.

20. 男(おとこ) : 남자, 사나이

어원을 풀어 쓰면,
「おとな(大人, 어른) + こ(子, 남자를 뜻함)」→ おとこ
성인 남자를 말함
「おとこ」: 사나이, 남자

* おとめ(乙女) : 처녀, 소녀

☞ おとな(大人) : 어른 (23 참조)

21. 南(みなみ) : 남쪽 [남녘 남(南)]

어원은 「남」(南)
(동서남북은 한자음이기도 하지만 순우리말이다.)
「み(御, 존경의 뜻) + 남(나미) → みなみ → みなみ」
「みなみ」: 남쪽

☞ 「남남북녀(南男北女)」라는 말이 있는데, 남쪽에는 미남이(미나미, 美
　男이) 많고 북쪽에는 미녀가 많다는 뜻이다.

☞ 東(ひがし) : 동쪽
　「해걸음」을 「갓」(이제 막) 시작한 곳이 「동쪽」이다.
　어원은 「해 + 갓」
　『해갓 〉해가시 〉히가시 〉ひがし』[ひ(日)는 「해」에서 유래]
　「ひがし」: 동쪽

22. 答える(こたえる) : 대답하다 [대답 답(答)]

문어체는「こたう(答う)」

풀어 쓰면,

「こと(言, 말) + あう(合う, 서로 …하다)」→ ことあう

「ことあう → こたう → こたえる」(하1단화, 구어체)

말을 서로 하다, 물으니「대답하다」

「こたえる」: 대답하다

☞ こと(言) : 말

　어원은「고하다」(말하다)의「고」의 명사형이「곧」

　『곧〉고도〉こと』

　「こと」: 말

* 곧이듣다 : 말하는 대로 듣다(남의 말을 듣고 그대로 믿다)

23. 大人(おとな) : 어른 [클 대(大)]

어원은「웃사람」의「웃」

「웃〉욷〉우토〉오토〉おと」

「おと + な(사람을 의미)」→ おとな

「おとな」: 웃사람, 어른

24. 頭(あたま) : 머리 [머리 두(頭)]

어원은「우두머리」

『우두머〉아다마〉あたま』(음성모음 ㅜ, ㅓ → 양성모음 ㅏ)

「あたま」: 머리

☞ 일본어에는 음성모음「ㅓ, ㅕ, ㅡ」발음이 없어 양성모음인「ㅏ, ㅗ」등으로 바뀐다(서울 : ソウル).

25. 緑(みどり) : 녹색, 초록 [푸를 록(綠)]

어원은「푸르다」의 활용「푸를(푸르리)」

(1)「푸르」

　『푸르 〉풀 〉푸도 〉<u>피</u>도 〉<u>비</u>도 〉<u>미</u>도 〉 みど』

　　• 반탁음 피(ぴ) → 탁음 비(び) → 미(み)

　　• 모음교체(모음변화) : ㅜ → ㅣ

(2)「리」:『리 〉 り』

　「みど + り」→「みどり」(녹색)

※「비도 → 미도」는「늪」의 발음 변화와 같다.

　『늪 〉 늡 〉 눕 〉 누바 〉 누마 〉 ぬま(沼)』(ㅂ → ㅁ)

☞ 우리말 종성「ㄹ」이 일본어로 바뀔 때, 자음이「ㄱ, ㅁ, ㅅ, ㅈ, ㅊ, ㄷ」으로 바뀌며 모음(ㅣ, ㅡ, ㅏ, ㅗ 등)이 붙는다[풀 〉 푸도]. (「종성 ㄹ의 변화표」8쪽 참조)

26. 磨く(みがく) : 닦다, 윤을 내다, 손질하여 아름답게 하다 [갈 마(磨)]

어원을 풀어 쓰면,

「み(= みず. 水, 물) + かく(掻く, 긁다)」→ みかく

물을 뿌려 더러워진 곳을 긁어내어 닦다.

「みかく → みがく」

「みがく」: 닦다, 윤을 내다, 손질하여 아름답게 하다

☞ かく(掻く) : 긁다

　어원은「긁다」(어간은 긁)

　『긁 〉 극 〉 각 〉 가구 〉 かく』(음성모음 ㅡ가 ㅏ로 바뀜)

　「かく」: 긁다

27. 忙しい(いそがしい) : 바쁘다 [바쁠 망(忙)]

어원은 「いそいそ」(어서어서, 허겁지겁)
「いそいそ」를 동사화한 말이, 「いそぐ(急ぐ)」로 서두르다.
「いそぐ(急ぐ)」를 형용사화한 말이, 「いそがしい」(바쁘다)

☞ いそいそ : 어서어서
  『어서어서 〉 이소이소 〉 いそいそ』

☞ 일본어에는 음성모음 「ㅓ, ㅕ, ㅡ」 발음이 없어 양성모음인 「ㅏ, ㅗ」 등으로 바뀐다(서울 : ソウル).

28. 面白い(おもしろい) : 우습다, 재미있다 [낯 면(面)]

「おも(面, 얼굴) + しろい(白い, 희다)」
얼굴을 희게 해서 우습다, 재미있다.
「おもしろい」 : 우습다, 재미있다

☞ おも(面) : 얼굴
  어머니(母, はは)의 옛말이 「おも」(母)
  어머니(おも)의 「얼굴」이 생각나다.
  「おも」 : 얼굴

  *「おも」(母)의 어원은 「어미」
  『어미 〉 오미 〉 오모 〉 おも』

29. 明るい(あかるい) : 밝다, 환하다 [밝을 명(明)]

어원은 「밝다」(어간은 밝)
『밝 〉 바가루 〉 하가루 〉 아가루 〉 あかる』
[밝 = 바 + ㄱ + ㄹ]
[탁음 바(ば) → 청음 하(は) → 여린 소리 (아)]
「あかる + い(형용사를 만드는 접미어)」 → あかるい
「あかるい」 : 밝다, 환하다

30. 木(き, こ) : 나무 [나무 목(木)]

어원은 「남기」의 「기」, 나무의 방언

『기 〉 き』

「き」 : 나무

☞ 「남구」는 나무의 경남 방언이다.
　「나무」는 「남기」에서 「기」가 탈락되고, 「남」이 「나무」로 변한 말이다.

☞ 「こ」는 복합어로 남아 있다.
　木陰(こかげ, 나무 그늘), 木の葉(このは, 나뭇잎)

☞ 果物(くだもの) : 과실(나무에서 딴 열매)
　「く(남구의 구, 나무) + だ(의 뜻) + もの(物)」

31. 目, 眼(め) : 눈 [눈 목(目)]

어원은 「目」의 우리 한자음 「목」

『목 〉 모 〉 마 〉 메 〉 め』

「め」 : 눈

* ま(目) : "눈의" 뜻

☞ 「말뚱말뚱」의 「말」을 어원으로 보는 설도 있다(서정범, 국어어원사전)
　「말뚱말뚱」은 눈만 동그랗게 뜨고 다른 생각이 없이 말끄러미 쳐다보는 모양
　『말 〉 마 〉 메 〉 め』
　「め」 : 눈

32. まずい(不味い) : 맛없다 [맛 미(味)]

어원을 풀어 쓰면,

「ま(맛의 뜻) + ず(…않다) + い(형용사를 만드는 접미어)」

「まずい」: 맛없다

☞ ま : 맛의 뜻

  『맛 〉마 〉ま』

33. おいしい(美味しい) : 맛있다 [아름다운 미(美)]

「お(御, 존경·친밀의 뜻) + いひ(쌀밥의 옛말) + しい(…하다)

쌀밥이 맛있다.

「おいひしい 〉おいしい」

「おいしい」: 맛있다

☞ いひ : 밥의 옛말

  「い(이밥의 이) + ひ(밥이 변해서 된 말)」→ いひ

  『밥 〉바 〉하 〉히 〉ひ』

34. 薄い(うすい) : 얇다, 엷다, 연하다 [엷을 박(薄)]

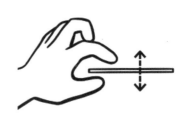

어원은「엷다」(어간은 엷)

『엷 〉열 〉율 〉유스 〉우스 〉うす』

「うす + い(형용사를 만드는 접미어)」

「うすい」: 얇다, 엷다, 연하다

* 薄める(うすめる) : 엷게 하다

  薄らぐ(うすらぐ) : 조금씩 엷어지다

☞ 우리말 종성「ㄹ」이 일본어로 바뀔 때, 자음이「ㄱ, ㅁ, ㅅ, ㅈ, ㅊ, ㄷ」으로 바뀌며 모음(ㅣ, ㅡ, ㅏ 등)
  이 붙는다. (「종성 ㄹ의 변화표」8쪽 참조)

35. 背(せ) : 등, 신장, 키 [등 배(背)]

어원은 「곱새」의 「새」 (곱사의 방언)

곱사는 "등뼈가 굽어 큰 혹같이 불거진 등"

곱새 : 「곱다(한쪽으로 약간 휘다) + 새(등을 의미)」

『새 〉 せ』

「せ」 : 등, 신장, 키

36. 煩い(うるさい) : 시끄럽다, 귀찮다   [번거로울 번(煩)]

애가 「울어싸서(울어대서)」 시끄럽다.

『울어싸서 〉 우러싸서 〉 우루싸서 〉 うるさい』

「うるさい」 : 시끄럽다, 귀찮다

37. 歩く(あるく) : 걷다 [걸음 보(歩)]

어원은 다리(脚)의 고어(古語) 「아리」

「종아리」처럼 일부는 아직 남아 있다.

『아리 〉 あり』

「あり + く(동사를 만드는 접미어)」 → あるく

「다리로 걷다」

「ありく → あるく」

「あるく」 : 걷다

38. 部屋(へや) : 방, 헛간　[떼 부(部)]

어원은 「헛간(헛間)」의 「헛」

『헛 〉허여 〉해야 〉へや』

(음성모음 「ㅓ·ㅕ」→ 양성모음 「ㅐ·ㅑ」)

헛간은 물건을 쌓아두는 방이다.

「へや」: 방, 헛간

☞ 「헛」은 영어 「hut」과 동근(同根)이라 할 수 있다.

　「hut」은 간단하게 집·쉼터로 지은 오두막(막사)을 말한다.

　「오두막(幕)」의 어원은 「헛」(hut)이다. 「헛 〉헌 〉허두 〉호두 〉오두」

---

39. 飛ぶ(とぶ) : 날다　[날 비(飛)]

어원은, 「とり(鳥, 새)」

とり(새)가 동사화되면서, 「とぶ」가 「날다」라는 뜻이 되었다.

* 飛ばす(とばす) : 날리다, 띄우다

☞ とり(鳥, 새)의 어원은 「닭」

　『닭 〉달 〉다리 〉도리 〉とり』

메아리 어원

산에서 소리를 지르면 부딪쳐 되돌아오는 소리를 말한다. 메아리의 어원으로 메소리[山音], 산의 소리라고 하는 설도 있다.

옛 문헌에는 「뫼ᅀᅡ리」로 되어 있다. 반치음 ᅀ은 ㅇ과 ㅅ의 중간 발음에 해당되는데 「뫼ᅀᅡ리」를 뫼사리로, 사리를 「소리」로 해석하면 뫼소리(메소리), 즉 산의 소리가 된다는 설명이다.

그런데 산에 가서 가만히 있으면 메아리가 없고 소리를 질러야 메아리가 들린다. 산의 소리를 들리게 해 주는 수단이 필요하다. 옛사람은 소리(음파)의 반사 원리를 몰라 산에 「다리」가 있어 소리를 가져다 주었다고 생각했던 것은 아닐까. 「메아리」의 「아리」는 「다리」라고 생각한다.

일본어로 메아리는 「こだま(木霊)」로 나무의 영혼이라는 뜻이다. 나무에 정령(精靈)이 살고 있다고 믿는 나무 숭배의 하나이다. 나무에 상처를 주면 아프고, 잘라 넘어뜨리면 정령이 죽는다고 생각했고, 공물(供物, くもつ)을 바치는 사람에게 은혜를 베풀고, 무시하면 재해를 준다고 생각했기 때문에 생겨났다.

☞ 木의 훈독은 「き, こ」두 가지인데 「こ」는 다른 말과 결합할 때 쓰인다.
   木陰(こかげ) : 나무 그늘
   木の葉(このは) : 나뭇잎
   木の下(このした) : 나무 밑

40. 死ぬ(しぬ) : 죽다 [죽을 사(死)]

풀어 쓰면, 「し(死, 죽음) + ぬ(눕다의 뜻)」

「しぬ」 : 죽어서 눕다

① 死의 음독이 「し」(吳音)

② ぬ는 고어로 「눕다」라는 뜻의 한 음절의 동사이다.

☞ 오음(吳音) : 우리나라를 거쳐 일본에서 정착한 한자음으로 우리의 한자음과 유사한 것이 많다 [예, 木材(もくざい)의 もく 가 오음이다].

41. 使う(つかう) : 쓰다, 사용하다 [하여금 사(使)]

어원은 「쓰다」의 활용 「쓸」

『쓸 〉 쓰가 〉 つか』

「つか + う(동사를 만드는 접미어)」→ つかう

「つかう」 : 쓰다, 사용하다

☞ 우리말 종성 「ㄹ」이 일본어로 바뀔 때, 자음이 「ㄱ, ㅁ, ㅅ, ㅈ, ㅊ, ㄷ」으로 바뀌며 모음(ㅣ, ㅡ, ㅏ 등)이 붙는다. (「종성 ㄹ의 변화표」 8쪽 참조)

42. 山(やま) : 산 [메 산(山)]

어원은 「높다」의 「높」

『높 〉 놉 〉 노바 〉 노마 〉 나마 〉 냐마(nyama) 〉 야마(yama) 〉 やま』(ㄴ 탈락)

산은 높은 것에서

「やま」 : 산

* 출처 : 서정범(국어어원사전)

☞ 「늪」의 발음 변화와 유사하다. [늪 〉 높 〉 눕 〉 누바 〉 누마 〉 ぬま(沼)]

43. 傘(かさ) : 우산, 양산 [우산 산(傘)]

어원은「삿갓」의「갓」
「우산」은 삿갓처럼 생긴 것에서
『갓 〉 가사 〉 かさ』
「かさ」: 우산, 양산

☞ かさ(笠) : 삿갓 (343 참조)

44. 上(うえ) : 위 [윗 상(上)]

어원은「우에」(위에)
『우에 〉 うえ』
「うえ」: 위

☞ うわ(上) : 위치가 위
　うわぎ(上着) : 저고리, 상의

45. 色色(いろいろ) : 여러 가지 종류, 가지각색 [빛 색(色)]

어원은「여러여러」
『여러여러 〉 이러이러 〉 이로이로 〉 いろいろ』
「いろいろ」: 여러 가지 종류, 가지각색

* 일본어에는 음성모음「ㅓ, ㅕ」가 없어,「ㅣ, ㅗ」등으로 바뀜(서울을 ソウル로 표기)

46. 西(にし) : 서쪽 [서녘 서(西)]

어원은「누이다」(어간은 누이)
해를 누이는(눕히는) 방향이 서쪽이다.
『누이〉니이〉니시〉にし』
「にし」: 서쪽

47. 書く(かく) : 쓰다 [글 서(書)]

어원은「긁다」(어간은 긁)
종이에 긁다(→ 쓰다)
『긁〉극〉각〉가구〉かく』
「かく」: 쓰다

48. 先(さき) : 앞 [먼저 선(先)]

어원은「싹」
「앞」에 나는 잎이「싹」이다.
『싹〉싸기〉さき』
「さき」: 앞

* さきほど(先程) : 조금 전, 아까

49. 声(こえ) : 소리 [소리 성(声)]

어원은「고하다」의「고」
「고하다」는「말하다」라는 뜻이고, 순우리말이다(고할 告).
『고〉고우〉고에〉こえ』
「こえ」: 소리

*「声(こえ)」는 동물(사람 포함)이 울거나 말할 때 생리적으로 내는 소리이다. こえ(声) 이외에 들리는
  것은 모두「おと(音)」이다.

50. 洗う(あらう) : 빨다, 씻다, 세탁하다 [씻을 세(洗)]

어원 2가지를 소개한다.

(1) 어원은「あら」(粗, 결점, 흠)

「あら(결점, 흠) + う(동사를 만드는 접미어)」→ あらう

자신의 결점을 깨끗이 씻다.

「あらう」: 씻다, 빨다, 세탁하다

☞ あら(粗) : 결점, 흠

어원은「얽다」(어간은 얽)

「얽다」는 물건의 거죽에「흠」이 많이 나다.

『얽 〉 얼 〉 어라 〉 아라 〉 あら』

「あら」: 결점, 흠

(2) 어원은「아리수」의「아리」

한강의 옛이름을「아리수」라 하는데「아리」는「물」을 의미한다.

『아리 〉 아라 〉 あら』

「あら + う(동사를 만드는 접미어)」→ あらう

물로 씻다(세탁하다)

「あらう」: 씻다, 빨다, 세탁하다

---

51. 少ない(すくない) : 적다, 어리다(나이가 적다) [적을 소(少)]

풀어 쓰면,

「すくすく (쑥쑥, 무럭무럭) + ない(부정의 뜻)」→ すくない

쑥쑥 자라지 않아「어리다」

「すくない」: 어리다, 나이가 적다, 적다

☞ すくすく : 쑥쑥, 무럭무럭

「쑥쑥」자라다.

『쑥쑥 〉 쑤꾸쑤꾸 〉 すくすく』

52. 手(て) : 손 [손 수(手)]

어원은「더듬다」의「더」
더듬는 도구의 주체는「손」인 것에서
『더 〉다 〉데 〉て』
「て」: 손

* た(手) : 손(복합어의 형태로 쓰임)
  手折る(たおる, 손으로 꺾다)

---

53. 所, 処(ところ) : 곳, 장소 [바 소(所), 곳 처(処)]

ところ는「と + こ + ろ」
①「と」는「터」가「と」로 바뀐 말 (터 〉토 〉と)
②「こ」는「곳」이「こ」로 바뀐 말 (곳 〉고 〉こ)
③「ろ」는 접미어

* 일본어에는 음성모음「ㅓ」가 없어「ㅗ」로 바뀜

☞ ところ를 축약해서「と」라 하며, 복합어에 쓰인다.

---

54. 消す(けす) : 끄다, 지우다 [사라질 소(消)]

어원은「끄다」(어간은 끄)
『끄 〉꺼 〉깨 〉け』(음성모음 ㅓ → 양성모음 ㅐ)
「け + す(동사를 만드는 접미어)」→ けす
「けす」: 끄다, 지우다

* けしゴム(消しゴム) : 지우개
  消える(きえる) : 꺼지다, 없어지다

55. 掃く (はく) : 쓸다 [쓸 소(掃)]

어원은 「はね」(羽, 새털, 깃)
예전에는 새털로 빗자루를 만들어 쓴(청소한) 것에서
「はね + く (동사·접미어) → はねく → はく」
「はく」: 쓸다

* はね(羽) : 새털, 깃 (229 참조)

56. 速い (はやい) : 빠르다 [빠를 속(速)]

어원을 풀어 쓰면,
「は(강조의 의미) + や(矢, 화살) + い(형용사를 만드는 접미어)」
→ はやい
「はやい」: (화살과 같이) 빠르다

* 速める(はやめる) : 빠르게 하다

☞ や(矢) : 화살
　어원은 「살」(화살)
　『살 〉 さ 〉 や』

57. 水(み, みず) : 물 [물 수(水)]

어원은「물」

『물 〉무 〉미 〉み 〉みず』

「みず, み」: 물

*「み(水)」는 다른 말과 결합한 형태로 쓰인다.

　みくさ(水草, 수초)

☞ 고구려어(高句麗語)에도「미」가「물」을 뜻하는 말로 사용되었다고 한다.

※ 火(ひ, 불)의 어원은「불」

　『불 〉부 〉비 〉히 〉ひ』[탁음 비(び)가 청음 히(ひ)로 바뀜]

---

58. 習う(ならう) : 익히다, 배우다, 익숙해지다, 습관이 되다 [익힐 습(習)]

어원은「날」

「날」은「길이 아주 잘 들어 익숙해진 버릇이나 짓」이다.

　『신석주의 집에서 하룻밤을 보낼 수는 있게 되었으되 사람의 염
　의를 떠보는 수완에는 '날이 난' 매월이도 당장은 난감하였다.』
　- 출처 : 김주영,『객주』

『날 〉나라 〉なら』

「なら + う(동사를 만드는 접미어)」→ ならう

(반복하여 잘 익히고 배워서) 익숙해지다.

「ならう」: 익히다, 배우다, 익숙해지다, 습관이 되다

59. 食べる(たべる) : 먹다   [먹을 식(食)]

문어체는 「たぶ」(食ぶ)
어원은 「때」(끼니), 땟거리의 때
『때 〉 따 〉 た』
「た + ぶ(동사를 만드는 접미어)」
「たぶ → たべる」(하1단화, 구어체)
「때」(끼니)를 먹다.
「たべる」: 먹다

60. 辛い(からい) : 맵다   [매울 신(辛)]

어원은 「칼칼하다」
「칼칼하다」는 맵거나 해서 목을 자극하는 맛이 있다.
『칼 〉 카라 〉 から』
「から + い(형용사를 만드는 접미어)」
「からい」: 맵다

색[色]

1. しろ(白) : 흰색

   어원은 머리가 「시다」(세다의 방언)

   『시 〉 し』

   「し + いろ(色, 색)」→ しいろ → しろ

   머리가 세면 흰색이 된다.

   「しろ」: 흰색

2. くろ(黒) : 검정

   어원은 「검다」(어간은 검)

   『검 〉 거 〉 구 〉 く』

   「く + いろ(色, 색)」→ くいろ → くろ

   「くろ」: 검정

3. あか(赤) : 빨강

   어원은 「빨갛다」

   『빨갛 〉 빨가 〉 빠가 〉 하가 〉 아가 〉 あか』

   [반탁음 빠(ぱ) → 청음 하(は) → 여린 소리 아(あ)]

   「あか」: 빨강

4. あお(青) : 파랑

   어원은 「파랗다」의 「파」

   『파 〉 하 〉 아아 〉 아오 〉 あお』

   「あお」: 파랑

5. きいろ(**黄色**) : 노랑

　　어원은 「금」(황금)

　　『금 〉 グ 〉 기 〉 き』

　　「き + いろ(**色**, 색)」→ きいろ

　　「きいろ」: 노랑

☞ いろ(色, 색)의 어원은 「いろいろ」(色色, 여러 종류, 가지각색), 「いろいろ」는 우리말 「여러여러」가
　변한 말이다. 『여러여러 〉 이로이로 〉 いろいろ』

61. 新しい(あたらしい) : 새롭다 [새 신(新)]

이 말의 본래 말은「あらたしい」

어원은「알다」

『알다 > 아라다 > あらた』

「あらた + しい(…하다, …스럽다)」→ あらたしい

무엇을 알면「새롭다」라는 뜻이다.

「あらたしい」가「あたらしい」로 어순이 바뀜

「あたらしい」: 새롭다

* 그러나, 다른 말에서는 본래 말 순서를 가지고 있다.

　新たに(あらたに) : 새롭게

---

62. 悪い(わるい) : 나쁘다, 좋지 않다 [악할 악(悪)]

어원은「왈짜」(왈者)의「왈」

『왈 > 와루 > わる』

「わる + い(형용사를 만드는 접미어)」→ わるい

「わるい」: 나쁘다, 좋지 않다

*「왈짜」는 말이나 행동이 단정하지 못하고 수선스럽고 거친 사람을 말한다.「왈」은「나쁜 매너를 가진」
　이라는 뜻이다.

63. 顔(かお) : 얼굴 [낯 안(顔)]

어원은 「꼴값」의 「꼴」

「꼴값」은 「얼굴값」이다.

따라서 「꼴」은 「얼굴」이다.

『꼴 〉꼬 〉고오 〉가오 〉かお』

(모음교체, ㅗ → ㅏ)

「かお」: 얼굴

☞ 「가오(かお)」 마담은 일본어이기 때문에 쓰면 안 된다는 주장이 있지만, 어원도 우리말 「꼴」이고 또 이미 굳어진 「가오 마담」이기 때문에 사용해도 무방하다고 생각한다. 단, 어원이 우리말이라는 사실은 알고 사용하는 게 맞을 것 같다.

---

64. 暗い(くらい) : 어둡다 [어두울 암(暗)]

어원은 「くろ」(黒, 검정)

「くろ → くら」(ㅗ → ㅏ)

「くら + い(형용사를 만드는 접미어)」→ くらい

검정은 어두운 색이다.

「くらい」: 어둡다

☞ くろ(黒) : 검정

어원은 「검다」의 「검」

『검 〉거 〉구 〉く』

「く + いろ(色)」→ くいろ → くろ

☞ 暮れる(くれる) : 저물다, 날이 저물다

풀어 쓰면, 「くらく(暗く, 어둡게) + なる(되다)」

「くらく + なる → くらなる → くれる」

※ 모음교체

① ふね(船, 배) → ふな(배의) [ㅔ → ㅏ]

② しろ(白, 흰색) → しら(白, 꾸밈이 없음) [ㅗ → ㅏ]

③ き(木, 나무) → こ(木, 다른 말 앞에 붙어 나무, 木の葉) [ㅣ → ㅗ]

65. 弱い(よわい) : 약하다 [약할 약(弱)]

어원은「약하다」의「약」

「약」은「약할 弱」으로 순우리말이다.

『약 〉욕 〉요오 〉요와 〉よわ』

「よわ + い(형용사를 만드는 접미어)」→ よわい

「よわい」: 약하다

---

66. 薬(くすり) : 약 [약 약(薬)]

어원은「굿」

「굿」을 하는 목적은 무엇을 좋게 하기 위한 행위이다.

영어의 good과 동근(同根)이라 할 수 있다. 약도 아픈 몸을 좋게 하는 것이다.

『굿 〉구스 〉구스리 〉くすり』

「くすり」: 약

☞ くし(奇し) : 묘하다, 이상하다

　어원은「굿」

　『굿 〉구시 〉くし』

　굿을 하고 나면 묘하게도 일이 잘 풀린다.

　* くしくも(奇しくも) : 이상하게도, 기이하게도

67. 魚(さかな) : 물고기, 생선   [물고기 어(魚)]

어원을 풀어 쓰면,

「さか(酒, 술의) + な(곡물 이외의 부식물을 뜻함)」

에도(江戸) 시대 이후 술안주로 생선을 많이 사용했기 때문에 생선을

「さかな」로 부르게 되었다고 한다.

「さかな」 : 물고기, 생선

 さけ(酒) : 술

　술은 곡물을 「삭게」(발효되게) 한 것이다.

　『삭게 〉 사께 〉 さけ』

　「さけ」 : 술

　*「さか」: '술의'

68. 言(こと) : 말   [말씀 언(言)]

어원은 「고하다」(말하다)의 「고」의 명사형이 「곧」

『곧 〉 고도 〉 こと』

「こと」 : 말

* 곧이듣다 : 말하는 대로 듣다(남의 말을 듣고 그대로 믿다)

☞ 言葉(ことば, 말)는 뒤에 나온 말이고, 예전에는 こと(言)를 일반적으로 사용했다고 한다.

69. 塩(しお) : 소금   [소금 염(塩)]

어원은 「소금」의 「소」

『소 〉 시오 〉 しお』

「しお」 : 소금

70. 汚い(きたない) : 더럽다, 불결하다 [더러울 오(汚)]

어원은 「끼다」

「끼다」는 「때나 먼지 따위가 엉겨 붙다」라는 뜻도 있다.

『끼다 〉 きた』

「きた + ない(정도가 심하다는 뜻)」→ きたない

때가 끼어 더럽다.

「きたない」: 더럽다, 불결하다

71. 外(そと) : 바깥, 밖, 겉 [바깥 외(外)]

어원은 「쏟다」(어간은 쏟)

「쏟다」는 액체나 물질을 용기 「바깥」으로 나오게 하다.

『쏟 〉 쏘도 〉 そと』

「そと」: 바깥, 밖, 겉

72. 外, 他(ほか) : 다른 것, 딴 것 [바깥 외(外)]

어원은 「밖」

『밖 〉 바까 〉 하까 〉 호까 〉 ほか』[탁음 바(ば)가 청음 하(は)로 바뀜]

그 밖에 딴 것(다른 것)

「ほか」: 다른 것, 딴 것

73. 浴びる(あびる) : 뒤집어쓰다, 흠뻑 쓰다 [목욕할 욕(浴)]

어원은「엎다」(어간은 엎)

「엎다」는 뒤집다라는 뜻이다.

『엎 〉 앞 〉 아피 〉 아비 〉 あび』[반탁음 피(ぴ)가 탁음 비(び)로 바뀜]

「あび + る(동사를 만드는 접미어)」→ あびる

(물바가지를) 엎어서 뒤집어쓰다.

「あびる」: 뒤집어쓰다, 흠뻑 쓰다

74. 雨(あめ) : 비 [비 우(雨)]

어원을 풀어 쓰면,

「あま(天, 하늘의) + みず(水, 물)」

「**あまみず → あみ → あめ**」

하늘에서 내리는 물

「あめ」: 비

☞ あま(天) : 하늘의

75. 偶に(たまに) : 드물게, 가끔 [짝 우(偶)]

어원은「드문드문」

『드문 〉 드무 〉 다무 〉 다마 〉 たま』

「たまに」: 드물게, 가끔

76. 遠い(とおい) : 멀다 [멀 원(遠)]

と(= ところ, 處, 장소)의 장음이 「とお」
어떤 장소를 길게 발음하면 「멀다」라는 느낌을 준다.
「とおい」: 멀다

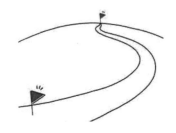

77. 危ない(あぶない) : 위험하다 [위태할 위(危)]

어원은 「あぶあぶ」(물에 빠져 허우적거리는 모양, 어푸어푸)
「あぶ + ない(정도가 심하다는 뜻)」→ あぶない
물에 빠져 어푸어푸 하는 것은 「위험한」 상황이다.
「あぶない」: 위험하다

☞ あぶあぶ : 어푸어푸(물에 빠져 허우적거리는 모양)
  『어푸어푸 〉 아푸아푸 〉 아부아부 〉 あぶあぶ』

78. 遊ぶ(あそぶ) : 놀다 [놀 유(遊)]

어원을 풀어 쓰면,
「あし(脚, 다리) + ぶ(동사를 만드는 접미어)」→ あしぶ
「あしぶ」가 「あそぶ」로 바뀜
(아기들이 걷기 시작해서) 다리로 뛰어 다니며 놀다.
「あそぶ」: 놀다

☞ あし(脚) : 다리
  어원은 「아리」(다리, 발의 고어)
  『아리 〉 알 〉 아시 〉 あし』

79. 肉(にく) : 고기, 살 [고기 육(肉)]

肉의 음독은 「にく」이며, 오음(吳音)이다.
肉의 우리 한자 발음은 「육」이며, 돈육(豚肉)과 같이 다른 말 뒤로 갈 때는
「눅」으로 발음된다. 이 「눅」이 「にく」로 바뀌었다.
『눅 〉 뉴구 〉 니구 〉 にく』
「にく」 : 고기, 살

☞ 오음(吳音)과 한음(漢音)
  ① 오음(吳音) : 한음(漢音)이 전달되기 훨씬 전에 한반도를 거쳐 일본에 정착한 한자음. 우리 발음
    과 유사한 것이 많다.
  ② 한음(漢音) : 7-8세기 나라(奈良) 시대 후기부터 헤이안(平安) 시대 초기까지 당에 파견한 사절단
    이나 유학승(留學僧) 등에 의해 전달된 한자음.

※ 발음 구분
  (1) 大学(だいがく, 대학) : だい는 오음
      大した(たいした, 대단한) : たい는 한음
  (2) 木材(もくざい, 목재) : もく는 오음
      大木(たいぼく, 거목) : ぼく는 한음

☞ 일본의 한자 발음이 이렇게 이원화되고, 또 이것을 수용하게 된 근본 이유는 일본어의 한자 발음수
  가 우리에 비해 매우 적기 때문이다. 우리말은 한자 발음 수가 460개인 데 비하여 일본어의 한자
  발음 수는 300개이다. [이 중에는 2음절의 발음 수도 꽤 있고, 장음과 단음도 구분한다. 예를 들면,
  たい, もく, しゅ(단음), しゅう(장음) 등]

일본의 4계(四季) 이름은 우리말에서 유래되었다

일본의 4계절 이름은 우리말에서 유래되었다.

(1) 春(はる) : 봄

　봄의 어원으로 새 가지가 뻗는 계절이기 때문에 「뻗다」의 「뻗」을 들 수 있다.
　「뻗 〉벋 〉볻 〉봄」
　「はる」(春)의 어원은 「はる(張る)」로, 「봄」의 어원인 「뻗다」와 같다.

　　* はる(張る) : 뻗다
　　어원은 「뻗다」(어간은 뻗)
　　『뻗 〉뻐 〉빠 〉하 〉は』[반탁음 빠(ぱ) → 청음 하(は)]
　　「は + る(동사를 만드는 접미어)」→ はる(뻗다)

(2) 夏(なつ) : 여름

　어원은 여름의 옛말 「녀름」
　『녀름 〉냐름 〉나름 〉나츠 〉なつ(夏)』

(3) 秋(あき) : 가을

　어원은 「가을」의 「을」
　『을 〉알 〉아기 〉あき(秋)』(음성모음 ㅡ가 양성모음 ㅏ로 바뀜)

　※ 우리말 종성 「ㄹ」이 일본어로 바뀔 때, 자음이 「ㄱ, ㅁ, ㅅ, ㅈ, ㅊ, ㄷ」으로 바뀌며 모음(ㅣ, ㅡ, ㅏ
　　등)이 붙는다. (『종성 ㄹ의 변화표』8쪽 참조)

(4) 冬(ふゆ) : 겨울

　어원은 「겨울」의 방언 「겨흘」의 「흘」
　『흘 〉훌 〉후울 〉후유 〉ふゆ(冬)』
　※ 겨울의 옛말은 「겨슬」이고, 발음은 「겨흘」

80. はたち(二十, 二十歳) : 20, 20세 [두 이(二)]

어원 「핫」은 「짝을 갖춘」이라는 뜻의 접두사이다. 20살이 되면 어른이 되
는 나이고 결혼을 해서 짝(배우자)을 둘 수 있는 나이다.

『핫〉핱〉하타〉はた』
「はた + つ(ひとつの つ)」 → はたつ → はたち(二十, 二十歳)
「はたち」 : 20, 20세

☞ はつか(二十日) : 20일
　『핫〉핯〉하츠〉はつ』
　はつ + か(日) → はつか(20일)

---

81. 耳(みみ) : 귀 [귀 이(耳)]

어원은 「귀썰미」의 「미」
「귀썰미」는 한번 들으면 잊지 아니하는 귀를 말한다.
『미 + 미〉미미〉みみ』
「みみ」 : 귀

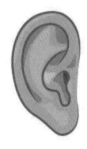

---

82. ついたち(一日) : 초하루 [날 일(日)]

어원을 풀어 쓰면,
「つき(月, 달) + たち(立ち, 서다)」 → つきたち → ついたち
달이 서는 날이 초하루다.
「ついたち」 : 초하루

☞ つき(月) : 달 (234 참조)

83. おととい(一昨日) : 그저께, 아래 [날 일(日)]

어원을 풀어 쓰면,

「おとうと, 弟, 동생) + ひ(日, 날)」

「おとうとひ 〉 おととひ 〉 おととい」

어제 보다 동생의 날(그저께)

「おととい」: 그저께, 아레

* おととし(一昨年) : 재작년

☞ おとうと(弟) : 동생 (89 참조)

きょう(今日)
あした(明日)
あさって(明後日)
きのう(昨日)
おととい(一昨日)

---

84. 作る(つくる) : 만들다, 제작하다 [지을 작(作)]

어원은 「짜다」의 활용 「짤」

「짜다」는 맞추어 만들다라는 뜻이다.

『짤 〉 짜구 〉 쯔구 〉 つく』

「つく + る(동사를 만드는 접미어)」→ つくる

「つくる」: 만들다, 제작하다

☞ 우리말 종성 「ㄹ」이 일본어로 바뀔 때, 자음이 「ㄱ, ㅁ, ㅅ, ㅈ, ㅊ, ㄷ)으로 바뀌며 모음(ㅣ, ㅡ, ㅏ 등)이 붙는다. (『종성 ㄹ의 변화표』8쪽 참조)

---

85. 低い(ひくい) : 낮다 [낮을 저(低)]

어원을 풀어 쓰면,

「ひく (引く, 당기다) + い (형용사를 만드는 접미어)」

위에 걸린 줄을 당겨서 낮게 하다.

「ひくい」: 낮다

☞ ひく(引く) : 당기다 (238 참조)

86. 赤い(あかい) : 빨갛다, 붉다 [붉을 적(赤)]

어원은「빨갛다」

『빨갛 〉 빨가 〉 빠가 〉 하가 〉 아가 〉 あか』

[반탁음 빠(ぱ)가 청음 하(は)로 바뀌고, 다시 여린소리「아」로 바뀜]

「あか + い(형용사를 만드는 접미어)」

「あかい」: 빨갛다, 붉다

87. 庭(にわ) : 정원, 뜰 [뜰 정(庭)]

「なにわ」(難波)는 오사카(大阪)시와 그 부근의 옛 이름이다.
지명의 어원으로 여러 설이 있는데, 그중 물고기가 많이 잡히는 곳
이라는 설이 있다. 즉,「물고기의 천국(낙원)」이라는 뜻이다.

「な(= さかな, 魚, 생선) + にわ(庭, 정원)」→ なにわ

「にわ」: 정원, 뜰

☞「なにわ」(難波)의 또 다른 설

　「なにわ」의「な」는 고대 조선어로 태양을 의미한다. (「날 日」, 날 〉 나 〉 な)

　「にわ」는 장소를 뜻하는데「해가 뜨는 성스러운 곳」이라는 의미다.

88. 静か(しずか) : 조용한 모양 [고요할 정(静)]

풀어 쓰면,

「し(する의 연용형) + ず(…않다) + か(상태, 성질을 나타냄)」

무엇을 하지 않아 조용한 모양이다.

「しずか」: 조용한 모양

* 静まる(しずまる) : 가라앉다, 안정되다

　静める(しずめる) : 가라앉히다, 조용하게 하다

☞ 飲まず食わず(のまずくわず) : 마시지도 않고 먹지도 않고

89. 弟(おとうと) : 남동생, 아우 [아우 제(弟)]

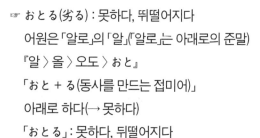

어원을 풀어 쓰면,

「おとる(劣る, 못하다, 뛰떨어지다) + ひと(人, 사람)」

「おとひと 〉おとうと」

「おとうと」: 남동생, 아우

☞ おとる(劣る) : 못하다, 뛰떨어지다

　어원은 「알로」의 「알」(「알로」는 아래로의 준말)

　『알 〉올 〉오도 〉おと』

　「おと + る(동사를 만드는 접미어)」

　아래로 하다(→ 못하다)

　「おとる」: 못하다, 뒤떨어지다

☞ 우리말 종성 「ㄹ」이 일본어로 바뀔 때, 자음이 「ㄱ, ㅁ, ㅅ, ㅈ, ㅊ, ㄷ」으로 바뀌며 모음(ㅣ, ㅡ, ㅏ 등)
　이 붙는다. (「종성 ㄹ의 변화표」8쪽 참조)

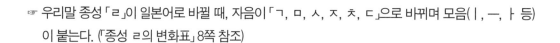

90. 무い(はやい) : 이르다, 빠르다 [이를 조(무)]

이 말을 풀어쓰면,

「は(강조를 나타냄) + や(화살) + い(형용사·접미어)」

화살과 같이 빠르게 해서 「이른」 시각이라는 뜻

「はやい」: 이르다, 빠르다

* 무まる(はやまる) : 빨라지다

　무める(はやめる) : 빠르게 하다, 서두르다

☞ や(矢) : 화살

　어원은 「살」(화살)

　『살 〉사 〉さ 〉や』(さ는 や의 옛말)

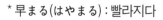

☞ 무い(はやい) : 이르다

　速い(はやい) : 빠르다

91. 朝(あさ) : 아침 [아침 조(朝)]

어원 2가지를 설명하면,

① 어원은 「아사달」

　　단군 조선의 수도 「아사달」은 밝은 땅, 「아침」의 나라를 의미

　　「아사달 〉 아사 〉 あさ」

　　「あさ」: 아침

② 어원은 「아츰」(아침의 방언)

　　『아츰 〉 아츠 〉 아쓰 〉 아사 〉 あさ』

　　「あさ」: 아침

---

92. 鳥(とり) : 새 [새 조(鳥)]

어원은 「닭」

『닭 〉 달 〉 다리 〉 도리 〉 とり』

「とり」: 새

* とぶ(飛ぶ, 날다)도 「とり」에서 유래되었다.

「닭도리탕」을 「닭볶음탕」으로 순화해서 사용해야 한다는 말이 있지만, 그럴 필요가 없는 말이라고 생각한다. 「닭도리탕」 요리법을 보면 닭을 볶지 않고 국물이 적은 형태로 만드는 레시피가 많고, 「도리」도 우리말이기 때문이다. 암꿩을 「까투리」라고 하는데, 「까투리」의 「투리」가 새(とり)를 의미한다. 문법적으로 보면 「역전앞」(驛前앞)과 같이 같은 말이 중복된 말이라고 볼 수 있다.

93. 足(あし) : 발 [발 족(足)]

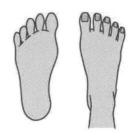

어원은 「아리」(다리, 발의 옛말)

『아리 〉아시 〉あし』

「あし」 : 발

☞ 「다리」도 あし인데 한자가 다르다(脚, 다리).

☞ 跡(あと) : 자취, 흔적, 자국

   あし(발) + と(= ところ, 所, 장소) → あと(跡, 발자취)

94. 終(わ)る(おわる) : 끝나다, 마치다 [끝날 종(終)]

본래 말은 「おはる」

「お(尾, 꼬리) + はる(하다의 뜻)」

꼬리로 하다(→ 끝이 나다는 뜻이다)

「おはる」가 「おわる」로 바뀌어 「끝나다, 마치다」

☞ お(尾) : 꼬리

   꼬리는 동물의 몸에서 작은 부분을 가리키는 말이다.

   어원은 작은 것을 뜻하는 접두사 「小(お, こ)」이다.

☞ 『하 + 다 = は + る』

   (우리말 동사 기본형은 「다」로 끝나고, 일본어 동사 기본형은 「う단」으로 끝난다.)

95. 座る(すわる) : 앉다, 자리에 엉덩이를 붙이다 [자리 좌(座)]

어원은 「씨줄」의 「씨」(세로로 줄은 날줄)

「씨줄」은 「피륙이나 그물을 짤 때, 가로 방향(수평 방향)으로 놓인 실」이다.

『씨〉쓰〉스와〉すわ』

「すわ + る(동사를 만드는 접미어)」→ すわる

엉덩이를 가로 방향 즉, 수평으로 하다. 「앉는」것을 의미.

「すわる」: 앉다, 자리에 엉덩이를 붙이다

☞ 「씨」는 영어의 seat(앉다)와 동근(同根)일 가능성이 높다.

96. 重い(おもい) : 무겁다, 중하다 [무거울 중(重)]

어원은 「엄지」의 「엄」

「엄」의 어원은 「어머니, 엄마, 어미」에서 유래된 말이고, 크다(大)라는 뜻도 있다.

『엄〉옴〉오모〉おも』

「おも + い(형용사를 만드는 접미어)」→ おもい

커서 무겁다, 중하다.

「おもい」: 무겁다, 중하다

97. 池(いけ) : 못, 연못 [못 지(池)]

어원을 풀어 쓰면,

「い(물을 의미) + け(장소를 뜻함)」→ いけ

물이 있는 곳

「いけ」: 못, 연못

☞ 우물을 「いど」(井戸)라 하는데 「い」(井)가 물을 의미함.

　「물이, 이」는 「오이」의 경상 방언이다. 「물이」의 「이」는 물이 많은 열매라는 뜻을 가리키는 것이라 볼

　수 있다.

☞ 「け」는 장소를 뜻하는 「こ」가 변한 말이다(こ 〉け).

　「こ」의 어원은 「곳」

　『곳 〉고 〉こ』

98. 紙(かみ) : 종이 [종이 지(紙)]

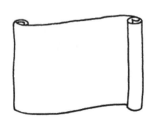

옛날 종이는 「대쪽을 감은 것」에서, 어원은 「감다」

(어간은 감)

『감 〉가미 〉かみ』

「かみ」: 종이

* 책을 세는 단위인 권(巻)은 「감다(말다)」라는 뜻이다.

99. 遅い(おそい) : 늦다, 느리다 [늦을 지(遲)]

어원은「소걸음」의「소」

「소걸음」은 소처럼 느릿느릿 걷는 걸음이다.

「お(감탄사) + 소(そ) + い(형용사를 만드는 접미어)」

→ おそい

오, 정말 소걸음 같이 느릿느릿 느리다.

「おそい」: 늦다, 느리다

☞ (1) 牛(うし, 소)의 어원은「우(牛) + 소」이다.「うそ」가 뒤에「うし」로 바뀌었다.

　(2) 빠르다의 비유는「화살」을 의미하는「や(矢)」이다.

　　は(강조의 뜻) + や(화살) + い(형용사·접미어) → 速い(빠르다)

「사무치다」의 어원(語源) 외

사무치다를 풀어쓰면, 「사(화살) + 묻히다」 즉 화살이 몸에 박혀서 묻혀 버리는 것을 말한다. 옛날 전쟁에서 화살을 맞아 몸에 박혀서 묻히면 화살대는 손으로 뽑아낼 수 있겠지만, 화살촉은 갈고리 모양으로 되어 있어 쉽게 빼낼 수 없다. 더구나 화살촉이 뼛속에 박히면 정말 설상가상이다. 물론 항생제 같은 약도 없어 살이 썩어 가면서 시름시름 앓다가 죽어야 했다. 그 고통이 얼마나 클까는 말로 표현하기 어려울 것이다.

요즘도 전쟁 중 맞은 총알이 뼈에 박힌 채 살아가는 사람이 있다고 한다. 이 말은 지금은 절실한 감정이 가슴에 남아 풀어지지 않을 때 사용한다. 「살」(화살)이 일본으로 건너가 「さ」가 되었고 현대어로 「や」(矢)가 되었다.

〈술안주에는 연어가 궁합이 맞다(?)〉
술이 さけ(酒)이다. 흔히 「お酒」라 하는데 이때 「お(御)」는 존경·공손·친숙의 기분을 나타내는 접두사이다. さけ(酒)의 어원은 우리말 「삭다」이다. 곡물을 삭게(**사케**, 발효되게) 한 것이 술이다. 같은 음으로 「鮭(さけ)」가 있는데 연어를 말한다. 요즘 마트에서 연어를 훈제나 횟감으로 해서 많이 판매하고 있는 것을 볼 수 있다.

연어는 구워 놓으면 살이 잘 찢어진다. 그래서 잘 찢어지는(さける, 裂ける) 생선이라서 연어를 「さけ」라 부르게 되었다고 한다. 그리고 연어회는 다른 횟감보다 살이 부드럽고 고소한 맛이 있어 즐겨 찾는 사람이 많다. 그냥 먹는 것보다 어원(語源)을 알고 먹으면 좀 더 맛이 있지 않을까 하고 생각해 본다.

100. 車(くるま) : 차, 자동차 [수레 차(車)]

어원은「くるくる」(뱅글뱅글 회전하는 모양, 구르는 모양)
굴러서 가는 것, 자동차를 말한다.
「くるま」: 차, 자동차

* 대굴대굴(대**구루** 대**구루**)「구르다」
　 くるくる(뱅글뱅글 회전하는 모양, 구르는 모양)

☞「구르는 말(馬, 마)」이 자동차다.

---

101. 川(かわ) : 강, 하천 [내 천(川)]

어원은「강」
강은 순우리말이다[강 강(江)이라고 함].
『강 〉 가아 〉 가와 〉 かわ』
「かわ」: 강, 하천

---

102. 青い(あおい) : 파랗다, 푸르다 [푸를 청(靑)]

어원은「파랗다」(어근은 파)
『파 〉 하 〉 아아 〉 아오 〉 あお』
[반탁음 파(ぱ) → 청음 하(は) → 여린소리 아(あ)]
「あお + い(형용사를 만드는 접미어)」→ あおい
「あおい」: 파랗다, 푸르다

103. 体(からだ) : 몸 [몸 체(体)]

풀어 쓰면, 「から(殻, 껍질) + だ(접미어)」

사람의 「몸」은 영혼과 비교하면 「껍질」에 해당한다.

「からだ」: 몸

☞ から(殻) : 껍질

　「껍질을 까다」에서, 어원은 「까다」의 활용 「깔」

　『깔 〉까라 〉から』

　「から」: 껍질

104. 秋(あき) : 가을 [가을 추(秋)]

어원은 「가을」의 「을」

『을 〉알 〉아기 〉あき(秋)』(음성모음 ─가 양성모음 ㅏ로 바뀜)

「あき」: 가을

☞ 우리말 종성 「ㄹ」이 일본어로 바뀔 때, 자음이 「ㄱ, ㅁ, ㅅ, ㅈ, ㅊ, ㄷ」
　으로 바뀌며 모음(ㅣ, ─, ㅏ 등)이 붙는다. (「종성 ㄹ의 변화표」 8쪽 참조)

☞ 일본 어원설

　「あかい(赤い, 붉은) + きせつ(季節, 계절)」→ あき

　단풍이 붉은 계절이 가을이다.

　「あき」: 가을

* あかい(赤い) : 붉은 (86 참조)

105. 寝る(ねる) : 자다 [잘 침(寝)]

어원은「눈 감고 자다」에서「눈」

『눈 〉누 〉내 〉ね』

「ね + る(동사를 만드는 접미어)」

「ねる」: 자다

* ねむる(眠る) : 자다, 잠자다

　ねむい(眠い) : 졸리다

　ねむたい(眠たい) : 졸리다

106. 春(はる) : 봄 [봄 춘(春)]

우리말「봄」의 어원으로 새 가지가 뻗는 계절이기 때문에「뻗다」의「뻗」을 들 수 있다.

「뻗 〉벋 〉볻 〉봄」

「はる」(春)의 어원은 뻗다의 의미인「はる」(張る)이다.

「はる」: 봄

☞ はる(張る) : 뻗다

　어원은「뻗다」(어간은 뻗)

　『뻗 〉뻐 〉빠 〉하 〉は』[반탁음 빠(ぱ)가 청음 하(は)로 바뀜]

　「は + る(동사를 만드는 접미어)」→ はる(뻗다)

107. 痛い(いたい) : 아프다, 쓰리다 [아플 통(痛)]

어원은 「앓다」(어간은 앓)

『앓 〉 알 〉 일 〉 이다 〉 いた』

「いた + い(형용사를 만드는 접미어)」

「いたい」 : 아프다, 쓰리다

* 痛む(いたむ) : 아프다, 고통을 받다

　痛み(いたみ) : 아픔, 쓰라림

☞ 우리말 종성 「ㄹ」이 일본어로 바뀔 때, 자음이 「ㄱ, ㅁ, ㅅ, ㅈ, ㅊ, ㄷ」으로 바뀌며 모음(ㅣ, ㅡ, ㅏ 등) 이 붙는다. (『종성 ㄹ의 변화표』 8쪽 참조)

108. 風(かぜ) : 바람 [바람 풍(風)]

방종현의 「동서남북과 바람」(조선어문학회보 2호, 1931)에 「마칼, 서 칼」이 나오는데 「마칼」은 남풍, 「서칼」은 서풍을 의미한다고 한다(서정 범, 국어어원사전).

『칼 〉 카제 〉 かぜ』

「かぜ」 : 바람

☞ そよかぜ(そよ風, 微風) : 산들바람, 미풍

　어원은 「산들바람」의 「산」

　『산 〉 상 〉 사요 〉 소요 〉 そよ』

　「そよ + かぜ(風)」 → そよかぜ(산들바람, 미풍)

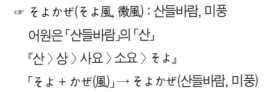

　* 「ん」의 발음 : ㄴ, ㅁ, ㅇ

109. 被る(かぶる) : 쓰다, 뒤집어쓰다 [입을 피(被)]

투구(かぶと)를 머리에 쓰다.

「かぶる」: 쓰다, 뒤집어쓰다

* かぶと(甲, 兜) : 투구

　어원은 「갑옷」

　『갑옷 〉 가봇 〉 가볻 〉 가보도 〉 가부도 〉 かぶと』

　갑옷과 투구는 한 세트로 구성된다.

☞ 「머리」라는 뜻에 かぶり(頭)가 있다. 머리에 쓰는 관을 かむり(= かんむり, 冠)라고 한다. かぶり(頭,
　머리)는 「관」(冠, 갓)이 변한 말이다.
　『관 〉 간 〉 감 〉 가무 〉 가부 〉 가부리 〉 かぶり』(かん : kan, kam)

---

110. 下りる(おりる) : (탈것에서) 내리다, 내려가다 [아래 하(下)]

어원은 「알로」(아래로)의 「알」

「알 〉 아로 〉 오로 〉 오리 〉 おり」

「おり + る(동사를 만드는 접미어)」→ おりる

아래로 하다(→ 내리다)

「おりる」: (탈것에서) 내리다, 내려가다

* 下ろす(おろす) : 내리다, 아래로 옮기다

☞ さげる(下げる) : (가격을) 내리다
　「싸게 하다」→ さげる(가격을 내리다)
　자동사는 「さがる」(下がる, 가격이 내려가다)

☞ くだる(下る) : 위에서 아래로 이동하다(내려가다)
　上る(のぼる, 올라가다)와 대칭어

* くだりせん(下り線, 하행선), のぼりせん(上り線, 상행선)

111. 夏(なつ) : 여름 [여름 하(夏)]

어원은「여름」의 옛말인「녀름」(nierym)

『녀름 〉 냐름 〉 나르 〉 나츠 〉 なつ』

「なつ」: 여름

* 夏休み(なつやすみ) : 여름휴가
* 옛말인「녀름」이「여름」으로 바뀐 것은「ㄴ 두음법칙」에 의한 것임

112. 寒い(さむい) : 춥다 [찰 한(寒)]

어원은「쌀쌀하다」

『쌀 〉 싸무 〉 さむ』

「さむ + い(형용사를 만드는 접미어)」

「さむい」: 춥다

☞ 우리말 종성「ㄹ」이 일본어로 바뀔 때, 자음이「ㄱ, ㅁ, ㅅ, ㅈ, ㅊ, ㄷ」으로 바뀌며 모음(ㅣ, ㅡ, ㅏ, ㅜ 등)이 붙는다. (『종성 ㄹ의 변화표』8쪽 참조)

113. 海(うみ) : 바다 [바다 해(海)]

어원은「おお(大) + みず(水)」

「바다」는「큰 물」이라는 뜻이다.

「おおみず 〉 おみ 〉 うみ」

「うみ」: 바다

☞ 水(み, みず) : 물 (57 참조)

114. 狭い(せまい) : 좁다 [좁을 협(狭)]

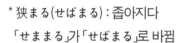

풀어 쓰면,

「ささ(小・細, 작은)+ま(間. 사이, 간격)+い(형용사를 만드는 접미어)」

작은 간격이다. 즉「좁다」라는 뜻이다.

「ささまい 〉 せまい」(「ささ」가 축약되어「せ」로 바뀜)

「せまい」: 좁다

* 狭まる(せばまる) : 좁아지다

「せままる」가「せばまる」로 바뀜

☞ ささ(小・細) : 작은

　어원은「**사사**하다」(작거나 적다) →「ささ」: 작은, 적은

※ せまい(狭い, 좁다)의 본래 말은「せばい」(狭い)이다(せばい → せまい).

---

115. 呼ぶ(よぶ) : 부르다 [부를 호(呼)]

어원은「어이」(사람을 부를 때 하는 말)

『어이 〉 오이 〉 요 〉 よ』(음성모음 ㅓ → 양성모음 ㅗ)

「よ + ぶ(동사를 만드는 접미어)」→ よぶ

「よぶ」: 부르다

---

116. 話す(はなす) : 이야기하다, 말하다 [말씀 화(話)]

예전에는「한가할 때 하는 잡담」을 의미했다.

어원은「한가」의「한」

『한 〉 하나 〉 はな』

「はな + す(동사를 만드는 접미어)」

「はなす」: 이야기하다, 말하다

* 話(はなし) : 이야기, 말

117. 靴(くつ) : 구두, 신 [신 화(靴)]

어원은 살갗의 「갖」(가죽)

『갖 〉가츠 〉구츠 〉くつ』

가죽신이 구두다.

「くつ」: 구두, 신

☞ 우리나라는 구두가 일본의 くつ에서 유래되었다고 잘못 주장되고 있으나, 반대로 일본에서는 くつ
가 우리말 「갖」에서 유래되었다고 한다. 갖신(가죽신)이 구두다.

118. 丸い(まるい) : 둥글다 [둥글 환(丸)]

어원은 (둥글게) 「말다」의 「말」

『말 〉마루 〉まる』

「まる + い(형용사를 만드는 접미어)」→ まるい

말면 둥글게 된다.

「まるい」: 둥글다

119. 横(よこ) : 옆, 가로 [가로 횡(横)]

어원은 「옆」

『옆 〉욥 〉요 〉よ』

「よ + こ(장소를 뜻함)」→ よこ

「よこ」: 옆, 가로

☞ 「こ」가 장소를 의미하는데 우리말 「곳」이 변한 말이다.

   (곳 〉고 〉こ)

120. 後ろ(うしろ) : 뒤, 뒤쪽 [뒤 후(後)]

어원을 풀어 쓰면,
「む(身. み의 옛말) + しり(尻, 엉덩이)」
몸 엉덩이 쪽이 몸의 「뒤쪽」이다.
「むしり」가 「うしろ」로 바뀜(むしり → むしろ → うしろ)
「うしろ」: 뒤, 뒤쪽

☞ 身(み) 어원 : 몸
  『몸 〉 모 〉 무 〉 む 〉 み』

☞ しり(尻) : 엉덩이
  어원은 「발치」의 「치」
  「발치」는 사물의 꼬리나 아래쪽이 되는 끝부분
  『치 〉 치리 〉 시리 〉 しり』

121. 休む(やすむ) : 쉬다 [쉴 휴(休)]

어원은 「쉬다」의 활용 「쉼」
『쉼 〉 쉬무 〉 수무 〉 すむ』
「や(屋, 집) + すむ」 → やすむ
(집에서) 쉬다.
「やすむ」: 쉬다

122. 吸う(すう) : (공기 따위를) 들이마시다, 빨아들이다 [마실 흡(吸)]

어원은 의태어 「쑥」
「쑥」은 안으로 깊이 들어가거나 밖으로 불룩하게 내미는 모양을 말한다.
『쑥 〉 쑤욱 〉 쑤우 〉 すう』
쑥, 맑은 공기를 들이마시다.
「すう」: (공기 따위를) 들이마시다, 빨아들이다

1. **みる(見る) : 보다 [볼 견(見)]**
   어원을 풀어 쓰면,
   「め(目, 눈) + る(동사를 만드는 접미어)」
   「める → みる」
   「みる」: 보다

   * め(目) : 눈 (31 참조)

2. **かう(買う) : 사다, 구입하다 [살 매(買)]**
   어원은「값」
   『값 〉 가 〉 か』
   「か + う(동사를 만드는 접미어)」
   싼 값에 사다.
   「かう」: 사다, 구입하다

3. **みせ(店) : 가게. 상점 [가게 점(店)]**
   어원은「みせる」(見せる, 보이다)
   상품을 진열해 보여서 파는 곳
   「みせ」: 가게, 상점

4. **ひる(昼) : 낮 [낮 주(昼)]**
   어원을 풀어 쓰면,
   「ひ(日, 해) + いる(居る, 있다)」
   「ひいる 〉 ひる」
   해가 있을 때가 낮이다.
   「ひる」: 낮

5. うる(売る) : 팔다 [팔 매(売)]

어원은「팔다」(어간은 팔)

『팔 〉 파 〉 푸 〉 후 〉 우 〉 う』

   (1) 모음교체 : ㅏ → ㅜ

   (2) 반탁음 푸(ぷ) → 청음 후(ふ) → 여린소리 우(う)

「う + る(동사를 만드는 접미어)」

「うる」: 팔다

6. いつ(何時) : 언제 [어찌 하(何)]

어원은「언제」

『언제 〉 어제 〉 이제 〉 이즈 〉 いつ』

「いつ」: 언제

  * いつか(何時か) : 언젠가

7. いろいろ(色色) : 여러 가지, 가지각색 [빛 색(色)]

어원은「여러여러」

『여러여러 〉 이로이로 〉 いろいろ』

「いろいろ」: 여러 가지, 가지각색

8. わかる(分かる) : 알다 [나눌 분(分)]

어원은「알다」(어간은 알」

『알 〉 아가 〉 와가 〉 わか』

「わか + る(동사를 만드는 접미어)」

「わかる」: 알다

☞ 우리말 종성「ㄹ」이 일본어로 바뀔 때, 자음이「ㄱ, ㅁ, ㅅ, ㅈ, ㅊ, ㄷ」으로 바뀌며 모음(ㅣ, ㅡ, ㅏ 등)이 붙는다. (『종성 ㄹ의 변화표』8쪽 참조)

9. はな(鼻) : 코   [코 비(鼻)]
　　어원은「코빼기」의 어근「코빼」의「빼」
　　『빼 〉 빠 〉 하 〉 は』[반탁음 빠(ぱ)가 청음 하(は)로 바뀜]
　　「は + な(접미어)」
　　「はな」: 코

10. か(蚊) : 모기
　　어원은「모기」의「기」
　　『기 〉 가 〉 か』
　　「か」: 모기

11. はな(花) : 꽃
　　어원은「피다」(어간은 피)
　　『피 〉 파 〉 하 〉 は』(중성모음 ㅣ → 양성모음 ㅏ)
　　「は + な(접미어)」→ はな
　　피고 지는 것이 꽃이다
　　「はな」: 꽃

12. ながい(長い) : 길다, 오래다   [길 장(長)]
　　어원은「날줄」(세로 줄)의「날」
　　옛날 베를 짤 때 먼저 베틀에 날줄로 긴 실을 걸친 다음 또 다른 실을 가로로 겹쳤다(씨줄은 폭이
　　정해져 있고, 날줄은 계속 이어지기 때문에 길다).
　　『날 〉 나가 〉 なが』
　　「なが + い(형용사를 만드는 접미어)」
　　「ながい」: 길다, 오래다

　　☞ 우리말 종성「ㄹ」이 일본어로 바뀔 때, 자음이「ㄱ, ㅁ, ㅅ, ㅈ, ㅊ, ㄷ」으로 바뀌며 모음(ㅣ, ㅡ,
　　　ㅏ 등)이 붙는다. (「종성 ㄹ의 변화표」8쪽 참조)

13. まど(窓) : 창, 창문 [창 창(窓)]
    어원을 풀어 쓰면,
    「ま(目, 눈) + と(戸·門, 문)」 → まと → まど
    눈으로 보는 문이 창문이다.
    まど(窓) : 창, 창문

    ☞ と(門, 문)의 어원은 「돌쩌귀(문쩌귀)」의 「돌」
      『돌 〉 도 〉 と』

    *「돌쩌귀」는 문짝을 문설주에 달아 여닫는 데 쓰는 두 개의 쇠붙이. 암짝은 문설주에, 수짝은 문짝
     에 박아 맞추어 꽂는다.

14. まえ(前) : 앞 [앞 전(前)]
    어원을 풀어 쓰면,
    「ま(目, 눈) + へ(방향을 나타냄)」
    「まへ → まえ」
    「まえ」 : 앞

15. おきる(起きる) : 일어나다, 기상하다 [일어날 기(起)]
    어원은 「일나다」의 「일」, 일어나다의 방언
    『일 〉 올 〉 오기 〉 おき』(중성모음 ㅣ → 양성모음 ㅗ)
    「おき + る(동사를 만드는 접미어)」
    「おきる」 : 일어나다, 기상하다

    ☞ 우리말 종성 「ㄹ」이 일본어로 바뀔 때, 자음이 「ㄱ, ㅁ, ㅅ, ㅈ, ㅊ, ㄷ」으로 바뀌며 모음(ㅣ, ㅡ,
      ㅏ 등)이 붙는다. (『종성 ㄹ의 변화표』 8쪽 참조)

16. ちいさい(小さい) : 작다, 크지 않다 [작을 소(小)]
    어원은 「짝다」(어간은 짝), 작다의 된 말
    『짝 〉 짜: 〉 찌: 〉 찌이 〉 ちい』

「ちい + さ(접미어) + い(형용사를 만드는 접미어)」
「ちいさい」: 작다, 크지 않다

17. おおい(多い) : 많다 [많을 다(多)]
　　어원은「억수로 많다」에서「억수로」의「억」
　　『억 〉 어억 〉 어어 〉 오오 〉 おお』(일본어에는 ㅓ 발음이 없어 ㅗ로 바뀜)
　　「おお + い(형용사를 만드는 접미어)」
　　「おおい」: 많다

18. みじかい(短い) : 짧다 [짧을 단(短)]
　　어원을 풀어 쓰면,
　　「み(身, 몸) + ちかい(近い, 가깝다)」
　　「みちかい → みぢかい → みじかい」
　　몸에서 가깝다(짧다)
　　「みじかい」: 짧다

19. およぐ(泳ぐ) : 헤엄치다, 수영하다 [헤엄칠 영(泳)]
　　어원은「うお」(魚, 물고기)
　　「うお(魚) + ぐ(동사를 만드는 접미어)」
　　「うおぐ → うよぐ → およぐ」
　　물고기처럼 헤엄치다
　　「およぐ」: 헤엄치다, 수영하다

　　☞ 魚(うお) : 물고기
　　　　어원은「魚」의 우리 한자음「어」
　　　　『어 〉 오 〉 우오 〉 うお』

연상암기

1. **雪**(ゆき) : 눈
「겨울(ふ**ゆ**, 冬) + 옵니다(**き**ます, 来ます)」→ 겨울에 오는 것(눈)

2. **北**(きた) : 북, 북쪽
「북」에서 내려온(来た, **きた**) 사람을 월남민이라 한다.

3. みぎ(右) : 오른쪽, 우측
미기(美旗, 미국 국기)를 단 배는 우리의 우방(友邦 → 右邦)이다.

4. かりる(借りる) : 빌리다, 꾸다
칼이 없어 옆집에서 임시(**かり**, 仮)로 빌리다.

5. 覚える(おぼえる) : 기억하다, 배우다
오보에(악기) 부는 법을 배워서 기억하다.

6. 甘い(あまい) : 달다, 달콤하다
높이 달려있는 저 열매는 **아마**, 달지 않고 쓸 거야.

7. 難しい(むつかしい) : 어렵다
「무척(**무처가**) + しい」→ 무척 어렵다

* むずかしい(難しい) : 어렵다
「むつかしい → むづかしい → むずかしい」

N4

기본이 되는 문법, 한자 300자 정도, 어휘 1,500어 정도 습득
날마다 접할 수 있는 회화가 가능, 간단한 문장을 읽고 쓸 수 있는 능력
일본어를 300시간 정도 학습하고 초급 일본어 과정을 마친 수준

123. ぶつかる : 부딪치다, 충돌하다

어원은「부딪치다」

『부딪치 〉 부딪쳐 〉 부쳐 〉 ぶつ』

「ぶつ + かる(동사를 만듦)」→ ぶつかる

「ぶつかる」: 부딪치다

* ぶつける : 부딪다

---

124. 苛める(いじめる) : 괴롭히다, 못살게 굴다 [가혹할 가(苛)]

어원은「이지러지게 하다」

「이지러지게 하다」는 성격, 행동 따위를 비뚤어지게 하다는 뜻으로,

어떤 대상을「괴롭히다」는 의미다.

「이지러지게」의 앞 두 자를 따서

「이지 + める(타동사를 만듦)」→ いじめる

「いじめる」: 괴롭히다, 못살게 굴다

* いじね(苛め) : 집단 괴롭힘, 왕따

☞「이즈러지다」의 규범표기는「이지러지다」이다.

---

125. 叱る(しかる) : 꾸짖다, 야단치다 [꾸짖을 갈(喝)]

「し(する의 연용형, 하다) + 갈(喝, 꾸짖을 갈)」

『し갈 〉 し가루 〉 しかる』

꾸짖는 것을 하다. 즉,「꾸짖다」

「しかる」: 꾸짖다, 야단치다

* 대갈(大喝) : 크게 꾸짖다

☞ 연용형 : ます를 붙일 수 있는 동사 형태

126. 金(かね) : 쇠, 금속, 돈 [쇠 금(金)]

쇠는 강하다. 어원은 「강하다」의 「강」

강은 순우리말이다(한자 强은 「강할 강」으로 순우리말을 한자음으로
한 것이다).

『강 〉 간 〉 가네 〉 かね』

「かね」: 쇠, 금속, 돈

127. 開く(ひらく) : 열다, 열리다 [열 개(開)]

어원은 「펴다」의 활용 「펼」

『펼 〉 펴라 〉 피라 〉 히라 〉 ひら』[반탁음 피(ぴ)가 청음 히(ひ)로 바뀜]

「ひら + く (동사를 만드는 접미어)」→ ひらく

펴다는 「열다」는 뜻도 있다(책을 펴다).

「ひらく」: 열다, 열리다

128. 絹(きぬ) : 비단 [비단 견(絹)]

일본 서적 『양잠의 기원과 고대견』(養蚕の起源と古代絹, 1979년)에 의하면 우리말
「비단 견」(絹)의 「견」이 「기누」라는 발음으로 변했다고 한다.

『견 〉 긴 〉 기누 〉 きぬ』

「きぬ」: 비단

129. 堅い, 固い(かたい) : 굳다, 단단하다, 딱딱하다 [굳을 견(堅)]

어원은「굳다」(어간은 굳)

『굳 〉갇 〉가다 〉かた』

「かた + い(형용사를 만드는 접미어)」→ かたい

「かたい」: 굳다, 단단하다, 딱딱하다

* かたまる(固まる, 堅まる) : 딱딱해지다

130. 決める(きめる) : 정하다, 결정하다 [결단할 결(決)]

어원은 자르다의 뜻인「きる」(切る), 어간은「き」

「き + める(타동사를 만듦)」→ きめる

자르듯이 정하다(결정하다).

「きめる」: 정하다, 결정하다

* 決まる(きまる) : 정해지다, 결정되다

☞ 切る(きる) : 자르다

　어원은「키다」(켜다의 방언)

　톱으로 키서(켜서)「자르다」

　「키 + 다(동사 어미) = き + る(일본어 동사 어미)」

　* 영어「decide」(결정하다)는「자르다」를 의미하는 라틴어「decidere」에서 나온 말이다.

131. 鏡(かがみ) : 거울 [거울 경(鏡)]

어원은「거울」

『거울 〉걸: 〉갈: 〉가가 〉かが』(음성모음 ㅓ → 양성모음 ㅏ)

「かが + み(= みる, 見る, 보다)」→ かがみ

「かがみ」: 거울

132. 驚く (おどろく) : 놀라다 [놀랄 경(驚)]

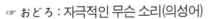

풀어 쓰면,

「おどろ(자극적인 무슨 소리, 의성어) + く(동사를 만드는 접미어)」→ おどろく

자극적인 무슨 소리에 깜짝「놀라다」

「おどろく」: 놀라다

☞ おどろ : 자극적인 무슨 소리(의성어)

　「어, 드륵드륵」하고 무슨 소리가 났네. 놀랐다.

　『어드륵 〉어드르 〉오도로 〉おどろ』(음성모음 ㅓ, ㅡ가 ㅗ 바뀜)

　「おどろ」: 자극적인 무슨 소리(의성어)

---

133. 届く (とどく) : 닿다, 도달하다 [이를 계(届)]

어원은「닿다」(어간은 닿)

『닿 〉닫 〉다다 〉도도 〉とど』

「とど + く(동사·접미어)」

「とどく」: 닿다, 도달하다

* 届ける(とどける) : 닿게 하다, 보내 주다

---

134. 考える (かんがえる) : 생각하다 [생각할 고(考)]

「곰곰이 생각하다」에서, 어원은「곰곰이」

「곰곰이」는 여러모로 깊이 생각하는 모양을 말한다.

『곰곰 〉감감 〉간간 〉간가 〉かんが』

「かんが + える(동사를 만듦)」

「かんがえる」: 생각하다

135. 苦しい(くるしい) : 괴롭다, 고통스럽다 [쓸 고(苦)]

어원은「고롭다」(어근은 고롭)
「고롭다」는 괴롭다의 경상 방언이다.
『고롭 〉고로 〉구루 〉くる』(모음교체 : ㅗ → ㅜ)
「くる + しい(…하다, …스럽다)」→くるしい
「くるしい」: 괴롭다, 고통스럽다

* 苦しむ(くるしむ) : 괴로워하다

136. 苦い(にがい) : 쓰다, 기분이 언짢다 [쓸 고(苦)]

어원은「니글니글하다」(속이 울렁거리고 메스껍다)
『니글 〉니그 〉니가 〉にが』
「にが + い(형용사를 만드는 접미어)」→ にがい
「にがい」: 쓰다, 기분이 언짢다

137. 骨(ほね) : 뼈 [뼈 골(骨)]

어원은「뼈」
『뼈 〉뽀 〉뽀네 〉호네 〉ほね』
(반탁음 ぽ가 청음 ほ로 바뀜)
「ほね」: 뼈

☞ 일본어에는 음성모음「ㅓ, ㅕ, ㅡ」발음이 없음[서울을 ソウル(소우루)로 표기]

138. 過ぎる(すぎる) : 지나다, 통과하다 [지날 과(過)]

문어체는「すぐ」(過ぐ)

어원은「쇠다」(어간은 쇠)

「쇠다」는 명절, 생일, 기념일 같은 날을 맞이하여 지내다.

『쇠 〉스 〉す』

「す + ぐ(동사를 만드는 접미어)」

「すぐ → すぎる」(상1단화, 구어체)

「すぎる」: 지나다, 통과하다

139. 慣れる(なれる) : 익숙해지다 [익숙할 관(慣)]

어원은「날래」(빨리, 얼른의 방언)

날래(빨리) 적응하는 것은,「익숙해지다」라는 의미다.

『날래 〉나래 〉なれ』

「なれ + る(동사를 만드는 접미어)」→ なれる

「なれる」: 익숙해지다

* 慣らす(ならす) : 순응시키다, 길들이다

☞「날」은 길이 아주 잘 들어 익숙해진 버릇이나 짓을 말한다.

　　「날래」는「날」이 얼른 들도록 한다는 부사(副詞)다.

140. 光(ひかり) : 빛 [빛 광(光)]

어원은「빛깔」

『빛깔 〉비까리 〉히카리 〉ひかり』

[탁음 비(び) → 청음 히(ひ)]

「ひかり」: 빛

* 光る(ひかる) : 빛나다

141. 壊す(こわす) : 깨다, 부수다, 파괴하다   [무너질 괴(壊)]

어원은 「깨다」(어간은 깨)

『깨 〉 꽤 〉 꼬아 〉 꼬와 〉 こわ』

「こわ + す(동사를 만드는 접미어)」→ こわす

「こわす」: 깨다, 부수다, 파괴하다

* 壊れる(こわれる) : 깨지다, 부서지다

142. 橋(はし) : 다리, 교량   [다리 교(橋)]

어원은 「발(발:)」

「발」은 「가늘고 긴 대(나무)를 줄로 엮은 물건」을 말한다. 창, 출입구 등 실내를 가리는 데 쓰인다.

「다리」 하면 웅장한 이순신 대교, 인천대교 등 거대한 구조물을 먼저 떠올리지만, 옛날 다리는 정말 소박했다. 자주 다니는 개울에 긴 나무를 나란히 몇 개 엮어 걸쳐 놓으면 이것이 「다리」다.

『발: 〉 바시 〉 하시 〉 はし』[탁음 바(ば) → 청음 하(は)]

「はし」: 다리, 교량

(1) 「はし」의 음을 가지 단어

　　① はし(箸) : 젓가락, わりばし(割りばし, 일회용 젓가락)

　　② はし(梯) : 사다리, = はしご(梯子)

(2) 「はし」가 들어가는 단어

　　① はしる(走る) : (자동차가 다리 위를) 달리다

　　② はしら(柱) : 기둥(요즘 다리는 기둥도 많다)

☞ 우리말 종성 「ㄹ」이 일본어로 바뀔 때, 자음이 「ㄱ, ㅁ, ㅅ, ㅈ, ㅊ, ㄷ」으로 바뀌며 모음(ㅣ, ㅡ, ㅏ 등)이 붙는다. (「종성 ㄹ의 변화표」8쪽 참조)

143. 窺う(うかがう) : 엿보다, 살피다 [엿볼 규(伺)]

「う(= うち, 内, 안) + か(= こ, 장소) + がう(동사를 만듦)」 → うかがう

안쪽의 동정을 엿보다.

「うかがう」: 엿보다, 살피다

☞ うち(内) : 안, 내부, 집안, 우리 (147 참조)

☞ 窺う(うかがう)와 음이 같은 「伺う(うかがう)」는 「듣다, 묻다, 방문하다」의 겸사말

---

144. 極める(きわめる) : 끝까지 가다, 한도에 이르다 [다할 극(極)]

풀어 쓰면,

「きわ(際. 가, 한계) + める(동사를 만듦)」 → きわめる

한계까지 가다, 끝까지 가다.

「きわめる」: 끝까지 가다, 한도에 이르다

☞ きわ(際) : 가, 한계

　어원은 「가」

　『가 〉 기아 〉 기와 〉 きわ』

---

145. 勤める(つとめる) : 근무하다, 종사하다 [부지런할 근(勤)]

어원을 풀어 쓰면,

「つとに(夙に, 아침 일찍) + める(동사를 만듦)」

(첫닭이 우는) 아침 일찍 일어나 일하다.

「つとめる」: 근무하다, 종사하다

☞ つとに(夙に) : 아침 일찍

　어원은, 「첫닭이 울 때」

　「はつ(初, 첫) + とり(鳥, 닭)」

　「はつとり 〉 はつと 〉 つと 〉 つとに」

　「つとに」: 아침 일찍

무산(舞山)

무산은 충청남도 공주시 사곡면 가교리의 춤다리마을 뒤편에 있는 산으로 해발 421m이다. 춤달은 한 자로는 무산(舞山)으로 표기하는데, 「달」은 고구려어계의 고대 국어에서 「높다(高)」 또는 「산(山)」을 뜻 하는 고유어이다.

신라 640년, 선덕여왕이 자장율사에게 전국의 명산을 찾아 절을 지으라는 명을 내렸는데, 자장율사가 사곡면 가교리에 이르러서야 비로소 절을 지을 만한 터를 발견하고 기쁜 나머지 징검다리 위에서 춤 을 춘 데서 춤달이라는 명칭이 유래되었다고 전한다. 춤다리마을의 명칭도 춤달에서 유래되었다.

여기서 눈여겨볼 대목은 「달」은 고구려어계의 고대 국어에서 「높다(高)」 또는 「산(山)」을 뜻하는 것이라 는 점이다. 일본어에서 높다는 たかい(高い)이고, 높은 산은 たけ(岳)라고 한다. 우리말의 일본어로의 변화과정은 다음과 같다.

『달 〉다가 〉たか』
「たか + い(형용사를 만드는 접미어)」→ たかい(高い, 높다)
「たか(高) + みね(峰, 봉우리)」→ たかね → たけ(岳, 높은 산)

☞ 우리말 종성 「ㄹ」이 일본어로 바뀔 때, 자음이 「ㄱ, ㅁ, ㅅ, ㅈ, ㅊ, ㄷ」으로 바뀌며 모음(ㅣ, ㅡ, ㅏ 등) 이 붙는다. (『종성 ㄹ의 변화표』8쪽 참조)

146. 祈る(いのる) : 기도하다　[빌 기(祈)]

풀어 쓰면,「い(意, 좋은 뜻) + のる(宣る, 말하다)」
좋은 뜻을 (되풀이해서) 말하다. 즉, 기도하다.
「いのる」: 기도하다

☞ のる(宣る) : 말하다, 선언하다
　어원은「뇌다」
　「뇌다」는 한 번 한 말을 여러 번 거듭 말하다라는 뜻이다.
　『뇌 〉노 〉の』
　「の+る」→ のる(말하다)

147. 内(うち) : 안, 내부, 집 안, 우리　[안 내(内)]

어원은「울」(우리의 준말)
『울 〉우치 〉うち』
「うち」: 안, 내부, 집 안, 우리

☞ 우리말 종성「ㄹ」이 일본어로 바뀔 때, 자음이「ㄱ, ㅁ, ㅅ, ㅈ, ㅊ, ㄷ」
　으로 바뀌며 모음(ㅣ, ㅡ, ㅏ 등)이 붙는다. (「종성 ㄹ의 변화표」 8쪽
　참조)

148. 匂い(におい) : 냄새, 향내　[향내 내(匂)]

어원은「내음」
『내음 〉니음 〉니으이 〉니오이 〉におい』
「におい」: 냄새, 향내

149. 女(おんな) : 여자   [계집 녀(女)]

어원은「에미나」(계집아이 방언)

나라 시대(奈良時代)에는 오미나(をみな)라고 했다.

뒤에 をみな가 발음 변화로「おんな」로 바뀌었다.

『에미나 〉 오미나 〉 온나 〉 おんな』

「おんな」: 여자

---

150. 年, 歳(とし) : 해, 나이

어원은「돌」

「돌」은 특정한 날이 해마다 돌아올 때, 그 횟수를 세는 단위(해를 세는 단위)

『돌 〉 도시 〉 とし』

「とし」: 해, 나이

* おないどし(おない年, 同い年) : 동갑, 같은 나이

　　(おなじどし → おないどし)

☞ 우리말 종성「ㄹ」이 일본어로 바뀔 때, 자음이「ㄱ, ㅁ, ㅅ, ㅈ, ㅊ, ㄷ」으로 바뀌며 모음(ㅣ, ㅡ, ㅏ 등)이 붙는다. (「종성 ㄹ의 변화표」8쪽 참조)

---

151. 怒る(おこる) : 골내다, 성내다, 화내다   [성낼 노(怒)]

어원은「골내다」의「골」

『골 〉 고루 〉 こる』

「お(감정을 나타냄) + こる」→ おこる

「おこる」: 성내다, 화내다

152. 怒る(いかる) : 성내다, 화내다 [성낼 노(怒)]

어원은 「이 갈다」

「이 갈다」는 「몹시 화가 나거나 분을 참지 못하여 벼르다」라는 뜻이다.

『이갈 〉 이가루 〉 いかる』

「いかる」 : 성내다, 화내다

* 怒り(いかり) : 분노

☞ いか(烏賊)가 오징어인데, 오징어는 화를 내면 먹물을 뿜기 때문에 붙인 이름이다.

---

153. 踏む(ふむ) : 밟다 [밟을 답(踏)]

어원은 「밟다」(어간은 밟)

『밟 〉 발 〉 바 〉 부 〉 후 〉 ふ』

(1) 모음교체 : ㅏ → ㅜ

(2) 탁음 부(ぶ) → 청음 후(ふ)

「ふ + む(동사를 만드는 접미어)」 → ふむ

「ふむ」 : 밟다

---

154. おとなしい(大人しい) : 얌전하다 [큰 대(大)]

풀어 쓰면,

「おとな(大人, 어른) + しい(…하다, …스럽다)」

어른스럽다.

「おとなしい」 : 얌전하다

☞ おとな(大人) : 어른 (23 참조)

155. 桃(もも) : 복숭아 [복숭아 도(桃)]

어원은「모모」(毛毛)

복숭아는 털이 많은 과일이다.

「もも」: 복숭아

---

156. 倒れる(たおれる) : 쓰러지다, 넘어지다 [넘어질 도(倒)]

「떠밀어 넘어지다」에서, 어원은「떠밀다」의「떠」

『떠 〉 따 〉 다오 〉 たお』

「たお + れる(동사를 만듦)」

「たおれる」: 쓰러지다, 넘어지다

* 倒す(たおす) : 쓰러뜨리다

---

157. 逃げる(にげる) : 달아나다, 도망치다 [달아날 도(逃)]

문어체는「にぐ(逃ぐ)」

어원은「니다」(어간은 니), 가다·다니다의 옛말

『니 〉 に』

「に + ぐ(동사를 만드는 접미어)」

「にぐ → にげる」(하1단화, 구어체)

원뜻은「가다」이지만「달아나다」의 뜻으로 바뀌었다.

「にげる」: 달아나다, 도망치다

☞「다니다」를 풀어 쓰면,「다(다리, 脚) + 니다(가다)」로「다리로 가다」의 뜻이다.

158. 渡る(わたる) : 건너다, 건너가다(오다) [건널 도(渡)]

어원을 풀어 쓰면
「わた(海, うみ·바다의 옛말) + とおる(通る, 통하다)」
바다를 통해서 건너가다.
「わたる」: 건너다, 건너가다(오다)

* 渡す(わたす) : 건네주다

☞ わた(海) : うみ(바다)의 옛말
　어원은「바다」
　『바다 〉하다 〉와다 〉わた』(탁음 ば → 청음 は → 여린 소리 わ)
　「わた」: うみ(바다)의 옛말

---

159. 道(みち) : 길 [길 도(道)]

어원을 풀어 쓰면,
「み(御, 존경의 뜻) + じ(路, 길)」
「みじ → みち」
「みち」: 길

* 山路(やまじ) : 산길, 潮路(しおじ) : 뱃길

☞ じ(路) : 길
　어원은「길」의 방언인「질」
　『질 〉지 〉じ』

---

160. 島(しま) : 섬 [섬 도(島)]

어원은「섬」
『섬 〉서마 〉시마 〉しま』
「しま」: 섬

161. 動く（うごく）: 움직이다 [움직일 동(動)]

어원은「うごうご」(움직이는 모양)

「うご + く (동사를 만드는 접미어)」→ うごく

「うごく」: 움직이다

* 動かす（うごかす）: 움직이게 하다

☞ うごうご : 벌레 따위가 움직이는 모양

　어원은「우글우글」(벌레나 짐승 등이 한곳에 빽빽하게 많이 모여 움직이는 모양)

　『우글우글 〉 우그우그 〉 우고우고 〉 うごうご』

162. 落ちる（おちる）: 떨어지다 [떨어질 락(落)]

어원은「알로」의「알」, 아래로

『알 〉 올 〉 오치 〉 おち』

「おち + る (동사를 만드는 접미어)」→ おちる

아래로 물건이 떨어지다.

「おちる」: 떨어지다

* おとす（落とす）: 떨어뜨리다

☞ 우리말 종성「ㄹ」이 일본어로 바뀔 때, 자음이「ㄱ, ㅁ, ㅅ, ㅈ, ㅊ, ㄷ)」으로 바뀌며 모음(ㅣ, ㅡ, ㅏ 등)이 붙는다. (『종성 ㄹ의 변화표』8쪽 참조)

163. 冷たい（つめたい）: 차갑다, 냉정하다 [찰 랭(冷)]

어원은「찹다」(어간은 찹)

『찹 〉 차바 〉 츠바 〉 츠배 〉 츠매 〉 つめ』

「つめ + たい (그러한 상태임을 나타냄)」→ つめたい

*「늪」의 발음 변화와 유사하다.

　『늪 〉 눕 〉 누바 〉 누마 〉 ぬま(沼)』(ㅂ → ㅁ)

164. 戻る(もどる) : 되돌아가(오)다 [어그러질 려(戻)]

어원은 もと(本.元, 처음, 근본)

「もと」를 동사화한 말이다.

「もとる」가「もどる」로 바뀌어, 근본으로 되돌아가다.

「もどる」: 되돌아가(오)다

* 戻す(もどす) : 되돌리다, 갚다

☞ もと(本, 元) : 처음, 근본

　　어원은「밑」

　　『밑 〉미토 〉모토 〉もと』,

　　밑은 근본을 의미한다.

165. 連れる(つれる) : 데리고 오(가)다, 동반하다, 동행하다 [잇닿을 련(連)]

문어체는「つる」(連る)

어원은「찌다」(어간은 찌), 끼다의 방언

『찌 〉쯔 〉つ』

「つ + る(동사를 만드는 접미어)」

「つる → つれる」(하1단화, 구어체)

끼고 가다(→ 데리고 가다)

「つれる」: 데리고 오(가)다, 동반하다, 동행하다

166. 頼む(たのむ) : 부탁하다. 의뢰하다 [의뢰할 뢰(頼)]

어원은「뇌다」(어간은 뇌),「뇌다」는 한 말을 여러 번 거듭 말하다

『뇌 〉노 〉の』

「た(발어) + の + む(동사를 만드는 접미어)」→ たのむ

여러 번 거듭 말하여 부탁하다.

「たのむ」: 부탁하다, 의뢰하다

* 발어(發語) :「さて(그런데), それ(야, 봐라)」등 이야기나 문장의 첫머리에 써서 상대방의 주의를 끄는 말

167. 流れる(ながれる) : 흐르다, 흘러가다 [흐를 류(流)]

문어체는「ながる」(流る)

어원은「ながい」(長い, 길다)

강물은 길게 뻗어 흘러가는 것에서

「なが(長) + る(동사를 만드는 접미어)」

「ながる → ながれる」(하1단화, 구어체)

「ながれる」: 흐르다, 흘러가다

168. 裏(うら) : 뒤(뒷면), 안, 겉과 반대되는 일 [속 리(裏)]

어원을 풀어 쓰면

「うち(内. 안, 내부) + ら(방향을 나타냄)」

「うちら → うら」

「うら」: 뒤(뒷면), 안, 겉과 반대되는 일

☞ うち(内) : 안, 내부 (147 참조)

169. 林(はやし) : 숲, 수풀 [수풀 림(林)]

어원은「수풀」의「풀」(푸울)

푸 :『푸 〉파 〉하 〉は』[반탁음 파(ぱ) → 청음 하(は)]

울 :『울 〉우시 〉아시 〉야시 〉やし』

「はやし」: 수풀, 숲

☞ 우리말 종성「ㄹ」이 일본어로 바뀔 때, 자음이「ㄱ, ㅁ, ㅅ, ㅈ, ㅊ, ㄷ」으로 바뀌며 모음(ㅣ, ㅡ, ㅏ 등)
이 붙는다. (「종성 ㄹ의 변화표」8쪽 참조)

170. 忘れる(わすれる) : 잊다, 잊고 오다 [잊을 망(忘)]

문어체는「わする」(忘る)

어원은「잊다」(어간은 잊)

『잊 〉 잇 〉 이스 〉 와스 〉 わす』

「わす + る(동사를 만드는 접미어)」

「わする → わすれる」(하1단화, 구어체)

「わすれる」: 잊다, 잊고 오다

☞ うしなう(失う) : 잃다 (622 참조)

---

171. 梅雨(つゆ) : 장마 [매화 매(梅)]

어원은「장마」의「장」

『장 〉 자유 〉 즈유 〉 쯔유 〉 つゆ』

「つゆ : 장마」

* ばいう(梅雨)라고도 한다.

---

172. 命(いのち) : 목숨, 생명 [목숨 명(命)]

어원을 풀어 쓰면,

「いき(息, 숨) + の + うち(内, 내)」

「いき + の + うち」→ いのち

숨을 쉬고 있는 동안이 생명이다.

「いのち」: 목숨, 생명

☞ いき(息) : 숨 (620 참조)

173. 暮れる(くれる) : 저물다, 해가 지다 [저물 모(暮)]

어원은 「해거름」의 「거름」

『거름 〉거르 〉구르 〉구래 〉くれ』

「くれ + る(동사를 만드는 접미어)」→ くれる

해거름이 되다(저물다)

「くれる」: 저물다, 해가 지다

하나, 둘, 셋, 넷

① ひと(一, 하나)

等しい(ひとしい) : 같다, 평등하다

모두를 하나(ひと, 一)처럼 해서 같다(평등하다)

② に(二, 이)

似る(にる) : 닮다, 비슷하다

두(に, 二)개가 닮아 서로「비슷하다」→ にる(비슷하다)

구분	음독(音読)	훈독(訓読)
一	イチ(吳) [일 〉 이치]	ひと, ひとつ
二	ニ(吳) [이 〉 니]	ふた, ふたつ
三	サン(吳) [삼 〉 산]	み, みつ, みっつ
四	シ(吳) [사 〉 시]	よ, よつ, よっつ, よん
五	ゴ(吳) [오 〉 고]	いつ, いつつ
六	ロク(吳) [륙 〉 로쿠]	む, むい, むつ, むっつ
七	シチ(吳) [칠 〉 시치]	なな, ななつ, なの
八	ハチ(吳) [팔 〉 하치]	や, やつ, やっつ, よう
九	ク(吳) [구 〉 구] キュウ(漢) [구 〉 큐]	ここの, ここのつ
十	ジュウ(吳) [십 〉 쥬] ジッ(慣習)	と, とお

吳(吳音) : 한반도를 거쳐 일본에서 정착한 한자음
漢(漢音) : 중국에서 직접 들여온 한자음
[ㄱ] : 수사(數詞) 밑에 붙이는 말

☞ 우리말 종성 「ㄹ」이 일본어로 바뀔 때, 자음이 「ㄱ, ㅁ, ㅅ, ㅈ, ㅊ, ㄷ」으로 바뀌며 모음(ㅣ, ㅡ,
ㅏ 등)이 붙는다. (「종성 ㄹ의 변화표」 8쪽 참조)

- 일(一) : 일 > 이치 > いち(一)
- 칠(七) : 칠 > 시치 > しち(七)
- 팔(八) : 팔 > 하치 > はち(八)

174. 夢(ゆめ) : 꿈 [꿈 몽(夢)]

어원을 풀어 쓰면,

「い(寝. 수면, 잠을 뜻함) + め(目, 눈)」→ いめ

「いめ」가 「ゆめ」로 바뀜

[いく(行く) → ゆく(行く)로 바뀐 것과 유사]

잘 때 보이는 것

「ゆめ」: 꿈

☞ い(寝) : 수면, 잠

　　어원은 잘 때 덮는 「이불」의 「이」

175. 米(こめ) : 쌀 [쌀 미(米)]

어원은 「고두(밥) + 메」

「고두메」는 제사 때 신위(神位) 앞에 놓기 위하여 쌀에 물을 적게 넣어

되게 지어져 고들고들한 밥을 말한다.

『고두메 〉고메 〉こめ』

「고두메」가 「고메」로 변해 「쌀」이라는 뜻이 됨

☞ 日本 어원설 : 「小実(こみ)」설

　　「쌀」은 「작은 열매」라는 뜻이다. 「こみ」가 「こめ」로 바뀌었다.

176. 味(あじ) : 맛 [맛 미(味)]

어원은 「맛」

『맛 〉마앗 〉앗 〉앚 〉아지 〉あじ』(ㅁ 탈락)

「あじ」: 맛

* 味わう(あじわう) : 맛보다

☞ 맛을 표현하는 말에 まずい(맛없다), あまい(달다), うまい(맛있다)가 있는데, 「맛」과 관련이 있는 말
　　인 「ま」가 들어가 있다.

177. 髪(かみ) : 머리 털 [머리 발(髪)]

어원은 「머리칼」의 「칼」, 머리카락

『칼 〉카미 〉かみ』

「かみ」: 머리 털

☞ 우리말 종성 「ㄹ」이 일본어로 바뀔 때, 자음이 「ㄱ, ㅁ, ㅅ, ㅈ, ㅊ, ㄷ」으로 바뀌며 모음(ㅣ, ㅡ, ㅏ 등) 이 붙는다. (『종성 ㄹ의 변화표』 8쪽 참조)

---

178. 方(かた) : 쪽, 편, 방향, 방법 [모 방(方)]

어원은 「바깥」의 「깥」

「바깥」은 「밖이 되는 곳」이고, 「깥」은 「곳, 방향」을 뜻한다.

『깥 〉까타 〉かた』

「かた」: 쪽, 편, 방향, 방법

---

179. 訪ねる(たずねる) : 찾다, 방문하다 [찾을 방(訪)]

어원은 「찾다」(어간은 찾)

『찾 〉차즈 〉타즈 〉たず』

「たず + ねる(동사를 만듦)」 → たずねる

「たずねる」: 찾다, 방문하다

☞ 절(寺)이 てら(寺)로 바뀐 것과 유사하다[ㅈ, ㅊ → ㄷ, ㅌ].

　『절 〉졸 〉チョル 〉チョラ 〉てら』

---

180. 壁(カベ) : 벽 [벽 벽(壁)]

어원은 「벽」

『벽 〉백 〉가배 〉カベ』

「カベ」: 벽

181. 並ぶ(ならぶ) : 한 줄로 서다, 늘어서다 [나란히 병(並)]

어원은「나란하다」

나란하다는「줄지어 늘어선 모양이 가지런하다」라는 뜻

나란히(→ **나라**니)「한 줄로 서다」→ ならぶ

「ならぶ」: 한 줄로 서다, 늘어서다

* 並べる(ならべる) : 늘어놓다

---

182. 負ける(まける) : 지다, 패하다 [질 부(負)]

어원은「막내」의「막」

『막 〉 마게 〉 まけ』

「まけ + る(동사를 만드는 접미어)」→ まける

막내는 아무래도 힘이 모자라 지게 마련이다.

「まける」: 지다, 패하다

☞「막」: ① 거친, 품질이 낮은의 뜻(막고무신, 막국수), ② 마지막의 뜻(막차)

---

183. 払う(はらう) : 없애다, 제거하다, 먼지 따위를 털다 [떨칠 불(拂)]

어원은「빨다」(어간은 빨)

『빨 〉 빠라 〉 하라 〉 はら』(반탁음 ぱ가 청음 は로 바뀜)

「はら + う(동사를 만드는 접미어)」→ はらう

빨아서 때를 없애다(제거하다).

「はらう」: 없애다, 제거하다, 먼지 따위를 털다

184. 棚(たな) : 선반 [사다리 붕(棚)]

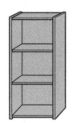

어원은

「いた(板, 판자) + な(접미어)」→ たな

선반은 넓적한 판자를 걸쳐 놓은 것이다.

「たな」: 선반

* 大陸棚(たいりくだな) : 대륙붕

☞ いた(板) : 판자 (447 참조)

185. 沸く(わく) : 끓다 [끓을 비(沸)]

어원은 「바글바글」

「바글바글」은 액체가 끓을 때 나는 소리를 말한다.

『바글 〉 바그 〉 바구 〉 하구 〉 와구 〉 わく』(탁음 바 → 청음 하 → 와)

「わく」: 끓다

186. 糸(いと) : 실 [실 사(糸)]

어원은 「실」

『실 〉 시도 〉 이도 〉 いと』(ㅅ → ㅇ)

「いと」: 실

☞ 「삿갓」의 「삿」은 갈대(あし, 蘆)를 말한다.

　『삿 〉 사시 〉 아시 〉 あし』로 바뀐 것과 유사(* 여시 → 여우)

☞ 우리말 종성 「ㄹ」이 일본어로 바뀔 때, 자음이 「ㄱ, ㅁ, ㅅ, ㅈ, ㅊ, ㄷ」으로 바뀌며 모음(ㅣ, ㅡ, ㅏ 등)
　이 붙는다. (「종성 ㄹ의 변화표」 8쪽 참조)

187. 寺(てら) : 절 [절 사(寺)]

어원은「절(チョル)」

「절 〉졸 〉チョル 〉てる 〉てら」

「てら」: 절

188. 砂, 沙(すな) : 모래 [모래 사(砂)]

풀어 쓰면,

「す(= ささ, 小. 작다는 뜻) + な(접미어)」→ すな

모래알은 작은 것에서

「すな」: 모래

☞ ささ(小, 細) : 잔, 작은

    사사하다(작거나 적다) → ささ(잔, 작은)

189. 思う(おもう) : 생각하다 [생각할 사(思)]

어원은 고어「おも」(母, 어머니의 옛말)

「おも(母) + う(동사를 만드는 접미어)」→ おもう

고향에 계신 어머니를 생각하다.

「おもう」: 생각하다

☞ おも(母) : はは(母. 어머니, 어미)의 옛말

    『어미 〉오미 〉오모 〉おも』

※「마음속으로 생각하다」에서,「마음」의「음」으로도 설명이 가능하다.

    『음 〉옴 〉오모 〉おも』

    「おも + う(동사·접미어)」→ おもう(생각하다)

190. 捨てる(すてる) : 버리다 [버릴 사(捨)]

어원은「숱하다」(어근은 숱), 셀 수 없을 정도로 매우 많다

『숱 〉 수테 〉 すて』

「すて + る(동사를 만드는 접미어)」→ すてる

너무 많아서 일부는「버리다」

「すてる」: 버리다

191. 飼う(かう) : 기르다, 동물에게 먹이를 주다 [기를 사(飼)]

어원은「까다」

「까다」는 알에서 새끼가 껍질을 깨고 나오게 하다.

닭이 알을 까 병아리를 기르다.

『까 〉 か』

「か + う(동사를 만드는 접미어)」→ かう

「かう」: 기르다, 동물에게 먹이를 주다

192. 森(もり) : 수풀, 삼림 [수풀 삼(森)]

어원은「뫼」

『뫼 〉 모이 〉 모리 〉 もり』

「もり」: 수풀, 삼림

☞ 林(はやし) : 숲 (169 참조)

193. 箱(はこ) : 상자 [상자 상(箱)]

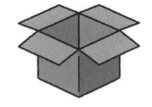

어원은 바구니의 방언 「바고리」(어근은 바고)

『바고 〉하고 〉はこ』(탁음 ば가 청음 は로 바뀜)

「はこ」: 상자

* ごみばこ(ごみ箱) : 휴지통

☞ かご(籠) : 바구니

　어원은 「곽」(물건을 담는 작은 상자, 성냥곽)

　『곽 〉과고 〉가고 〉かご』

* くずかご(屑籠) : 휴지통, 쓰레기통

194. 生きる(いきる) : 살다 [날 생(生)]

풀어 쓰면,

「いき(息, 숨) + る(동사를 만드는 접미어)」

(사람은) 숨을 쉬어야 살 수 있다.

「いきる」: 살다

* いける(生ける) : 살리다, 꽂다(꽂꽂이 하다)

　いけばな(生け花) : 꽃꽂이

☞ いき(息) : 숨, 호흡

　어원은 「입김」

　『입김 〉이기 〉いき』

　숨을 쉴 때 입김을 내뿜는 것에서

　「いき」: 숨

195. 石(いし) : 돌 [돌 석(石)]

이 말은 바위를 뜻하는 「いわ(岩)」에서 파생된 말이다.
「し」는 작은 것을 의미한다. 우리말 씨앗의 「씨」도
「작은 것, 근원」이라는 뜻이다.

「いわ + し 〉 いわし 〉 いし」

「いし」: 돌

☞ いわ(岩) : 바위 (381 참조)

196. 昔(むかし) : 옛날 [예 석(昔)]

어원은 「묵다」(어간은 묵)
「묵다」는 일정한 때를 지나서 오래된 상태가 되다.
오래된 시대가 「옛날」이다.

『묵 〉 무가 〉 むか』

「むか + し (접미어)」→ むかし (옛날)

신체 이름이 일본어 동사로 변한 말

1. 言う(いう) : 말하다 ('입'에서 변함)

　『입 〉이 〉い』

　「い + う(동사를 만드는 접미어)」→ いう

2. 喋る(しゃべる) : 말하다 (혀의 방언 '세'에서 변함)

　「세 + べる(동사를 만듦)」→ しぇべる → しゃべる

3. 聞く(きく) : 듣다 ('귀'에서 변함)

　『귀 〉기 〉き』

　「き + く(동사·접미어)」→ きく

4. 歩く(あるく) : 걷다 (다리의 고어 '아리'에서 변함)

　「아리(あり) + く(동사·접미어)」→ ありく

　고어인 ありく(歩く)가 「あるく」(歩く)로 바뀌었다.

5. 踏む(ふむ) : 밟다 ('발'에서 변함)

　『발 〉바 〉부 〉후 〉ふ』

　「ふ + む(동사·접미어)」→ ふむ

　⑴ 「바」가 「부」로 바뀜(모음교체)

　⑵ 탁음 부(ぶ)가 청음 후(ふ)로 바뀜

6. 食む(はむ) : 먹다, 마시다 ('이빨'에서 변함)

　「は(歯. 이, 이빨) + む(동사·접미어)」→ はむ

　이빨로 씹어서 먹다

　* は(歯) : 이, 이빨

　　어원은 이빨의 「빨」 『빨 〉빠 〉하 〉は』

7. かぐ(嗅ぐ) : 냄새 맡다 ('코'에서 변함)

　「か(코가 변한 말) + ぐ(동사·접미어)」→ かぐ

　『코 〉카 〉か』(모음교체 : ㅗ → ㅏ)

197. 先ず(まず) : 먼저, 우선 [먼저 선(先)]

어원은 처음을 뜻하는 「마수」

처음은 먼저, 우선이란 뜻도 포함되어 있다.

『마수 > 마스 > 마즈 > まず』

「まず」: 먼저, 우선

* 마수걸이 : 맨 처음으로 물건을 파는 일

☞ 「먼저」로도 설명이 가능하다.

  『먼저 > 머저 > 마즈 > まず』

---

198. 船(ふね) : 배 [배 선(船)]

어원은 「배」

『배 > 부내 > 후내 > ふね』(탁음 ぶ가 청음 ふ로 바뀜)

「ふね」: 배

* 舟遊び(ふなあそび) : 뱃놀이(「배의」 뜻으로 쓰일 때는 「ふな」로 바뀜)

---

199. 選ぶ(えらぶ) : 고르다, 뽑다, 선택하다 [가릴 선(選)]

훌륭한(えらい, 偉い) 인물을 지도자로 뽑다.

「えらぶ」: 고르다, 뽑다, 가리다

☞ えらい(偉い) : 훌륭하다 (652 참조)

---

200. 舌(した) : 혀 [혀 설(舌)]

어원은 「씻바닥」의 「씻」(혓바닥의 방언)

『씻 > 씯 > 씨다 > した』

「した」: 혀

201. 星(ほし) : 별 [별 성(星)]

어원은「별」

『별 〉 볼 〉 볼 〉 보시 〉 호시 〉 ほし』

[탁음 보(ぼ) → 청음 호(ほ)]

「ほし」: 별

☞ 우리말 종성「ㄹ」이 일본어로 바뀔 때, 자음이「ㄱ, ㅁ, ㅅ, ㅈ, ㅊ, ㄷ」으로 바뀌며 모음(ㅣ, ㅡ, ㅏ 등)
   이 붙는다. (「종성 ㄹ의 변화표」8쪽 참조)

202. 細い(ほそい) : 가늘다, 좁다 [가늘 세(細)]

어원은「홑」(한 겹)

여기서는 한 겹이라「가늘고 좁다」라는 뜻으로 사용

『홑 〉 훗 〉 호소 〉 ほそ』

「ほそ + い(형용사를 만드는 접미어)」→ ほそい

「ほそい」: 가늘다, 좁다

203. 細か(こまか) : 잔 모양, 자세한 모양 [가늘 세(細)]

어원은「꼬마」

「꼬마」는 어린아이나 조그마한 사물을 이르는 말

「꼬마 + か(상태, 성질을 나타냄)」→ こまか

「こまか」: 자세한 모양, 잔 모양

* 細かい(こまかい) : 잘다, 자세하다

204. 可笑しい(おかしい) : 우습다 [웃음 소(笑)]

어원은「웃기다」

『웃기 〉우끼 〉오끼 〉오까 〉おか』

「おか + しい(…스럽다)」→ おかしい

「おかしい」: 우습다

 일본 어원설

　「おこ(痴, 바보) + しい(…하다, …스럽다)」

　「おこしい」가「おかしい」로 바뀜

　하는 짓이 바보 같아서 우습다.

205. 笑う(わらう) : 웃다 [웃을 소(笑)]

「와르르」쌓인 물건이 무너지는 것처럼, 파안대소하는 모습에서

『와르르 〉와라라 〉와라 〉わら』

「わら + う(동사를 만드는 접미어)」→ わらう

「わらう」: 웃다

*笑わす(わらわす) : 웃기다

206. えくぼ(笑くぼ) : 보조개 [웃을 소(笑)]

어원을 풀어 쓰면,
「えむ(笑む, 방긋이 웃다) + くぼ(凹, 구덩이)」→ えくぼ
방긋이 웃을 때 볼에 생기는 구덩이
「えくぼ」: 보조개

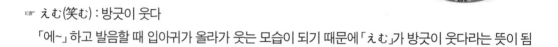

☞ えむ(笑む) : 방긋이 웃다

「에~」하고 발음할 때 입아귀가 올라가 웃는 모습이 되기 때문에「えむ」가 방긋이 웃다라는 뜻이 됨

☞ くぼ(凹) : 구덩이, 움푹 팬 곳

어원은「구멍」
『구멍〉구머〉구모〉구보〉くぼ』
「くぼ」: 구덩이, 움푹 팬 곳

207. 騒ぐ(さわぐ) : 떠들다, 소란 피우다 [떠들 소(騷)]

어원은「さわさわ」(들썽들썽, 물건이 부딪쳐 나는 소리)
이 말을 동사화한 말이「さわぐ」
「さわぐ」: 떠들다, 소란 피우다

* 騒がしい(さわがしい) : 시끄럽다, 소란하다

☞ さわさわ : 들썽들썽, 물건이 부딪쳐 나는 소리

「싸워서(싸와서) 들썽들썽 그릇 깨지는 소리가 나다」
「さわさわ」: 들썽들썽, 물건이 부딪쳐 나는 소리

208. 孫(まご) : 손자 [손자 손(孫)]

어원을 풀어 쓰면,

「ま(間, 사이, 간격) + こ(子, 자식)」→ まこ → まご

사이를 둔 자식이 손자다

「まご」: 손자

209. 守る(まもる) : 지키다, 수호하다 [지킬 수(守)]

어원을 풀어 쓰면

「ま(目, 눈) + もる(守る. 지키다, 돌보다)」

눈을 크게 뜨고 지키다.

「まもる」: 지키다, 수호하다

* 子守(こもり) : 아이를 봄

☞ もる(守る) : 지키다, 돌보다

　　어원은 「소몰이」의 「몰이」

　　『몰이 〉모리 〉もり』

　　소몰이는 소를 모는 행위로, 목적은 소를 돌보고 지키는 것이다.

　　「もり」를 동사화한 말이 「もる」(守る)

210. 首(くび) : 목 [머리 수(首)]

어원은 「목 굽이」의 「굽이」

『굽이 〉구비 〉くび』

「くび」: 목

* 목 굽이 : 척주(脊柱)에서 목뼈 부위가 앞쪽으로 불룩하게 굽은 부분

211. 痩せる(やせる) : 야위다, 살이 빠지다　[야윌 수(痩)]

어원은 「야위다」(어근은 야위)

『야위 〉야이 〉야 〉や』

「や + せる(하게 하다)」 → やせる

「やせる」 : 야위다, 살이 빠지다

212. 植える(うえる) : 심다　[심을 식(植)]

어원을 풀어쓰면,

「うち(内. 안, 속, 내부) + える(동사를 만듦)」 → うえる

씨앗을 땅 속에 심다

「うえる」 : 심다

213. 拾う(ひろう) : 줍다, 골라내다　[주을 습(拾)]

「버린 것을 줍다」에서, 어원은 「버리다」(어간은 버리)

『버리 〉비리 〉비로 〉히로 〉ひろ』[탁음 비(び) → 청음 히(ひ)]

「ひろ + う(동사를 만드는 접미어)」

「ひろう」 : 줍다, 골라내다

214. 始める, 初める(はじめる) : 시작하다　[비로소 시(始)]

어원은 「아시」(맨 처음의 경상 방언)

『아시 〉하시 〉하지 〉はじ』

「はじ + める(동사를 만듦)」 → はじめる

「はじめる」 : 시작하다

* はじめて(初めて, 始めて) : 처음(으로), 첫 번째(로)

　始まる(はじまる) : 시작되다

215. 飾る (かざる) : 장식하다, 꾸미다 [꾸밀 식(飾)]

어원은 「꽂다」(어간은 꽂)

『꽂 〉 꼬자 〉 까자 〉 かざ』(모음교체 : ㅗ → ㅏ)

「かざ + る(동사를 만드는 접미어)」→ かざる

(화병에 꽃을) 꽂아 장식하다.

「かざる」: 장식하다, 꾸미다

216. 深い (ふかい) : 깊다 [깊을 심(深)]

어원은 「푹 꺼지다」의 「푹」

『푹 〉 푸가 〉 후가 〉 ふか』[반탁음 ぷ(푸)가 청음 ふ(후)로 바뀜]

「ふか + い(형용사를 만드는 접미어)」→ ふかい

푹 꺼져서 깊다.

「ふかい」: 깊다

* 深める (ふかめる) : 깊게 하다

217. 顎 (あご) : 턱 [턱 악(顎)]

「턱」의 제주 방언에 「아구턱」이 있다.

「하늘 천」 하듯이 아구는 턱이다(?).

『아구 〉 아고 〉 あご』

「あご」: 턱

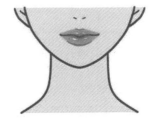

☞ 「아구통」은 입의 속된 말이다. 신체 부위로는 입을 둘러싸고 있는 턱위, 코밑의 부분을 가리킨다.

218. 哀しい, 悲しい(かなしい) : 슬프다 [슬플 애(哀)]

어원은 「간다」(어간은 간)

『간 〉 가나 〉 かな』

「かな + しい(…스럽다)」→ かなしい

날 버리고 간다니 「슬프다」

「かなしい」: 슬프다

* かなしむ(悲しむ, 哀しむ) : 슬퍼하다

---

219. 若い(わかい) : 젊다, 어리다 [같을 약(若)]

어원은 약관(弱冠)의 「弱」의 우리 한자음 「약할 약」

『약 〉 야가 〉 와가 〉 わか』

「わか + い(형용사를 만드는 접미어)」

스무 살은 정말 젊은 나이다.

「わかい」: 젊다, 어리다

* 약관 : 스무 살을 말함

---

220. 柔い(やわい) : 부드럽다, 약하다 [약할 약(弱)]

어원은 「弱」의 우리 발음 약[やか]

「やか + い(형용사를 만드는 접미어)」→ やかい

「やかい」가 「やわい」로 바뀜(やかい → やわい).

「やわい」: 부드럽다, 약하다

* 柔か(やわらか) : 부드러운 모양
  · やわい(부드럽다) + らか(…상태를 나타냄) → やわらか(부드러운 모양)
* 柔かい(やわらかい) : 부드럽다

* 출처 : 日本語源大辞典(小学館)

딸, 아들 이야기

딸의 어원으로 하늘에 있는 「달(특히 보름달)」을 생각해 볼 수 있다. 아득히 먼 옛날인 「수렵채집 시대」(인류 역사의 99%)에도 아이를 낳았을 것이고 여자 아이는 달덩이 같다 하여 「달」이라 불렀다고 상상해 볼 수 있다. 공교롭게도 우리가 여자아이를 「딸(달의 된소리)」이라 하는데, 영어에서도 딸을 「daughter」라고 표기하고 발음은 「따르」라고 발음하여 사실상 발음이 딸과 같다. 아들은 「son」인데 이 말은 「해」를 의미하는 sun과 발음이 같다. 해는 아들이고, 달은 딸인 셈이다.

그러면 우리의 경우 남자아이는 뭐라고 했을까? 「달」이 아니라는 부정어는 「안달」이다. 이 안달이 「아달」로, 다시 「아들」로 바뀌었다고 할 수 있다. 결국, 딸이나 아들이나 「달」(月)에서 유래한 말인 셈이다.

「안달하다」는 속을 태우며 조급하게 굴다라는 뜻이다. 수렵채집의 시대에는 사냥을 해야 먹고살 수 있다. 사냥은 남자들의 몫인데 딸이 계속 태어나면 사냥을 하기 어려워진다, 그래서 딸이 아니기를 바라는 마음에서, 「안(영어의 in, un에 해당) + 달」, 「안달」하며 빌면서 속을 태웠는지도 모른다.

일본에서는 여성의 미칭인 ひめ(姫)는 해 같은 여자란 뜻의 「日女(ひめ)」에서, 남자의 미칭인 ひこ(彦)는 「日子(ひこ)」에서 유래되었다. 모두 해와 관련되어 있다. 그리고 「달」은 해의 「짝」으로 보았다. 「つき(月)」라는 말도 「짝」에서 유래되었다.
『짝 〉짜꾸 〉쯔꾸 〉つく 〉つき』(つく는 つき의 고어)

221. 厳しい(きびしい) : 심하다, 엄하다 [엄할 엄(厳)]

어원은「깊다」(어간은 깊)

「깊다」는「수준이 높고 정도가 심하다」는 뜻도 있다.

『깊 〉기피 〉기비 〉きび』[반탁음 피(ぴ) → 탁음 비(び)]

「きび + しい(…하다, …듯하다) → きびしい

「きびしい」: 심하다, 엄하다

222. 葉(は) : 잎 [잎 엽(葉)]

어원은「이파리」(잎)의 어근「이파」의「파」

『파 〉하 〉は』[반탁음 파(ぱ)가 청음 하(は)로 바뀜]

「は」: 잎

223. 迎える(むかえる) : 맞이하다, 마중하다 [맞을 영(迎)]

어원은「向かう」(むかう, 향하다, 마주 보다)의 하1단화

「むかう → むかえる」

「향하여 오는 자를 기다리다 → 맞이하다」

「むかえる」: 맞이하다, 마중하다

☞ 向かう(むかう) : 향하다, 마주 보다 (737 참조)

224. 温い(ぬるい) : 미지근하다 [따뜻할 온(温)]

어원을 풀어 쓰면,

「ぬくい(温い, 따뜻하다) + ゆるい(緩い, 느슨하다)」→ ぬるい

따뜻한 것이 느슨한 모양

「ぬるい」: 미지근하다

* ぬくい(温い) : 따뜻하다 (1017 참조)

☞ ゆるい(緩い) : 느슨하다 (373 뒤 〈쉬어 가는 곳〉 참조)

225. 腕(うで) : 팔, 솜씨 [팔 완(腕)]

어원을 풀어 쓰면,

「うえ(上, 위) + て(手, 손)」

「うえて 〉 うて 〉 うで」(위에 있는 손이 「팔」이다)

「うで」: 팔, 솜씨

226. 揺る(ゆる) : 흔들다, 흔들리다 [흔들 요(揺)]

어원은 「울렁울렁」(흔들리는 모양)

『울렁울렁 〉 우러우러 〉 우라우라 〉 유라유라 〉 ゆらゆら』

「ゆらゆら」: 흔들흔들

「ゆる」: 흔들다, 흔들리다

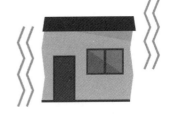

* ゆれる(揺れる) : 흔들리다

  ゆする(揺する) : 흔들다

  ゆらぐ(揺らぐ) : 전체가 흔들이다, 요동하다

227. 欲しい(ほしい) : 바라다, 탐나다 [하고자 할 욕(欲)]

어원은 「밝히다」의 「밝」

「밝히다」는 무엇을 추구하다는 뜻도 있다(예, 돈을 밝히다).

『밝 〉 발 〉 볼 〉 보시 〉 호시 〉 ほし』[탁음 보(ぼ) → 청음 호(ほ)]

「ほし + い(형용사를 만드는 접미어)」 → ほしい

「ほしい」: 바라다, 탐나다

* 출처 : 古典基礎語辞典(大野 晋)

☞ 우리말 종성 「ㄹ」이 일본어로 바뀔 때, 자음이 「ㄱ, ㅁ, ㅅ, ㅈ, ㅊ, ㄷ」으로 바뀌며 모음(ㅣ, ㅡ, ㅏ 등)
   이 붙는다. (『종성 ㄹ의 변화표』 8쪽 참조)

228. 踊る(おどる) : 춤추다 [뛸 용(踊)]

어원은 「돌다」(어간은 돌)

『돌 〉도루 〉どる』

「お(존경, 친밀감을 나타냄) + どる」→ おどる

춤이란 기본적으로 몸을 돌리고 흔드는 행위다.

「おどる」: 춤추다

---

229. 羽(はね) : 날개, 새털 [깃 우(羽)]

어원은 「하늘」

날개는 하늘을 나는 데 필요한 것이다.

『하늘 〉하느 〉하네 〉はね』

「はね」: 날개, 새털

* はねだ(羽田) 空港 : 도쿄에 있는 국제공항

  なりた(成田) 空港 : 지바현 나리타(成田)시에 위치한 국제공항

                    (도쿄 도심에서 동북쪽으로 약 62㎞ 떨어져 있음)

---

230. 優しい(やさしい) : 상냥하다 [넉넉할 우(優)]

어원은 「야시시하다」

『야시시 〉やししい 〉やさしい』

「やさしい」: 상냥하다

* 야시시하다 : 분위기나 생김새가 야한 느낌이 있다. 그러면서 상냥

  하다는 뜻도 있다.

☞ 「쉽다(易しい, やさしい)는 근세 말경부터 상냥한(やさしい, 優しい) 배려가 있어서 「알기 쉽다」라
  는 뜻으로 쓰이기 시작했다.

231. 雲(くも) : 구름 [구름 운(雲)]

어원은 「구름」

『구름 〉 구모 〉 くも』

「くも」 : 구름

☞ 구름이 낀 날씨를 꾸무리(꾸모리)하다고 한다. 그리고 영어에서 gloomy는 「어둑어둑한, 음울한」이
라는 뜻인데, 어원은 「구름」이다.

---

232. 運ぶ(はこぶ) : 운반하다, 옮기다 [옮길 운(運)]

어원은 「はこ」(箱, 상자)

「はこ」를 동사화한 말이다.

「はこぶ」 : 운반하다, 옮기다

☞ はこ(箱) : 상자 (193 참조)

---

233. 願う(ねがう) : 원하다, 바라다 [원할 원(願)]

어원은 고어 「ねぐ」(祈ぐ, 기원하다)

「ねぐ」가 「ねがう」로 바뀌어 「원하다, 바라다」라는 뜻이 되었다.

☞ ねぐ(祈ぐ) : 기원하다
　 어원은 「뇌다」(어간은 뇌), 한 말을 여러 번 거듭 말하다
　 기원할 때, 한 말을 여러 번 거듭 말한다.
　 『뇌 〉 내 〉 ね』
　 「ね + ぐ(동사를 만드는 접미어)」 → ねぐ (기원하다)

234. 月(つき) : 달 [달 월(月)]

어원은 「짝」

해의 짝이 「달」인 것에서

『짝 〉 짜구 〉 쯔구 〉 つく 〉 つき』

「つき」: 달

* つく(月)는 つき(月)의 고어이다.

☞ 「달」이 직접 변화한 것으로도 설명이 가능하다.

　『달 〉 다기 〉 드기 〉 즈기 〉 つき』

---

235. 為(ため) : 때문, 원인, 위함 [할 위(爲)]

어원은 「땜」(때문, 어떤 일의 원인이나 까닭)

『땜 〉 때메 〉 따메 〉 ため』

「ため」: 때문, 원인, 위함

☞ 躊躇う(ためらう) : 주저하다, 망설이다

　「ため(원인) + らう」→ ためらう

　원인이 궁금하여 「주저하다」

236. 濡れる(ぬれる) : 젖다 [적실 유(濡)]

이 말의 문어체는 「ぬる」(濡る, 젖다)
어원은 「눅눅하다」(어근 눅눅), 젖어서 축축한 기운이 있다
「젖어서 눅눅하다」에서, 「젖다 = 눅눅하다」
『눅 〉누 〉ぬ』
「ぬ + る(동사를 만드는 접미어)」
「ぬる → ぬれる(하1단화, 구어체)」
「ぬれる」: 젖다

* 濡らす(ぬらす) : 적시다
　ぬるぬる : (젖어서) 미끄러운 모양, 미끈미끈

237. 音(おと) : 소리 [소리 음(音)]

어원은 「퉁」(떨어지는 소리)
『퉁 〉통 〉토 〉と』
「お(접두어) + と」→ おと
「おと」: 소리

238. 引く(ひく) : 끌다, 당기다, 잡아끌다 [끌 인(引)]

어원은 「끌다」의 옛말 「혀다」(어간은 혀)
『혀 〉히 〉ひ』
「ひ + く(동사를 만드는 접미어)」
「ひく」: 끌다, 당기다

* 물켜다 : 물 + 혀다 〉물혀다 〉물켜다

239. 髭(ひげ) : 수염　[윗수염 자(髭)]

어원은「입」(口)

『입 〉 이 〉 히 〉 ひ』

「ひ + け(毛, 털)」→ ひけ → ひげ

입 주변의 털이 수염이다.

「ひげ」: 수염

240. 残る(のこる) : 남다　[남을 잔(残)]

어원은「놓다」

놓고(→ 노코) 가서 남다 → のこる

「のこる」: 남다

* 残す(のこす) : 남기다, 남게 하다

241. 張る(はる) : 뻗다, 뻗어나다, 펴다　[베풀 장(張)]

어원은「뻗다」(어간은 뻗)

『뻗 〉 뻐 〉 빠 〉 하 〉 は』(반탁음 ぱ가 청음 は로 바뀜)

「は + る(동사를 만드는 접미어)」→ はる

「はる」: 뻗다, 뻗어나다, 펴다

☞「봄」(春, はる)의 어원으로, 張る(はる)를 주장하는 설이 있다.
　　잎(は, 葉)이 뻗는(はる) 계절이「봄」이다.

242. 猪(いのしし) : 멧돼지　[돼지 저(猪)]

이 말을 풀어 쓰면, 「이(歯) + の + しし(獸, 짐승)」
윗송곳니가 주둥이 밖으로 나와 「이빨의 짐승이 멧돼지」다.
「いのしし」: 멧돼지

☞ 「しし(獸)」가 짐승이라는 뜻인데, 짐승은 네 발 달린 동물이기 때문에
　붙인 이름이다[四의 음독은 「し」이다].
　영어에서는 지네를 발이 100개 달린 동물이라 centipede라고 부른다.

---

243. 赤ちゃん(あかちゃん) : 아기, 아가　[붉을 적(赤)]

어원은 「아가」
『아가 〉 あか』
「あか + ちゃん(친근감을 나타냄)」
「あかちゃん」: 아가, 아기

* あかんぼう(赤ん坊, 아기)라고도 함

☞ ちち(乳) : 젖, 유방
　어원은 「젖」
　『젖 〉 짓 〉 짖 〉 지지 〉 ちち』

☞ 아기의 피부가 붉은(赤い, あかい) 이유
　(1) 피부가 얇기 때문이다.
　아기의 피부는 매우 얇아, 혈관이 비쳐 보인다. 그러나 출산 후 햇빛을 쬐거나 외부의 자극을 받으면 피부가 두꺼워져 붉은 기운이 없어진다.

　(2) 혈액이 많기 때문이다.
　아기의 혈액은 산소를 운반하는 적혈구가 성인보다 20% 많다. 산모의 배 속에 있을 때는 자력으로 호흡을 하지 못하기 때문에 산소교환은 탯줄을 흐르는 혈액에서 이루어지는데, 이 방식은 호흡에 의한 산소공급보다 효율이 떨어진다. 출생하면 폐호흡을 하기 때문에 출생 후 체내에 남은 여분의 적혈구 때문에 붉게 보인다.

244. 寂しい(さびしい) : 쓸쓸하다 [고요할 적(寂)]

어원은「さぶ」(荒ぶ, 쓸쓸하게 여기다)
「さぶ」를 형용사화한 말이「さびしい」
「さびしい」: 쓸쓸하다

☞ さぶ(荒ぶ) : 쓸쓸하게 여기다
    어원은「스산하다」(어근은 스산), 몹시 어수선하고 쓸쓸하다.
    『스산 〉스사 〉すさ』
    「すさ + ぶ(동사·접미어)」→ すさぶ → さぶ(쓸쓸하게 여기다)

---

245. 伝える(つたえる) : 전하다, 알리다 [전할 전(伝)]

어원은「つた」(蔦, 담쟁이덩굴)
「つた(담쟁이덩굴) + える(동사를 만듦)」
담쟁이덩굴이 자라면서 뻗어가며 전하는 것에서
「つたえる」: 전하다, 알리다

* 伝わる(つたわる) : 전해지다, 전달되다

☞ つた(蔦) : 담쟁이덩굴
    어원은「덩(굴) + 손」
    담쟁이덩굴은「덩굴손」이 있어 다른 물체를 감아 줄기를 지탱하여 가는 성질이 있다.
    『덩 〉더 〉드 〉つ』
    「つ + た(手, 손)」→ つた
    「つた」: 담쟁이덩굴

246. 転ぶ(ころぶ) : 구르다, 넘어지다, 쓰러지다 [구를 전(転)]

어원은「ころころ」(구르는 모양)

이 말을 동사화한 말이「ころぶ」

「ころぶ」: 구르다, 넘어지다, 쓰러지다

* 転がる(ころがる) : 구르다, 넘어지다

  転がす(ころがす) : 굴리다

☞ ころころ : 대골대골 구르는 모양

  대골대골(대**고로**대**고로**) 구르다 → ころころ(대골대골 구르는 모양)

명절을 쇠다

일본 최대 명절은 「오쇼가츠(お正月, おしょうがつ)」로 양력 1월 1일 새해 첫날을 기념하는 설날이다. 조니(雑煮, ぞうに)라는 새해 음식을 먹으며 신사나 절을 방문해 새해의 무사안녕을 빈다. 그리고, 우리와 같이 세뱃돈(お年玉, おとしだま)도 있다

「오봉(お盆, おぼん)」은 양력 8월 15일의 전통 명절로, 오봉의 연휴는 일본 여름휴가의 피크이다. 우리의 추석은 음력 8월 15인데, 일본은 양력으로 명절을 「쇠고」 있다. 그리고, 귀성하는 손자에게 주는 용돈인 「おぼんだま」(お盆玉)도 있다.

여기서 「쇠다」는 명절, 생일, 기념일 같은 날을 맞이하여 지내다라는 뜻으로 평소에는 잘 사용하지 않는 말이다. 그런데, 이 말은 일본어에서 「지나다, 지내다」의 어원이 되고 있다.

문어체 말인 「すぐ(過ぐ)」가 「지나가다, 지내다」라는 뜻인데, 어원은 「쇠다」이다. 『쇠 〉 스 〉 す』 す에 동사를 만드는 접미어 ぐ가 붙어 「すぐ(過ぐ)」가 「지나가다, 지내다」라는 뜻이고, 이 말이 기본이 되어 다음과 같은 말이 있다.

① 過ぎる(すぎる) : 지나가다, 통과하다
② 過ごす(すごす) : 보내다, 지내다, 살아가다
③ 凄い(すごい) : 굉장하다, 대단하다
　「すぐ(過ぐ) + い(형용사를 만드는 접미어)」→ すぐい
　「すぐい」가 「すごい」로 바뀌어, 정도가 너무 지나쳐서 「굉장하다」라는 뜻이다.

247. 切る(きる) : 자르다, 베다 [끊을 절(切)]

어원은「키다」(어간은 키), 켜다의 방언
나무를 톱으로 켜서(키서)「자르다」
「키 + る(동사 접미어)」→ きる
「きる」: 자르다, 베다

* 切れる(きれる) : 베이다, 끊어지다, 다 떨어지다
  売り切れる(うりきれる) : 다 팔리다, 매진되다

248. 正しい(ただしい) : 바르다, 옳다 [바를 정(正)]

이 말을 풀어 쓰면,
「ただ(直, 똑바로) + しい(그러한 성질을 가지다)」
「ただしい」: 바르다, 옳다

☞ ただ(直) : 똑바로
　어원은「똑바로」의「똑」
　『똑 〉딱 〉따 〉다다 〉ただ』
　「ただ(直)」, 똑바로라는 뜻이다.

*「똑」은「조금도 틀림이 없이」라는 뜻이다.

249. 爪(つめ) : 손톱, 발톱 [손톱 조(爪)]

어원은 손톱의「톱」
『톱 〉토배 〉토매 〉또매 〉쯔매 〉つめ』
「つめ」: 손톱, 발톱

* 爪切り(つめきり) : 손톱깎이

☞「늪」의 발음 변화와 유사하다(ㅂ → ㅁ).
　『늪 〉늡 〉느바 〉누바 〉누마 〉ぬま(沼)』

250. 調べる(しらべる) : 조사하다, 연구하다 [고를 조(調)]

흰지(しら, 白) 검은지 조사해 보다.
「しらべる」: 조사하다, 연구하다

☞ しろ(白) : 흰색
　 머리가「시다」(세다, 희게 되다)
　 『시 〉 し』
　 「し + いろ(色, 색)」→ しいろ → しろ(흰색)

251. 足す(たす) : 더하다, 보태다 [발 족(足)]

어원은「타다」(다량의 액체에 소량의 액체나 가루 따위를 보태어 넣어 섞다)
『타 + 다 = 타 + す = たす』

*「타다」의 어간은「타」,「たす」의 어간은「た」
　 어간(語幹)이 같으면 같은 말이라 할 수 있다.

252. 竹(たけ) : 대나무 [대 죽(竹)]

어원을 풀어 쓰면,「대 + き(木, 나무)」
『대き 〉 대키 〉 다키 〉 다케 〉 たけ』
「たけ」: 대나무

* たけしま(竹島) : 독도(独島)의 일본 이름. 그러나 독도에는 자생하는 대
　 나무가 한 그루도 없다고 한다.

253. 増える(ふえる) : 늘다, 증가하다 [불을 증(增)]

어원은「붇다」(어간은 붇), 많아지다
『붇 〉부 〉후 〉ふ』(탁음 ぶ가 청음 ふ로 바뀜)
「ふ + える(동사를 만듦)」→ ふえる
「ふえる」: 늘다, 증가하다

* 増やす(ふやす) : 늘리다, 불리다

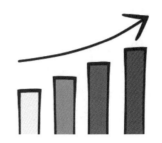

254. 止める(とめる) : 멈추다, 세우다 [그칠 지(止)]

풀어 쓰면,「と(処, 장소) + める(타동사를 만듦)」
어떤 장소에 있게 하다(→ 멈추다라는 뜻)
「とめる」: 멈추다, 세우다

* 止まる(とまる) : 멎다, 정지하다
  止める(とどめる) : 멈추다, 세우다, 말리다
  泊まる(とまる) : 묵다, 숙박하다

☞ と(処, 장소) :「터」(장소)가「と」로 바뀐 말 [터 〉토 〉と]

255. 旨い(うまい) : 맛있다 [뜻 지(旨)]

단(あまい, 甘い) 것은 맛이 있다.
「あまい」가「うまい」로 바뀌어「맛있다」라는 뜻이 됨

* 旨み(うまみ) : 음식의 맛이 좋은 정도
* うま味(うまみ) : 감칠맛

256. 枝(えだ) : 가지, 갈래 [가지 지(枝)]

어원은 「앳되다」의 「앳」

「가지」는 나무의 원줄기에서 뻗어 나온 줄기로, 「앳된 줄기」를 뜻한다.

『앳 〉앧 〉애다 〉えだ』

「えだ」: 기지, 갈래

* 앳되다 : 애티가 있어 어려 보이다

---

257. 遅れる(おくれる) : 늦다, 시간보다 늦다 [늦을 지(遅)]

어원은 「끌다」(어간은 끌), 시간을 연장하거나 지체하다

『끌 〉끄루 〉꾸루 〉꾸래 〉くれ』

「お(접두사) + くれ + る(동사·접미어)」

시간을 끄는 바람에 늦어 버리다.

「おくれる」: 늦다, 시간보다 늦다

* おそい(遅い) : 늦다, 느리다

---

258. 直す(なおす) : 고치다, 정정하다, 바로잡다 [곧을 직(直)]

「나쁘게 된 것을 낫게(좋게) 하다」에서 어원은

「낫게」(어간은 낫)

『낫 〉낳 〉나호 〉나오 〉なお』

「なお + す(동사를 만드는 접미어)」→ なおす

나쁘게 된 것을 낫게 하다(→ 고치다)

「なおす」: 고치다, 정정하다, 바로잡다

* なおる(直る) : 고쳐지다, 바로잡히다

259. 珍しい(めずらしい) : 드물다, 희귀하다 [보배 진(珍)]

「め(目, 눈) + ず(…않다) + らしい(…인 것 같다)」
눈에 잘 보이지 않은 것 같다.
「めずらしい」 : 드물다, 희귀하다

---

260. 進む(すすむ) : 나아가다, 진출하다 [나아갈 진(進)]

어원은 「스스로」
「스스 + む(동사를 만드는 접미어)」→ すすむ
남의 강요에 의해서가 아니라, 「스스로 자발적으로 나아가다」
「すすむ」 : 나아가다, 진출하다

* 進める(すすめる) : 나아가게 하다

---

261. 塵(ごみ) : 쓰레기, 먼지 [티끌 진(塵)]

어원은 「곪다」의 「곰(곰)」
「곪다」는 부패나 모순 등 나쁜 것이 매우 쌓이다라는 뜻이다.
『곰 〉 고미 〉 ごみ』
나쁜 것이 쌓인 것이 「쓰레기」이다.
「ごみ」 : 쓰레기, 먼지

* ごみ箱(ごみばこ) : 쓰레기통

262. 集まる(あつまる) : 모이다, 떼지어 모이다 [모일 집(集)]

어원을 풀어 쓰면,

「あつい(厚い, 두껍다, 두텁다) + まる(동사를 만듦)」

→ あつまる

인정(人情)이 두터우면 사람들이 모인다.

「あつまる」: 모이다, 떼지어 모이다

* 集める(あつめる) : 모으다, 집중시키다

☞ あつい(厚い) : 두껍다, 두텁다

　　어원은「뚜껍다」(어근은 뚜), 바른 표기는 두껍다

　　『뚜 〉 뜨 〉 つ』

　　「あ(접두사) + つ + い(형용사를 만드는 접미어)」

　　「あつい」: 두껍다, 두텁다

263. 着く(つく) : 닿다, 도착하다 [붙을 착(着)]

어원은「닿다」(어간은 닿)

『닿 〉 다앗 〉 따 〉 뜨 〉 츠 〉 つ』

「つ + く(동사를 만드는 접미어)」→ つく

「つく」: 닿다, 도착하다

264. 着る(きる) : 옷을 입다 [붙을 착(着)]

「옷을 끼어 입다」에서, 어원은「끼다」(어간은 끼)

『끼 〉 き』

「き + る(동사를 만드는 접미어)」→ きる

「きる」: 옷을 입다

* 着物(きもの) : 옷, 의복

265. 妻(つま) : 아내, 처 [아내 처(妻)]

어원은「짝」

『짝 〉짜 〉쯔 〉つ』

「つ + 마(여성명사 뒤에 붙는 접미어)」→ つま

「つま」: 아내, 처

☞「엄마, 아줌마」와 같이 여성명사 뒤에「마」가 붙는다.

---

266. 凄い(すごい) : 굉장하다, 대단하다 [쓸쓸할 처(凄)]

어원은「쇠다」(어간은 쇠)

「쇠다」는 (명절, 생일, 기념일 같은 날을 맞이하여) 지내다.

『쇠 〉스 〉す』

「す + ぐ(동사·접미어)」→ すぐ (過ぐ. 지나다, 넘다)

「すぐ」의 형용사가「すぐい」

「すぐい」가「すごい」로 바뀜

「すごい」: (보통을 지나서) 굉장하다

☞ すぐ(過ぐ)는 すぎる(過ぎる. 지나다, 통과하다)의 문어체임

---

267. 浅い(あさい) : 얕다, 깊지 않다 [얕을 천(浅)]

어원은「얕다」(어간은 얕)

『얕 〉얏 〉야사 〉아사 〉あさ』

「あさ + い(형용사를 만드는 접미어)」→ あさい

「あさい」: 얕다, 깊지 않다

深い ↔ 浅い

268. はく (穿く) : 신다, 입다 [뚫을 천(穿)]

어원은 「발」

『발〉바〉하〉は』

「は + く(동사를 만드는 접미어)」→ はく

발에 (신발) 신다.

「はく」: 신다, 입다

269. 晴れる (はれる) : (하늘이) 개다 [갤 청(晴)]

어원은 「파래지다」(어근은 파래)

『파래〉하래〉はれ』[반탁음 파(ぱ) → 청음 하(は)]

「はれ + る(동사를 만드는 접미어)」→ はれる

하늘이 개면서 파래지다.

「はれる」: (하늘이) 개다

270. 草 (くさ) : 풀 [풀 초(草)]

풀어 쓰면,

「く(木, 나무의 옛 표기) + さ(부드럽고 작은 것을 나타냄)」

풀을 아주 작은 나무에 비유한 것

「くさ」: 풀

☞ く (木) : き(나무)의 옛 표기

　어원은 「남구」의 「구」

　『구〉く』「남구」는 나무의 경남 방언, 「남기」라고도 함

☞ 「꼴」(말이나 소에게 먹이는 풀)로 설명이 가능

　『꼴〉꼬사〉꾸사〉くさ』

271. 触る(さわる) : (가볍게) 닿다, 손을 대다 [닿을 촉(触)]

본래 말은「さはる」

어원은「손」

『손 〉소 〉사 〉さ』

「さ(손을 의미) + はる(張る, 뻗다)」

「さはる → さわる」

손을 뻗어 대다.

「さわる」: (가볍게) 닿다, 손을 대다

---

272. 村(むら) : 마을 [마을 촌(村)]

어원은「마을」

「말」은 마을의 줄임말이다.

『말 〉마라 〉무라 〉むら』

「むら」: 마을

연상암기

1. 必ず(かならず) : 반드시, 꼭
   일본어를 하려면 반드시 가나(**かな**, 仮名)를 암기해야 한다.

2. 送る(おくる) : 보내다
   일억(一億, いち**おく**) 원을 인터넷 뱅킹으로 보내다.

3. 銭(ぜに) : 돈, 소액 화폐
   너, 돈 좀 있다고 **제니**(젠체하니)?

* 銭(돈 전) : 「전 〉 저니 〉 제니 〉 ぜに」

4. けが(怪我) : 상처, 부상
   개가 물어 상처를 입다.

5. 力(ちから) : 힘
   「피(ち, 血) + から(에서)」
   청춘의 끓는 피에서 굳센 「힘」이 나온다.

6. ぬすむ(盗む) : 훔치다
   누서(→ **누스**, 누워서) 잘 때, 도둑이 훔쳐가다.

7. そば(側, 傍) : 곁, 옆
   소바(메밀국수)「옆에」 우동을 놓고 같이 먹다.

273. 祝う(いわう) : 축하하다 [빌 축(祝)]

이 말의 고어는「いはふ」

풀어 쓰면,「い(意, 좋은 뜻) + はふ(하다의 뜻)」

「いはふ > いはう > いわう」

좋은 뜻을 말하다(즉, 축하하다).

「いわう」: 축하하다

* 意의 음독은「イ」로 오음(吳音)이다.

☞ 오음(吳音)은 한반도를 거쳐 일본에서 정착한 한자음으로 우리의 한자음과 유사한 것이 많다.

---

274. 虫(むし) : 벌레 [벌레 충(虫)]

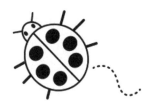

어원은「물」

옛날에는 벌레는 더러운「물」에서 생긴다고 생각했다.

『물 > 무시 > むし』

「むし」: 벌레

☞ 우리말 종성「ㄹ」이 일본어로 바뀔 때, 자음이「ㄱ, ㅁ, ㅅ, ㅈ, ㅊ, ㄷ」으로 바뀌며 모음(ㅣ, ㅡ, ㅏ 등) 이 붙는다. (『종성 ㄹ의 변화표』8쪽 참조)

---

275. 吹く(ふく) : (바람이) 불다, 입김으로 불다 [불 취(吹)]

어원은「불다」(어간은 불)

『불 > 부 > 후 > ふ』[탁음 부(ぶ) → 청음 후(ふ)]

「ふ + く(동사를 만드는 접미어)」→ ふく

「ふく」: (바람이) 불다, 입김으로 불다

☞「피리」는「부는 가지」라는 뜻으로,

「ふく(吹く, 불다) + えだ(枝, 가지)」

「ふくえだ」가 축약되어「ふえ」(笛, 피리)가 됨

「휘파람」은 口笛(くちぶえ)이다.

276. 嘴(はし) : 부리, 주둥이 [부리 취(嘴)]

어원은「부리」

『부리〉불〉부시〉바시〉하시〉はし』

「はし」: (새의) 부리, 주둥이

☞ 우리말 종성「ㄹ」이 일본어로 바뀔 때, 자음이「ㄱ, ㅁ, ㅅ, ㅈ, ㅊ, ㄷ」으로 바뀌며 모음(ㅣ, ㅡ, ㅏ 등)
   이 붙는다. (「종성 ㄹ의 변화표」8쪽 참조)

---

277. 治る(なおる) : 낫다, 치료되다 [다스릴 치(治)]

어원은「낫다」(어간은 낫)

『낫〉낳〉나호〉나오〉なお』

「なお + る(동사를 만드는 접미어)」→ なおる

「なおる」: 낫다, 치료되다

* 治す(なおす) : 고치다, 치료하다

☞ 癒える(いえる) : (병이) 낫다.
   「い(医, 병을 치료하는 것) + える(동사를 만듦)」
   병을 치료해서 낫다. 「いえる」: (병이) 낫다

* いやす(癒す) : (병) 고치다
  いしゃ(医者) : 의사

278. 恥かしい(はずかしい) : 부끄럽다 [부끄러울 치(恥)]

어원을 풀어 쓰면,

「はじ(恥, 부끄러움) + か(상태, 성질을 나타냄) + しい(…하다, …스럽다)」

「はじかしい → はずかしい」

「はずかしい」: 부끄럽다

☞ はじ(恥) : 부끄러움

　어원은 「발치」의 「발」(사물의 꼬리나 아래쪽, 끝부분)

　『발 〉바지 〉하지 〉はじ』

　제일 발치에 있어 부끄럽다.

　「はじ」: 부끄러움

※ 우리말 종성 「ㄹ」이 일본어로 바뀔 때, 자음이 「ㄱ, ㅁ, ㅅ, ㅈ, ㅊ, ㄷ」으로 바뀌며 모음(ㅣ, ㅡ, ㅏ 등)
이 붙는다. (「종성 ㄹ의 변화표」8쪽 참조)

---

279. 親しい(したしい) : 친하다 [친할 친(親)]

어원은 「씻바닥」의 「씻」(혓바닥의 방언)

『씻 〉싇 〉씨다 〉した』

「した + しい(…듯하다, …스럽다)」

입안의 혀처럼 한 몸이 되어 서로 친하다.

「したしい」: 친하다

* 親しむ(したしむ) : 친하게 하다, 친하게 지내다, (늘 접해) 익숙하다

280. 脱ぐ(ぬぐ) : 벗다 [벗을 탈(脱)]

어원은 裸(벗을 라, 나)의 우리 한자음 「나」

『나 〉누 〉ぬ』

「ぬ + ぐ(동사를 만드는 접미어)」→ ぬぐ

「ぬぐ」: 벗다

* 脱げる(ぬげる) : 벗겨지다, 벗을 수 있다
* 着る(きる) : 옷을 입다

281. 探す, 捜す(さがす) : 찾다 [찾을 탐(探)]

어원은 「찾다」(어간은 찾)

『찾 〉ちゃっ 〉さっ 〉さか, さく』

(1) 요음 「ちゃ」가 직음화(直音化)로 비슷한 음인 「さ」가 됨

(2) 촉음 「さっ」가 직음화(直音化)로 「さか, さく」로 바뀜

「さか + す(동사를 만드는 접미어)」

「さかす 〉さがす」

「さがす」: 찾다

* さぐる(探る, 捜る) : 더듬어 찾다, 뒤지다

「さく(索) + る(동사·접미어)」→ さくる → さぐる

☞ 직음(直音, ちょくおん) : 요음(拗音, きゃ), 촉음(促音, きっ), 발음(撥音, ん) 이외의 가나(仮名) 한 자로 표시되는 음

282. 湯(ゆ) : 뜨거운 물 [끓일 탕(湯)]

어원은 「숭늉」의 「늉」

「숭늉」은 밥을 지은 솥에서 밥을 푼 뒤에 물을 붓고 데운 물이다.

『늉 〉융 〉유 〉ゆ』

「ゆ」: 뜨거운 물

283. 太い(ふとい) : 굵다 [클 태(太)]

어원은 「붙다」(어간은 붇), 부피가 커지다

『붇 〉 부도 〉 후도 〉 ふと』[탁음 부(ぶ) → 청음 후(ふ)]

「ふと + い(형용사·접미어)」→ ふとい

불어서 (국수사리가) 굵어지다.

「ふとい」: 굵다

284. 殆ど(ほとんど) : 거의. 대부분 [거의 태(殆)]

본래 「ほとほと」(殆, 거의)

「ほとほと → ほとんど」

「ほとんど」: 거의, 대부분

☞ ほとほと(殆) : 거의

　　근처(ほとり, 辺)까지 도달한 것(→ 거의)

　　「ほとほと」: 거의

☞ ほとり(辺) : 근처, 부근(附近)

　　어원은 「붙다」(어간은 붙)

　　『붙 〉 부토 〉 보토 〉 호토 〉 ほと』[탁음 보(ぼ) → 청음 호(ほ)]

　　「ほと + り(접미어)」→ ほとり

　　주된 장소 가까이 붙어 있는 곳

　　「ほとり」: 근처, 부근

285. 通る(とおる) : 통하다 [통할 통(通)]

어원은 「통하다」(어근은 통)

『통 〉 토오 〉 とお』

「とお + る(동사를 만드는 접미어)」→ とおる

「とおる」: 통하다

286. 通う(かよう) : 다니다, 왕래하다 [통할 통(通)]

어원은「가다 + 오다」(어간은 가, 오)

『가 + 오 〉 かお』

「かお + う(동사를 만드는 접미어)」

「かおう → かよう」

가고 오다(왕래하다).

「かよう」: 다니다, 왕래하다

287. 投げる(なげる) : 던지다 [던질 투(投)]

문어체는「なぐ」(投ぐ)

어원은「날다」(어간은 날)

『날 〉 나 〉 な』

「な + ぐ (동사를 만드는 접미어)」

「なぐ → なげる」(하1단화, 구어체)

던져서 공중을 날게 하다.

「なげる」: 던지다

288. 坂, 阪(さか) : 비탈길, 언덕 [언덕 판(坂)]

어원은「삿갓」

『삿갓 〉 사까 〉 さか』

삿갓을 보면 삼각형처럼 생겨서 면이 비탈져 있다.

「さか」: 비탈길, 고개

289. 閉じる(とじる) : 닫다, 닫히다, 눈을 감다 [닫을 폐(閉)]

어원을 풀어 쓰면,

「と(門, 문) + 지르다(막대기를 걸치다)」

「문」에 막대기를 질러 「닫다」

『とじる 〉도지르 〉도지루 〉とじる』

「とじる」: 닫다, 닫히다, 눈을 감다

＊閉ざす(とざす) : 닫다, 잠그다

☞ と(門 : 문 (299 참조)

☞「닫다」(어간은 닫)로도 설명할 수 있다.

　『닫 〉돋 〉돚 〉도지 〉とじ』

　「とじ + る(동사·접미어)」→ とじる

290. 怖い(こわい) : 겁나다, 무섭다 [두려워할 포(怖)]

어원은 「겁나다」의 「겁」

『겁 〉곱 〉고바 〉고하 〉고와 〉こわ』

(탁음 바→ 청음 하 → 여린 소리 와)

「こわ + い(형용사를 만드는 접미어)」→ こわい

「こわい」: 겁나다, 무섭다

＊こわがる(怖がる, 恐がる) : 무서워하다

291. 包む(つつむ) : 싸다, 포장하다 [쌀 포(包)]

어원은 「싸다」(어간은 싸)

『싸 〉 쓰 〉 つ』

「つ + つ + む(동사를 만드는 접미어)」→ つつむ

「つつむ」: 싸다, 포장하다

292. 褒める, 誉める(ほめる) : 칭찬하다 [기릴 포(褒)]

문어체는 「ほむ」(褒む)

어원은 「뽑다」(어간은 뽑)

『뽑 〉 뽀 〉 호 〉 ほ』(반탁음 ぽ → 청음 ほ)

『ほ + む(동사를 만드는 접미어)』

「ほむ → ほめる」(하1단화, 구어체)

(실적이 좋은) 사람을 뽑아 「칭찬하다」

「ほめる」: 칭찬하다

293. 表(おもて) : 표면, 겉 [겉 표(表)]

풀어 쓰면,

「おも(面. 얼굴, 표면) + て(접미어)」

「おもて」: 표면, 겉

☞ おも(面) : 얼굴, 표면

　　어원은 「おも」(母. はは, 어머니의 옛말)

　　어머니의 얼굴이 생각나다.

　　「おも」: 얼굴, 표면

☞ おも(母) : はは(母, 어머니, 어미)의 옛말

　　『어미 〉 오미 〉 오모 〉 おも』

294. 疲れる(つかれる) : 지치다, 피로해지다 [피곤할 피(疲)]

문어체는「つかる」(疲る)

어원은「지쳐서 몸이 축 처지다」에서「축」

『축 〉추가 〉츠가 〉つか』

「つか + る(동사를 만드는 접미어)」

「つかる → つかれる」(하1단화, 구어체)

너무 지쳐서 몸이 축 처지다.

「つかれる」: 지치다. 피로해지다

*「축」은 물건 따위가 아래로 늘어지거나 처진 모양

---

295. 下手(へた) : 서투름, 서투른 사람, 어설픔 [아래 하(下)]

어원은 접두사「햇」

「햇」은 당해에 난, 얼마 되지 않은 이라는 뜻이다.

(예, 햇병아리)

『햇 〉핻 〉해다 〉へた』

일한 지 얼마 되지 않은 사람은 서툴기 마련이다.

「へた」: 서투름, 서투른 사람, 어설픔

---

296. 港(みなと) : 항구 [항구 항(港)]

어원은「水の門」

풀어 쓰면,「み(水, 물) + の + と(門, 문)」

「물의 문」이라는 뜻으로「항구」를 말한다.

「みのと」가「みなと」로 바뀌었다.

「みなと」: 항구

☞ 水(み)의 어원은「물」:『물 〉무 〉미 〉み, みず』

☞ と(門, 문)의 어원은「돌쩌귀」(문쩌귀)의「돌」

『돌 〉도 〉と』

297. 嘘(うそ) : 거짓말 [불 허(嘘)]

어원은 「헛소리」의 「헛」

「헛소리」는 믿음성이 없는 말이다.

『헛 〉 허소 〉 후소 〉 우소 〉 うそ』

「うそ」: 거짓말

☞ 일본 어원설

「うそ」(烏素)

烏素는 까마귀가 희다는 말이다(→ 거짓말)

---

298. 血(ち) : 피, 혈액, 핏줄 [피 혈(血)]

어원은 「선지」의 「지」

「선지」는 짐승을 잡아서 받은 피를 말하는데 잡아서 갓 뺀 피이다.

한자로 쓰면 「鮮지」라 할 수 있다.

일본어로 「선지」를 せんけつ(鮮血, 생생한 피)라 한다.

『지 〉 ち』

「ち」: 피, 혈액, 핏줄

299. 戸, 門(と) : 문짝, 문 [집 호(戸), 문 문(門)]

어원은 돌쩌귀의 「돌」(돌은 門을 의미한다)

『돌 〉도 〉と』

* 돌쩌귀 : 문짝을 문설주에 달아 여닫는 데 쓰는 두 개의 쇠붙이

  암짝은 문설주에, 수짝은 문짝에 박아 맞추어 꽂는다. 북한에서는 문(門)쩌귀라 한다.

☞ 「돌」은 문을 뜻하는 영어의 「door」와 동근(同根)일 가능성이 매우 높다. 발음도 「도올」로 「돌」과 거의
  같다.

☞ まど(窓) : 창, 창문

  「ま(目, 눈) + と(門, 문)」→ まと → まど

  눈으로 보는 문이 「창문」이다.

---

300. 酷い(ひどい) : 심하다 [심할 혹(酷)]

어원은 「ひどう(非道)」

이것을 형용사화한 말이 「非道い(ひどうい)」

「ひどうい → ひどい」

도를 벗어나서 「심하다」의 뜻이다.

「ひどい」: 심하다

---

301. 確か(たしか) : 확실함 [굳을 확(確)]

어원은 「다시」

「다시」는 되풀이해서 확실하게 한다는 뜻이 있다.

「다시 + か(성질, 상태를 나타냄)」→ たしか

「たしか」: (다시 해서) 확실함

* 確かめる(たしかめる) : 확인하다

302. 滑る(すべる) : 미끄러지다 [미끄러울 활(滑)]

어원은 「썰매」

『썰매 〉 써매 〉 스매 〉 스배 〉 すべ』(ㅁ → ㅂ)

「すべ + る(동사를 만드는 접미어)」

썰매가 얼음 위를 미끄러져 나가다.

「すべる」: 미끄러지다

☞ 「뱀」(蛇)의 발음 변화와 유사

　　『뱀 〉 배미 〉 해미 〉 해비 〉 へび』(ㅁ → ㅂ)

☞ 「썰매」와 영어 「sleigh」(말이 끄는 썰매)는 동근(同根)으로 보인다.

　　「썰매」의 「매」는 「마」(馬, 말)가 변한 말이라고 한다.

303. 嬉しい(うれしい) : 기쁘다 [아름다울 희(嬉)]

풀어 쓰면,

「うれ(마음을 뜻함) + しい(…하다, …듯하다)」

마음이 즐거운 듯하다(기쁘다).

「うれしい」: 기쁘다

☞ うれ : 마음을 뜻함

　　어원은 「얼」(정신, 마음)

　　『얼 〉 어라 〉 우라 〉 우래 〉 うれ』

304. 喉(のど) : 목구멍 [목구멍 후(喉)]

어원을 풀어 쓰면,
「のむ(飲む, 마시다) + と(戸·門, 문)」
「のむと 〉のと 〉のど」
마시는 문이 목구멍이다.
「のど」: 목구멍

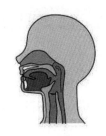

☞ のむ(飲む) : 마시다
   어원은 (물을)「넘기다」의「넘」
   『넘 〉너무 〉노무 〉のむ』
   물을 넘기다(→ 물을 마시다).

* 마시다 : 물이나 술 등을 목구멍으로「넘기다」

1. や(屋) : 그 직업을 가진 집(사람)

   어원은 「이엉」(초가집의 지붕을 이기 위하여 짚·새 등으로 엮은 물건)

   『이엉 〉이어 〉이아 〉야 〉や』

   이엉으로 지붕을 인 것이 집이다.

   「や」: 그 직업을 가진 집(사람)

   ☞ やおや(八百屋) : 채소 가게

      「あおもの(青物, 야채류) + や(屋, 집)」

      「**あお**もの + や → あおや → やおや」

2. もち(餅) : 떡   [떡 병(餅)]

   어원은 「메치다」

   『메치 〉모치 〉もち』

   「もち」: 떡

   *「메치다」는 (절구에) 메어치다, 또는 메(고두밥)를 치다.

3. とる(取る) : 잡다, 들다, 쥐다   [가질 취(取)]

   어원을 풀어 쓰면,

   「て(手, 손) + る(동사를 만드는 접미어)」→ てる → とる

   손에 잡다

   「とる」: 잡다, 들다, 쥐다

4. ゆび(指) : 손가락   [가리킬 지(指)]

   어원은 「움켜잡다」의 「움」

   『움 〉우미 〉유미 〉유비 〉ゆび』

   「ゆび」: 손가락

*「움켜잡다」는 손가락을 우그리어 힘 있게 꽉 잡다.

☞ 「뱀」의 발음 변화와 유사하다
  『뱀 〉 배미 〉 해미 〉 해비 〉 へび(蛇)』(ㅁ → ㅂ)

5. わる(割る) : 나누다, 쪼개다, 빠개다 [벨 할(割)]
  어원은 「빠개다」의 「빠」
  『빠 〉 하 〉 와 〉 わ』[반탁음 빠(ぱ) → 청음 하(は) → 여린소리 와(わ)]
  「わ + る(동사를 만드는 접미어)」
  「わる」 : 나누다, 쪼개다, 빠개다

6. うつくしい(美しい) : 아름답다 [아름다울 미(美)]
  어원은 「어처구니」
  『어처구(니) 〉 우츠구(니) 〉 우츠구 〉 うつく』
  「うつく + しい(…하다, …스럽다)」
  어처구니는 엄청나게 큰 사람이나 사물을 말하는데, 여기서는 「엄청」의 뜻
  엄청 아름답다. [경국지색(傾國之色)이다]
  「うつくしい」 : 아름답다

  *「어처구니」는 「어처구니없다」의 앞말이다.

7. かご(籠) : 바구니 [대바구니 롱(籠)]
  어원은 「곽」(물건을 담는 작은 상자, 예 - 성냥곽)
  『곽 〉 과고 〉 가고 〉 かご』
  「かご」 : 바구니

  * くずかご(屑籠) : 휴지통, 쓰레기통

8. すずしい(涼しい) : 시원하다, 선선하다 [서늘할 량(涼)]
　어원은「선선하다」(어근은 선선)
　『선선 〉서서 〉스스 〉すす』
　「すす＋しい(…하다, …스럽다)」→ すすしい → すずしい
　「すずしい」: 시원하다, 선선하다

9. たりる(足りる) : 족하다, 충분하다 [발 족(足)]
　본래 말은「たる」(足る)
　어원은「때」(끼니)
　『때 〉따 〉た』
　「た＋る(동사·접미어) → たる → たりる」
　땟거리가 있어 족하다.
　「たりる」: 족하다, 충분하다

10. はしる(走る) : 달리다, 빨리 움직이다 [달릴 주(走)]
　　어원은「빨리」의「빨」
　　『빨 〉빠시 〉하시 〉はし』[반탁음 빠(ぱ) → 청음 하(は)]
　　「はし＋る(동사·접미어)」
　　「はしる」: 빨리 움직이다, 달리다

　　☞ 우리말 종성「ㄹ」이 일본어로 바뀔 때, 자음이「ㄱ, ㅁ, ㅅ, ㅈ, ㅊ, ㄷ」으로 바뀌며 모음(ㅣ, ㅡ, ㅏ, ㅔ 등)이 붙는다. (『종성 ㄹ의 변화표』8쪽 참조)

11. がんばる(頑張る) : 강경히 버티다, 분발하다
　　어원은「깡바리」(깡 : 악착같이 버티는 오기)
　　깡 :『깡 〉강 〉간 〉がん』
　　바리 :『바리 〉ばり』
　　깡바리(がんばり)를 동사화한 말이「がんばる」
　　「がんばる」: 강경히 버티다, 분발하다

* 「악바리」처럼 「깡바리」는 깡을 부리는 사람이다.

12. おこ(烏滸) : 어리석음, 바보

어원은 「얼-」(덜된, 모자라는)

『얼 〉올 〉오고 〉おこ』

모자라는 아이(바보)

「おこ」 : 어리석음, 바보

13. あせ(汗) : 땀, 물방울 [땀 한(汗)]

어원은 「송알송알」의 「알」

「송알송알」은 땀방울이나 물방울 등이 많이 맺힌 모양이다.

『알 〉아세 〉あせ』

「あせ」 : 땀, 물방울

☞ 우리말 종성 「ㄹ」이 일본어로 바뀔 때, 자음이 「ㄱ, ㅁ, ㅅ, ㅈ, ㅊ, ㄷ」으로 바뀌며 모음(ㅣ, ㅡ, ㅏ, ㅔ 등)이 붙는다. (「종성 ㄹ의 변화표」8쪽 참조)

14. たび(度) : 때, 번, 때마다 [법도 도(度)]

어원은 「저녁답」의 「답」, 「저녁때」의 경남 방언

『답 〉다비 〉たび』

「たび」 : 때, 번, 때마다

* この度(たび)はお世話(せわ)になりました.

(이번에는 신세를 졌습니다)

☞ 「때」를 뜻하는 「답」은 영어 「time」(타임)과 동근(同根)으로 보인다.

『답 〉다비 〉다이 〉다이임 〉타임 〉time』(ㅂ 탈락)

15. しる(知る) : 알다 [알 지(知)]

　　어원은 「しろ」(白, 흰색)

　　사실이 명백하게 밝혀져 진실을 아는 것에서

　　「しる」: 알다

　　* しれる(知れる) : 알려지다, 알 수 있다

16. け(毛) : 털, 머리털 [털 모(毛)]

　　어원은 「갈기」의 「기」

　　『기 〉 게 〉 け』

　　「け」: 털, 머리털

17. おっしゃる : 말씀하시다(말하다의 높임말)

　　어원을 풀어 쓰면,

　　お(御. 존경, 공손, 친밀의 뜻) + しゃべる(喋る, 말하다)

　　「おしゃべる → おしゃる → おっしゃる」(べ 탈락)

　　「おっしゃる」: 말씀하시다

　　* しゃべる(喋る) : 말하다 (705 참조)

18. 止む(やむ) : 멈추다, 그치다, 멎다 [그칠 지(止)]

　　어원은 「멈추다」의 「멈」

　　『멈 〉 머무 〉 마무 〉 아무 〉 야무 〉 やむ』(ㅁ 탈락)

　　「やむ」: 멈추다, 그치다, 멎다

19. 勝つ(かつ) : 이기다, 승리하다 [이길 승(勝)]

　　어원은 「캇」(기합 소리)

　　『캇 〉 캋 〉 카츠 〉 かつ』

　　무엇을 자르듯이(cut), 「캇」하고 일격을 가해 이기다

「かつ」: 이기다, 승리하다

20. しっかり(確り) : 단단히, 꼭, 똑똑히   [굳을 확(確)]
    어원은 「たしか」(確か, 확실함)의 「しか」
    「しか → しかり → しっかり」
    확실히 단단히 하다
    「しっかり」: 단단히, 꼭, 똑똑히

21. がまんする : 참다, 견디다
    어원은 「가만히」의 「가만」
    『가만 〉がまん』
    「がまん + する(하다)」
    참고 가만히 처신하다
    「がまんする」: 참다, 견디다

연상암기

1. くらべる(比べる) : 비교하다, 대조하다
   창고(くら, 倉)에 있는 물품을 장부와 비교하다.

2. やめる(止める) : 그만두다, 중지하다
   「얌체」짓이라 생각하여 그만두다(얌 〉 **야매**).

3. わかい(若い) : 젊다
   わか(和歌, 일본 고유 형식의 시)에는 젊은이의 사랑을 노래한 내용이 많다.

4. ひだり(左) : 왼쪽
   「**ひ**と(一, 하나) + 다리」→ 한 다리인 왼쪽 다리로 서서 균형을 잡아 보다.

5. ちがう(違う) : 다르다
   피(**ち**, 血)**가** 서로 다르다.

6. びっくり : 깜짝 놀람
   「빅(big, 크다) + くり(栗, 밤)」
   머리 위에 큰 밤이 떨어져 깜짝 놀라다.

N3

JLPT 개편(2010년) 과정에서 신설된 등급
구 2급과 구 3급 사이에 난이도 차이가 심하여 중간 수준의 단계 신설

305. つつじ : 철쭉, 진달래

어원은 「철쭉」

철 : 『철 〉처츠 〉츠츠 〉つつ』

쭉 : 『쭉 〉쭈 〉찌 〉지 〉じ』

「つつじ」: 철쭉

306. そっくり : 전부, 몽땅, 꼭 닮음

① **소쿠리**째 몽땅 주다 : そっくり(몽땅, 전부)

② 쏙 빼닮다의 「쏙」

　『쏙 〉쏘구 〉솟구 〉솟구리 〉そっくり』

　「そっくり」: 꼭 닮음

* 소쿠리 : 대나 싸리로 엮어 테가 있게 만든 그릇

307. たっぷり : 듬뿍, 충분한 모양

어원은 「듬뿍」

『듬뿍 〉담뿍 〉다뿌리 〉たっぷり』

「たっぷり」: 듬뿍, 충분한 모양

308. とんぼ : 잠자리

어원을 풀어 쓰면,

「とぶ(→ とん. 飛ぶ, 날다) + ぼう(坊, 애칭)」

「とんぼう 〉とんぼ」

나는 곤충, 「とんぼ」: 잠자리

* あかとんぼ(赤とんぼ) : 고추잠자리

☞ 「-보」는 사람을 가리킴 : 꾀보, 먹보, 털보

309. うがい : 양치질

양치질을 하고, 「우, 가시다」

「가시다」는 물 따위로 깨끗이 씻다.

「우(의성어) + 가시」 → 우가시

『우가시 〉 우가이 〉 うがい』

「うがい」: 양치질

310. ひよこ : 병아리, 애송이

어원은 「병아리」의 「병」

『병 〉 벼요 〉 비요 〉 히요 〉 ひよ』

[탁음 비(び) → 청음 히(ひ)]

「ひよ + こ(子, 새끼)」

ひよこ : 병아리, 애송이

311. 加える(くわえる) : 가하다, 더하다, 보태다 [더할 가(加)]

문어체는 「くわう」(加う)

어원은 「꾹」(힘을 가해 누르는 모양)

『꾹 〉 꾸우 〉 꾸와 〉 くわ』

「くわ + う(동사를 만드는 접미어)」

「くわう → くわえる」(하1단화, 구어체)

헛간에 꼴 등을 넣을 때 꾹 눌러 부피를 줄여 그 위에 더 올려놓는 것을 말한다.

「くわえる」: 가하다, 더하다, 보태다

* 加わる(くわわる) : 더해지다, 가해지다

312. 苛苛(いらいら) : 안달복달하는 모양 [가혹할 가(苛)]

「이러지도 저러지도」못하고 안달하다.

『이러 〉이라 〉이라이라 〉いらいら』

「いらいら」: 안달복달하는 모양

313. 刻む(きざむ) : 잘게 썰다, 조각하다, 새기다 [새길 각(刻)]

이 말을 풀어 쓰면,

「きる(切る, 자르다) + ささ(작은, 잔) + む(동사를 만드는 접미어)」

「きささむ → きさむ → きざむ」

「きざむ」: 잘게 썰다, 조각하다, 새기다

☞ きる(切る) : 자르다(썰다) (247 참조)

☞ ささ : 작은, 잔

사사하다(적거나 작다) → ささ(작은, 잔)

314. 覚める(さめる) : 깨다, 눈이 뜨이다 [깨달을 각(覚)]

문어체는「さむ」(覚む)

어원은「さむい」(寒い, 춥다)

자다가 (이불을 걷어차서) 추워서 잠이 깨다.

「さむ」→ さめる」(하1단화, 구어체)

「さめる」: 깨다, 눈이 뜨이다

＊覚ます(さます) : 깨우다

☞ 寒い(さむい) : 춥다

　　어원은「쌀쌀하다」

　「쌀 〉 싸무 〉 さむ」

　「さむ + い」→ さむい(춥다)

※ 우리말 종성「ㄹ」이 일본어로 바뀔 때, 자음이「ㄱ, ㅁ, ㅅ, ㅈ, ㅊ, ㄷ」으로 바뀌며 모음(ㅣ, ㅡ, ㅏ, ㅜ 등)이 붙는다. (「종성 ㄹ의 변화표」8쪽 참조)

---

315. 干す, 乾す(ほす) : 말리다 [방패 간(干)]

풀어 쓰면

「ほ(火, 불) + す(동사를 만드는 접미어)」

불을 피워 말리다.

「ほす」: 말리다

☞ 火의 훈독은「ひ, ほ」이다.「호롱」(호籠)은 석유를 담아 불을 켜는 데에 쓰는 그릇을 말하는데「불그릇」이라 할 수 있다.「호」는 불을 의미한다.

316. 減る (へる) : 줄다, 닳다 [덜 감(減)]

어원은 「빼다」(어간은 빼)

『빼 〉해 〉へ』(반탁음 ぺ가 청음 へ로 바뀜)

「へ + る(동사를 만드는 접미어)」→ へる

빼면 양이 줄어든다.

「へる」: 줄다, 닳다

☞ 「헤다」(닳다)로도 설명이 가능하다.

317. 蓋 (ふた) : 뚜껑, 덮개 [덮을 개(蓋)]

어원은 「뚝겅」의 「뚝」(바른 표기는 뚜껑)

『뚝 〉뚣 〉뚜따 〉후따 〉ふた』

「ふた」: 뚜껑, 덮개

☞ ふさぐ (塞ぐ) : 막다

　본래 말은, 「ふた(덮개) + ぐ(동사·접미어)」

　「ふたぐ」가 「ふさぐ」(塞ぐ)로 바뀜

　* 塞がる(ふさがる) : 막히다

318. 去る (さる) : 떠나다, 사라지다, 지나가다 [갈 거(去)]

어원은 「사라지다」의 어근 「사라」

『사라 〉사루 〉さる』

「さる」: 사라지다, 떠나다

319. 激しい, 烈しい(はげしい) : 세차다, 격심하다 [격할 격(激)]

어원은 「빠시다」(빡세다)

『빠시 〉 빠게시 〉 하게시 〉 はげしい』 [반탁음 빠(ぱ) → 청음 하(は)]

빠시다는 억세다라는 뜻이다.

「はげしい」 : 세차다, 격심하다

320. 結ぶ(むすぶ) : 묶다, 매다 [맺을 결(結)]

어원은 「맺다」(어간은 맺)

「맺다」는 묶어서 매듭을 만들다.

『맺 〉 맷 〉 매스 〉 무스 〉 むす』

「むす + ぶ(동사를 만드는 접미어)」 → むすぶ

「むすぶ」 : 묶다, 매다

321. 鶏(にわとり) : 닭 [닭 계(鶏)]

풀어 쓰면, 「にわ(庭, 정원) + とり(鳥, 새)」

「にわとり」 : (정원의 새) 닭

☞ とり(새)의 어원은 「닭」

　『닭 〉 달 〉 다리 〉 도리 〉 とり』

* 한 음절인 닭은 「닥」으로 발음, 두 음절은 「달」로 발음(닭알 〉 달걀)

☞ にわ(庭) : 정원 (87 참조)

322. 叩く（たたく）: 치다, 두드리다, 때리다 [두드릴 고(叩)]

어원은 의성어 「탁탁(타악타악)」

타악타악 <u>두드리다</u> → たたく

「たたく」: 치다, 두드리다, 때리다

고구려어와 일본어

고대 한국어는 「신라어·가야어·백제어·고구려어」 네 가지인데, 학자들은 이 중에서 「가야어 - 백제어 - 고구려어」 순서로 일본에 전파됐다고 한다. 나라가 망할 때마다 그 유민들이 열도로 집단 이주하면서 일본인과 일본어를 형성했다는 것이다. 또 한반도에 남은 한국어는 신라어뿐이어서 일본어 속으로 스며든 가야어·백제어·고구려어의 원형을 찾아내기는 더 어려워졌다고 한다.

이 중 고구려는 우리의 고대국가의 하나인데, 고구려 말에 대해서는 자료가 거의 없어 잘 알려져 있지 않다. 그런데 일본어 수사(數詞)에는 고구려 말이 있다고 한다. 밀(密 = 三, みっ), 우츠(于次 = 五, いっ), 나는(難隱 = 七, なな), 덕(德 = 十, とお), 그리고 동물 이름인 우사삼(ウサギ, 토끼), 지형을 가리키는 탄(谷, たに. 골짜기) 등이 있다.

그리고 『고구려어 연구』(최남희, 박이정 출판사)에는 물을 뜻하는 「미」, 세상을 뜻하는 「누리」, 골자기를 뜻하는 「탄」, 여우를 뜻하는 「야시」, 못을 뜻하는 「나미」, 성을 뜻하는 「골(한자는 忽)」 등이 실려 있다.

323. 枯れる(かれる) : (초목이) 마르다, 시들다 [마를 고(枯)]

어원은「からから」(바싹 마른 모양)

「から + る(동사를 만드는 접미어)」→ からる → かれる

「かれる」: (초목이) 마르다, 시들다

☞ からから : 바싹 마른 모양

　　목이 말라「칼칼하다」

　　『칼칼 〉카라카라 〉からから』

---

324. 曲げる(まげる) : 구부리다 [굽을 곡(曲)]

문어체는 まぐ(曲ぐ)

「まる(円. 원형, 둥굶) + ぐ(동사를 만드는 접미어)」

「まぐ → まげる」(하1단화, 구어체)

둥글게 하다(→ 구부리다)

「まげる」: 구부리다

* 曲がる(まがる) : 구부러지다, 굽다, 돌다

---

325. 怪しい(あやしい) : 수상하다, 의심스럽다 [괴이할 괴(怪)]

어원은「엿보다」의「엿」(몰래의 뜻)

『엿 〉얏 〉아야 〉あや』(음성모음 ㅕ → 양성모음 ㅑ)

「あや + しい(…스럽다)」→ あやしい

우리를 몰래 엿보다니「의심스럽다」

「あやしい」: 수상하다, 의심스럽다

326. 巻く, 捲く (まく) : 말다, 감다 [말 권(巻)]

어원은 「말다」(어간은 말)

『말 〉 마 〉 ま』

「ま + く(동사를 만드는 접미어)」→ まく

「まく」: 말다, 감다

* まくる(捲る) : 걷다, 걷어 올리다

327. 勧める, 奨める (すすめる) : 권하다, 권유하다 [권할 권(勧)]

어원은 「스스로」의 「스스」

『스스 〉 すす』

「すす + める(동사를 만듦)」

자신이 스스로 하도록 옆에서 「권하다」

「すすめる」: 권하다, 권유하다

☞ 強いる(しいる) : 강요하다

　「し」는 する의 연용형이다. 「しい」는 「し」의 장음으로 길게 발음하면 강요한다는 느낌이 있다.

　「しいる」: 강요하다

* 연용형 : ます를 붙일 수 있는 동사 형태

328. 潰す(つぶす) : 부수다, 찌부러뜨리다, 으깨다 [무너질 궤(潰)]

어원은 우리말「쳐부수다」

『쳐부수다 〉つぶす』

「つぶす」: 부수다, 찌부러뜨리다, 으깨다

* 潰れる(つぶれる) : 찌부러지다, 부서지다

---

329. 摑む(つかむ) : (손으로) 잡다, 쥐다, 붙잡다 [칠 귁(摑)]

「つか(柄, 손잡이) + む(동사를 만드는 접미어)」
손잡이를 잡다.
「つかむ」: 잡다, 쥐다, 붙잡다

* 摑まる(つかまる) : 꽉 잡다, 붙잡다

☞ つか(柄) : 손잡이

　　어원은「쪼께」(쪼께는 조금의 방언)

　　「손잡이」는 본 물건보다 쪼께 작게 만든 것이다.

　　『쪼께 〉쪼까 〉쯔까 〉つか』

　　「つか」: 손잡이

> **유의사항**
>
> つかまえる(捕まえる, 捉まえる) : 붙잡다, 붙들다
>
> つかまる(捕まる, 捉まる) : (붙)잡히다
>
> ※ 물건을 잡는 의미로「摑まる」를 사용하고, 그 이외에는「捕まる」를 사용한다.

330. 扱う(あつかう) : 다루다, 취급하다 [미칠 급(扱)]

풀어 쓰면,

「あ(접두사) + つかう(使う. 쓰다, 사용하다)」

아주 전적으로 사용하며, 잘 다루다라는 의미다.

「あつかう」: 다루다, 취급하다

☞ つかう(使う) : 쓰다, 사용하다 (41 참조)

331. 暖か(あたたか) : 따뜻함 [따뜻할 난(暖)]

어원은「따뜻하다」

『따뜻 〉따땃 〉따따 〉たた』

「あ(감탄사) + たた(따뜻) + か(성질, 상태를 나타냄)」

→ あたたか(따뜻함)

* 暖かい(あたたかい) : 따뜻하다

  暖まる(あたたまる) : 따뜻해지다

  暖める(あたためる) : 따뜻하게 하다

332. 悩む(なやむ) : 괴로워하다, 고민하다 [괴로워할 뇌(惱)]

풀어 쓰면,

「なえる(萎える, 쇠약해지다) + やむ(病む, 병들다)」

「なえる + やむ 〉なやむ」

쇠약해지고 병이 들어「괴로워하다」

「なやむ」: 괴로워하다, 고민하다

☞ なえる(萎える) : 쇠약해지다

　「나(나이) + える(동사를 만듦)」→ なえる

　→ 나이를 먹으면 몸이 쇠약해진다.

☞ やむ(病む) : 병들다, 앓다

　어원은「앓다」(어간은 앓)

　『앓 〉아알 〉아아 〉야 〉や』

　「や + む(동사를 만드는 접미어)」→ やむ(병들다)

333. 紐(ひも) : 끈 [맺을 뉴(紐)]

어원은「고삐」의「삐」

「고삐」는 말·소를 몰거나 부리려고 재갈이나 코뚜레에 잡아매는 줄

『삐 〉히 〉ひ』[반탁음 삐(ぴ) → 청음 히(ひ)]

「ひ + もの(物, 물건)」→ ひもの → ひも

「ひも」: 끈

334. 断(わ)る(ことわる) : 거절하다 [끊을 단(断)]

풀어 쓰면,

「こと(言, 말) + わる(割る. 나누다, 쪼개다)」

말을 나누다(말을 다르게 하다 → 거절하다)

「ことわる」: 거절하다

☞ こと(言) : 말 (68 참조)

335. 憧れる(あこがれる) : 동경하다, 그리워하다 [동경할 동(憧)]

문어체는 「あこがる(憧る)」

「あこ(= あそこ. 거기, 그쪽) + がる(…싶어 하다)」

「あこがる → あこがれる」(하1단화, 구어체)

예전에 갔던 멋진 거기를 가고 싶어 하다(동경하다).

「あこがれる」: 동경하다, 그리워하다

336. 豆(まめ) : 콩 [콩 두(豆)]

풀어 쓰면,

「まるい(丸い, 둥근) + み(実, 열매)」→ まみ

「まみ → まめ」

둥근 열매가 「콩」이다.

「まめ」: 콩

☞ み(実) : 열매

　어원은 「열매」의 「매」

　『매 〉 미 〉 み』

337. 小豆(あずき) : 팥 [콩 두(豆)]

어원은「팥」의 옛말「<ruby>ㅍ<rt>ㅅ</rt></ruby>」

『<ruby>ㅍ<rt>ㅅ</rt></ruby> 〉 팟기 〉 팢기 〉 파즈기 〉 하즈기 〉 아즈기 〉 あずき』

(1) 반탁음 파(ぱ)가 청음 하(は)로 바뀌고

(2) 하(は)가 여린소리 아(あ)로 바뀜

　　「あずき」: 팥

---

338. 冷やす(ひやす) : 차게 하다, 식히다 [찰 랭(冷)]

어원은「ひやひや(冷や冷や)」(차가운 느낌이 있는 모양)

「ひやひや」를 동사화한 말이「ひやす」이다.

「ひやす」: 차게 하다, 식히다

* 冷やし(ひやし) : 차게 함, 차게 한 것

☞ ひやひや(冷や冷や) : 차가운 느낌이 있는 모양

　　차가워서 손에 입김을 불며,「해야해야」빨리 나오너라 노래하다.

　　『해야해야 〉 히야히야 〉 ひやひや』

　　「ひやひや」: 차가운 느낌이 있는 모양

사냥의 어원, 「와! 세다」 대학

1. 사냥의 어원
사냥의 어원으로 산행(山行)을 말하는 것을 인터넷에서 본 적이 있다. 산행이 산앵, 사냥으로 모음변화를 했다는 설명이다.

예전의 사냥은 주로 활을 가지고 했다. 짐승과 부딪쳐 싸울 일이 있으면 창이나 칼을 가지고 나갔겠지만, 짐승과 직접 전투할 것도 아니고 가까이 가면 짐승이 달아나기 때문에, 멀리서 타격할 수 있는 활이 필수적이라 하겠다. 활과 화살을 담을 수 있는 주머니만 준비하면 사냥을 나갈 수 있다.

따라서 사냥의 본래 말은 「사낭」(史囊, 화살 주머니)이고, 사낭이 「사냥」으로 바뀌었다고 보는 것이 타당할 것으로 생각된다. 「사낭」의 「사」는 「살」(화살)을 의미한다. 화살통은 일본어로 「やづつ(矢筒)」이다.

* つつ(筒) : 통, 속이 비고 긴 관, 총신·포신
  つつむ(包む) : 싸다, 포장하다
* 포신(つつ, 筒)은 사격을 하지 않을 때는 보호하기 위해 덮개로 싸서(つつむ) 관리한다.

2. 어서 오세요, 와세다(早稲田, わせだ) 대학으로!
우스갯소리로 일본에서 가장 센 대학이 「와, 세다」 대학이라고 한다. 그런데, 들어가기 어려운 대학이겠지만 「어서」 오라고 하는 대학이 와세다 대학이다. 이유인즉 「와세다」의 「와세」(早稲, わせ)가 「올벼」라는 뜻이고, 어원은 우리말 「어서」라고 한다(어서 〉 와세). [金沢庄三郎(かなざわ しょうざぶろう), 1872-1967]

「わせ」(早稲, 올벼)의 어원은 「올벼」의 「올」로 설명할 수 있다. 『올 〉 왈 〉 와세 〉 わせ』「올벼」는 일찍 익는 벼를 말한다. 반대로 늦벼는 「おくて」(晩稲)라고 한다.

339. 旅(たび) : 여행   [나그네 려(旅)]

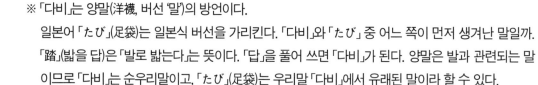

어원은 「다니는 날」
풀어 쓰면, 「다니다 + ひ(日, 날)」
『다니 + ひ 〉 다ひ 〉 たひ 〉 たび』
「たび」: 여행

* たびじ(旅路) : 여로, 여행길

☞ 다니다는 「다리(脚)로 가다」의 뜻이다.
　「다리 + 니다(가다의 옛말)」→ 「다니다」로 바뀜

※ 「다비」는 양말(洋襪, 버선 '말')의 방언이다.
　일본어 「たび」(足袋)는 일본식 버선을 가리킨다. 「다비」와 「たび」 중 어느 쪽이 먼저 생겨난 말일까.
　「踏」(밟을 답)은 「발로 밟는다」는 뜻이다. 「답」을 풀어 쓰면 「다비」가 된다. 양말은 발과 관련되는 말
　이므로 「다비」는 순우리말이고, 「たび」(足袋)는 우리말 「다비」에서 유래된 말이라 할 수 있다.

340. 恋(こい) : (남녀간의) 사랑   [그리워할 련(恋)]

어원은 「괴다(고이다)」(사랑하다의 옛말)
『고이 〉 こい』
「こい」: 사랑

* こいびと(恋人) : 연인
　こいしい(恋しい) : 그립다

341. 零れる, 溢れる(こぼれる) : 넘치다, 넘쳐흐르다 [떨어질 령(零)]

문어체는「こぼる」(零る)

어원은「곱빼기」의「곱」

『곱 〉고보 〉こぼ』

「こぼ + る(동사를 만드는 접미어)」→ こぼる

→ こぼれる(구어체, 하1단화)

곱빼기로 담아서 그릇에 넘쳐흐르다.

「こぼれる」: 넘치다, 넘쳐흐르다

*「곱빼기」는 두 그릇의 몫을 한 그릇에 담은 분량을 말한다.

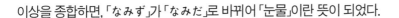

342. 涙(なみだ) : 눈물 [눈물 루(涙)]

어원은「눈물」이다

① 눈(nun)이 누(nu)로 바뀌고, 다시 나(na)로 바뀌어

　「な」가 되었다.

　『눈 〉누 〉나 〉な』

② 물을 뜻하는 みず(水)의 어원은「물」이다.

　『물 〉무 〉미 〉미즈 〉みず』

이상을 종합하면, 「なみず」가「なみだ」로 바뀌어「눈물」이란 뜻이 되었다.

343. 笠(かさ) : 삿갓 [삿갓 립(笠)]

어원은 「삿갓」의 「갓」

『갓 〉가사 〉かさ』

「かさ」: 삿갓

☞ あし(葦, 蘆) : 갈대

　「삿갓」에서 「삿」은 갈대를 엮어 만든 자리를 말한다.

　『삿 〉사앗 〉앗 〉아시 〉あし』(ㅅ → ㅇ)

※ 「살」(화살)의 변화와 유사하다.

　『살 〉사 〉さ 〉や(矢)』(ㅅ → ㅇ)

---

344. 馬(うま, ま) : 말 [말 마(馬)]

일본서기(日本書紀)에 말(馬)은 백제가 건네주었고, うま는 한자 馬의 오음(吳音) 「ma」에 유래한다는 기록이 있다. うま는 ま를 강조한 말이다.

* 일본서기 : 일본의 역사서로 720년에 완성

☞ 오음(吳音) : 일본 한자 발음은 오음과 한음(漢音)이 있는데, 「오음」은 한음이 들어오기 전에 한반도를 거쳐 이미 일본에 정착하고 있던 한자음을 말한다. 우리의 한자 발음과 유사한 면이 많다.

345. 埋める(うめる) : 묻다, 메우다 [묻을 매(埋)]

어원은「움」

「움」은 땅을 파고 위에 거적 등을 얹어 비바람이나 추위를 막아 겨울에 화초나 채소를 넣어 두는 곳이다.

『움 〉 우메 〉 うめ』

「うめ + る(동사를 만드는 접미어)」

움에 묻어 두다(보관하다).

「うめる」: 묻다, 메우다

* 埋まる(うまる) : 메워지다

346. 梅(うめ) : 매화, 매실   [매화 매(梅)]

여러 설(說)이 있지만,「梅」의 우리 한자발음「매」가 변화해서「우매(うめ)」가 되었다고 보는 것이 무난하다.

『매 〉 우메 〉 うめ』

347. 皿(さら) : 접시 [그릇 명(皿)]

어원은「사발」

『사발 〉 사바라 〉 사라 〉 さら』

「さら」: 접시

348. 明らか(あきらか) : 밝음, 분명함 [밝을 명(明)]

어원은「밝다」(어간은 밝)

『밝 〉박 〉바기 〉하기 〉아기 〉あき』

[탁음 바(ば) → 청음 하(は) → 여린소리 아(あ)]

「あき + らか(…와 같은 모양)」→ あきらか

「あきらか」: 밝음, 분명함

* あきらめる(明らめる) : 분명히 하다

☞ あきらめる(諦める) : 체념하다, 단념하다

　상대가 의사를 분명히 해서(明らめる) 단념하다.

349. 明ける(あける) : 새다, 밝다, 새해가 되다, 기간이 끝나다 [밝을 명(明)]

어원은「밝다」의 활용「밝게」

『밝게 〉박게 〉바게 〉하게 〉아게 〉あけ』

[탁음 바(ば) → 청음 하(は) → 여린소리 아(あ)]

「あけ + る(동사・접미어)」→ あける

밝게 되다(날이 새다).

「あける」: 새다, 밝다, 새해가 되다, 기간이 끝나다

☞ 明けましておめでとうございます(새해 복 많이 받으십시오)

350. 暮らす(くらす) : 살아가다, 지내다 [저물 모(暮)]

어원은「꾸리다」

「꾸리다」는 생활을 규모 있게 이끌어 나가다.

『꾸리 〉꾸라 〉くら』

「くら + す(동사를 만드는 접미어)」

「くらす」: 살아가다, 지내다

* 暮らし(くらし) : 살림, 생계, 일상생활

351. 迷う(まよう) : 갈피를 못 잡다, 헤매다 [미혹할 미(迷)]

풀어 쓰면,

「ま(目, 눈) + よう(酔う, 취하다)」

눈이 취하다(갈피를 못 잡다).

「まよう」 : 갈피를 못 잡다, 헤매다

☞ よう(酔う) : 취하다/양주(ようしゅ, 洋酒), 한 잔에 취하다

---

352. 縛る(しばる) : 묶다, 매다, 결박하다 [얽을 박(縛)]

어원은 「발」

「발」은 길이의 단위로, 「한 발」은 두 팔을 양옆으로 펴서 벌렸을 때 한쪽 손끝에서 다른 쪽 손끝까지의 길이이다.

『발 〉 바루 〉 ばる』

「し(する의 연용형) + ばる」 → しばる

(새끼줄) 여러 「발」로 단단하게 묶다.

「しばる」 : 묶다, 매다, 결박하다

---

353. 飯(めし) : 밥 [밥 반(飯)]

어원은 「메」

메는 제사 때 신위(神位) 앞에 놓는 밥이다.

『메 〉 메시 〉 めし』

「めし」 : 밥

* めしあがる(召しあがる) : 잡수시다(飲む, 食べる의 높임말)

☞ ご飯 : 밥의 공손한 말

☞ 「모시」(모이의 방언)를 밥의 어원으로 보는 설도 있으나, 짐승이 먹는 밥과 사람이 먹는 밥은 격이 다르기 때문에 수긍하기 어렵다(모시 〉 메시 〉 めし).

354. 抜く (ぬく) : 뽑다, 빼내다 [뽑을 발(抜)]

어원은 「누다」(어간은 누)

「누다」는 (소변 등을) 몸 밖으로 내보내다(빼내다).

『누 〉ぬ』

「ぬ + く (동사를 만드는 접미어)」→ ぬく

「ぬく」: 뽑다, 빼내다

* ぬかす (抜かす) : 빠뜨리다, 빼다

---

355. 配る (くばる) : 나누어 주다, 고루고루 미치게 하다 [나눌 배(配)]

어원은 「굽어보다」의 「굽어」

『굽어 〉 구버 〉 구바 〉 くば』

「くば + る (동사를 만드는 접미어)」→ くばる

굽어 살펴서 불우한 사람에게 고루고루 나누어 주다.

「くばる」: 나누어 주다, 고루고루 미치게 하다

* 굽어보다 : 아랫사람이나 불우한 사람을 돌보아 주려고 사정을 살피다

---

356. 宝 (たから) : 보물, 보배 [보배 보(宝)]

풀어 쓰면,

「たかい (高い. 높다, 비싸다) + ら (방향, 사물을 나타내는 말)」→ たから

비싼 것(보물)

「たから」: 보물, 보배

* 宝くじ (たからくじ) : 복권

☞ たかい (高い) : 높다, 비싸다 (145 다음 〈쉬어 가는 곳〉 참조)

익살 일본어

1. なぞ(謎) : 수수께끼

   これ、なにぞ(何ぞ) → 이게 뭐야?

   「なにぞ」가「なぞ」로 바뀌어「수수께끼」라는 뜻이다.

   * ぞ는 종조사(終助詞)로 자신의 생각을 주장하는 말

2. いるか : 돌고래

   바다에 돌(石)로 된 고래가 있을까(いるか).

3. ともかく(兎も角) : 어쨌든

   토끼에게 뿔이 있든 없든 어쨌든.

4. くだらない : 시시하다

   百済(くだら, 백제) + ない(없다, 않다) → 백제 것이 아니면 시시하다.

5. あほう(阿呆, 阿房) : 바보, 천치(天癡), = ばか(馬鹿)

   중국 시황제가 건설한 아방궁(阿房宮, あほうきゅう)이 너무 쓸데없이 크기 때문에 바보짓을 했다는 것에서 유래

   「あほうきゅう」에서「あほう」를 딴 말이다.

6. うずたかい(堆い) : 쌓여서 높다, 산더미 같다

   우주만큼 쌓여서 높다고(?).

7. ほうちょう(包丁, 庖丁) : 식칼

   장자(莊子)에 나오는 전설적인 요리의 명인(名人)인 포정(庖丁)의 이름을 따서 식칼이라고 이름을 붙인 것에서 유래

357. 本(もと) : 근본, 시초 [밑 본(本)]

어원은「밑」
『밑 〉 미토 〉 모토 〉 もと』(모음교체 : ㅣ → ㅗ)
밑이 사물의 근본이다.
「もと」: 근본, 시초

358. 蜂(はち) : 벌 [벌 봉(蜂)]

어원은「벌」
『벌 〉 발 〉 바치 〉 하치 〉 はち』
[탁음 ば(바) → 청음 は(하)]
「はち」: 벌

☞ 우리말 종성「ㄹ」이 일본어로 바뀔 때, 자음이「ㄱ, ㅁ, ㅅ, ㅈ, ㅊ, ㄷ」으로 바뀌며 모음(ㅣ, ㅡ, ㅏ 등) 이 붙는다. (「종성 ㄹ의 변화표」8쪽 참조)

359. 浮く(うく) : 뜨다 [뜰 부(浮)]

풀어 쓰면,「うえ(上, 위) + く(동사를 만드는 접미어)」→ うく
「위로 하다」는「(물) 위로 뜨다」라는 뜻이다.
「うく」: 뜨다

* 浮かべる(うかべる) : 띄우다, 떠올리다

☞ うえ(上) : 위
　어원은「우」(위)
　「우」의 대칭되는 말이「아」이다.
　「아」는 다른 말과 결합하여「밑, 작다」의 뜻으로 쓰인다. 예를 들면,「아래, 아우, 아이(애), 아기」

360. 腐る(くさる) : 썩다, 부패하다 [썩을 부(腐)]

어원은 「썩다」(어간은 썩)

『썩 〉 싹 〉 싸구 〉 구싸 〉 くさ』(어순이 바뀜, 도치)

「くさ + る(동사를 만드는 접미어)」→ くさる

「くさる」: 썩다, 부패하다

---

361. 貧しい(まずしい) : 가난하다 [가난할 빈(貧)]

어원은 「まずい」(不味い, 맛없다)

「まずい」는 또 서투르다, 졸렬하다는 뜻도 있다. 이 말의 의미가 확장되어 「まずしい」가 「가난하다」는 뜻이 되었다.

☞ まずい : 맛없다 (32 참조)

---

362. 奢る(おごる) : 사치하다, 한턱내다 [사치할 사(奢)]

어원은 턱(あご, 顎)

「あご 〉 おご」

「おご + る(동사를 만드는 접미어)」→ おごる

(큰소리치며) 한턱내다

「おごる」: 한턱내다, 사치하다

* あご(顎) : 턱 (217 참조)

☞ 「한턱내다」라는 의미는 푸짐한 음식을 제공하여 턱이 아플 정도로 하다라는 뜻이다. 껌을 많이 씹
   으면 턱이 아픈 것과 같은 맥락이다.

363. 散る(ちる) : 떨어지다, 꽃잎이 지다 [흩을 산(散)]

어원은 「지다」(어간은 지)
「지 + る(동사를 만드는 접미어)」
「지る → ちる」
「ちる」: 지다, 떨어지다

* 散らす(ちらす) : 흩트리다
散らし(ちらし) : 흩뜨려 놓음, 광고로 뿌리는 종이(전단)

364. 殺す(ころす) : 죽이다 [죽일 살(殺)]

어원은 「골로 보내다」(죽이다)의 「골로」
『골로 〉고로 〉ころ』
「ころ + す(동사를 만드는 접미어)」→ ころす
「ころす」: 죽이다

365. 上る(のぼる) : 오르다 [위 상(上)]

어원은 「높다」(어간은 높)
『높 〉놉 〉노보 〉のぼ』
「のぼ + る(동사를 만드는 접미어)」→ のぼる
높은 곳으로 오르다.
「のぼる」: 오르다

366. 床(ゆか) : 마루 [평상 상(床)]

풀어 쓰면,
「ゆうゆう(유유, 느긋한 모양) + か(処, 장소, こ가 변한 말)」
「ゆうか 〉ゆか」
유유히 앉아 쉬는 곳이 마루다.
「ゆか」: 마루

367. 傷(きず) : 상처, 흠 [다칠 상(傷)]

어원은「긁다」(어간은 긁)

『긁 〉 글 〉 길 〉 기즈 〉 きず』

긁어서 흠이 생기다.

「きず」: 상처, 흠

☞ 우리말 종성「ㄹ」이 일본어로 바뀔 때, 자음이「ㄱ, ㅁ, ㅅ, ㅈ, ㅊ, ㄷ」으로 바뀌며 모음(ㅣ, ㅡ, ㅏ 등)
  이 붙는다. (「종성 ㄹ의 변화표」8쪽 참조)

---

368. 詳しい(くわしい) : 상세하다, 소상하다 [자세할 상(詳)]

고대 일본의 미(美)는 세밀한 것, 작은 것, 맑고 윤기가 나는 것에 있었다. 이
러한 것을 한마디로 표현하면「곱다」이다. 그래서 詳しい(くわしい)의 어원으
로 우리말(朝鮮語)「곱다」를 말하고 있다(古典基礎語辭典, 大野 晋).

「くわしい」의 옛말은「くはしい」

어원은「곱다」의「곱」

『곱 〉 고바 〉 구바 〉 구하 〉 くは』[탁음 ば(바) → 청음 は(하)]

「くは + しい(…하다, …스럽다)」→ くはしい → くわしい

「くわしい」: 상세하다, 소상하다

* 출처 : 大野 晋(おおの すすむ. 1919. 8. 23. ~ 2008. 7. 14.)

  日本の国語学者. 文学博士(論文博士, 1962年), 学習院大学名誉教授

369. 生(なま) : 자연 그대로, 생것 [날 생(生)]

어원은「날것」의「날」

『날 〉나마 〉なま』

「なま」: 자연 그대로, 생것

* なまみず(生水) : 생수, 냉수

☞ 우리말 종성「ㄹ」이 일본어로 바뀔 때, 자음이「ㄱ, ㅁ, ㅅ, ㅈ, ㅊ, ㄷ」으로 바뀌며 모음(ㅣ, ㅡ, ㅏ 등)
   이 붙는다. (「종성 ㄹ의 변화표」8쪽 참조)

370. 生む(うむ) : 낳다, 만들어 내다 [날 생(生)]

어원은「움트다」의「움」

「움」은「나무에 새로 생겨 나오는 싹」을 말한다.

새로 탄생한 생명체가「움」이다.

『움 〉우무 〉うむ』

「うむ」: 낳다, 만들어 내다

* 生まれる(うまれる) : 태어나다

371. 鼠(ねずみ) : 쥐 [쥐 서(鼠)]

어원은,「ね(音, 소리) + 쥐」

쥐는 소리 내는 동물이라「ね」가 접두사로 붙는다.

쥐 :『쥐 〉주이 〉즈이 〉즈미 〉ずみ』

「ね + ずみ」→ ねずみ

「ねずみ」: 쥐

☞ 고양이도 야옹(ニャー, ニャン) 하고 우는 동물이라 접두사「ね」가 붙는다.
   「ね(音, 소리) + 고(양이)」→「ねこ」(고양이)

☞ ね(音, 소리)는「なく (泣く, 울다)」「なく (鳴く, 소리를 내다)」의 어간「な」가 변한 말이다. [な 〉ね]

372. 夕(ゆう) : 저녁 [저녁 석(夕)]

어원은 「저녁」의 「녁」

『녁 〉 뉵 〉 뉴우 〉 유우 〉 ゆう』

「ゆう」: 저녁

* ゆうひ(夕日, 夕陽) : 석양

☞ 「저녁」을 「저녁」으로 쓰지 않는 것은 「녁」은 방향이나 무렵을 가리키는 말이기 때문이다. 「해질녘」
은 해가 질 무렵이라는 뜻이고, 「저녁」은 해가 질 무렵부터 밤이 되기까지의 사이를 말한다.

---

373. 雪ぐ(そそぐ) : 씻다, 설욕하다, 헹구다 [눈 설(雪)]

어원은 「씻다」(어간은 씻)

『씻 〉 씨 〉 시시 〉 소소 〉 そそ』(모음교체 : ㅣ → ㅗ)

「そそ + ぐ(동사를 만드는 접미어)」→ そそぐ

「そそぐ」: 씻다, 설욕하다, 헹구다

헐렁헐렁[ゆるゆる]

「헐렁한 모양, 느긋한 모양」이「ゆるゆる」이다.
『헐렁헐렁 〉 허러허러 〉 여러여러 〉 유루유루 〉 ゆるゆる』
(일본어에는 음성 모음 ㅓ, ㅕ가 없어 다른 모음인 ㅜ, ㅠ로 바뀜)

「ゆ」가 들어가는 말은「헐렁하다, 느긋하다」라는 뉘앙스가 있다.
① ゆるい(緩い) : 느슨하다, 헐렁하다
　　- ゆるむ(緩む) : 느슨해지다
　　- ゆるめる(緩める) : 느슨하게 하다
　　- ゆるやか(緩やか) : 느슨함, 완만함
　　- ゆるゆるのズボン : 헐렁한 바지
② ゆみ(弓) : 활
③ ゆるす(許す) : 용서하다, 허락하다
④ ゆとり : 여유

그리고 や행에는「や, ゆ, よ」가 있는데「や, よ」로 시작하는 말도 부드러운 뉘앙스를 가지고 있다.
① やわらかい(柔かい) : 부드럽다
② やなぎ(柳) : 버드나무
③ やわら(柔ら) : 유도(柔道, じゅうどう)의 옛이름
④ よわい(弱い) : 약하다

374. 雪崩(なだれ) : 눈사태 [눈 설(雪)]

어원은「눈 + 떨어지다(어근은 떨어)」

『눈 〉누 〉나 〉な』

『떨어 〉떠러 〉따래 〉다래 〉だれ』

눈이 떨어지는 것이 눈사태이다.

「なだれ」: 눈사태

375. 松(まつ) : 소나무 [솔 송(松)]

어원은「맏」

맏은「제일 서열이 상위」를 말한다.

『맏 〉맞 〉마츠 〉まつ』

「소나무」는 나무 중에서 제일 서열 상위의 나무다.

「まつ」: 소나무

376. 袖(そで) : 소매 [소매 수(袖)]

어원을 풀어 쓰면,

「そと(外, 밖) + て(手, 손)」→ そて → そで

손이 밖으로 나오는 부분이 소매다.

「そで」: 소매

* そでなし(袖無し) : 소매 없는 옷, 민소매

  はんそで(半袖) : 반소매

☞ そと(外) : 밖 (71 참조)

377. 伸びる(のびる) : 펴지다, 자라다, 신장하다 [펼 신(伸)]

어원은「높다」(어간은 높)

『높 〉놉 〉노비 〉のび』

「のび + る(동사를 만드는 접미어)」→ のびる

높게 자라다(신장하다)

「のびる」: 펴지다, 자라다, 신장하다

* 伸ばす(のばす) : 펴다

378. 身(み) : 몸 [몸 신(身)]

어원은「몸」

『몸 〉모 〉무 〉미 〉み』

身(み)의 옛말은 む(身)이다.

「み」: 몸

* みぶん(身分) : 신분

☞ むね(胸, 가슴)의 어원은「む+ね」(身根)인데, 몸의 근본이「가슴」이다.

379. 辛い(つらい) : 괴롭다 [매울 신(辛)]

어원은「쓰라리다」

「**쓰라리다** 〉つらい」

「つらい」: 괴롭다

380. 握る(にぎる) : 쥐다, 잡다 [쥘 악(握)]

풀어 쓰면,

「にぎ-(和, 부드러운) + る(동사를 만드는 접미어)」

→ にぎる

다섯 손가락을 부드럽게 힘을 주어 쥐다.

「にぎる」: 쥐다, 잡다

* おにぎり(御握り)가 주먹밥인데, 부드럽게 손에 힘을 주어 만든다(너무 힘을 주면 뭉개지기 때문이다).

☞ にぎ-(和) : 부드러운

　어원은 「나긋하다」(어근은 나긋)

　『나긋 〉 나그 〉 니기 〉 にぎ』

381. 岩(いわ) : 바위 [바위 암(岩)]

고어는 「いは」(岩)

어원은 「바위」의 「바」

『바 〉 하 〉 は』[탁음 바(ば) → 청음 하(は)]

「い(접두사) + は」→ いは → いわ

「いわ」: 바위

382. 埃(ほこり) : 먼지 [티끌 애(埃)]

풀어 쓰면,

「ほ(火, 불) + のこり(残り, 남다)」

불에 타고 남은 것(재, 먼지 등)

「ほのこり 〉 ほこり」

「ほこり」: 먼지

383. 痒い(かゆい) : 가렵다 [가려울 양(痒)]

어원은 「가렵다」

『가렵 〉가려 〉가류 〉가유 〉かゆ』

「かゆ + い(형용사를 만드는 접미어)」

「かゆい」 : 가렵다

384. 与える(あたえる) : 주다, 수여하다 [줄 여(与)]

어원은 「앗아주다」(건네주다)에서 앗아의 기본형 「앗다」

「앗다」는 「건네다」의 뜻이다.

『앗다 〉아따 〉あた』

「あた + える(동사를 만듦)」→ あたえる

「あたえる」 : 주다, 수여하다

385. 茹でる(ゆでる) : 데치다, 삶다 [먹을 여(茹)]

어원을 풀어 쓰면,

「ゆ(湯, 뜨거운 물) + 데치다」

뜨거운 물에 데치다.

「ゆでる」 : 데치다, 삶다

386. 延びる(のびる) : 길어지다, 연장되다, 연기되다 [늘일 연(延)]

어원은「늘다」(어간 늘)

『늘 〉 느미 〉 느비 〉 노비 〉 のび』

「のび + る(동사를 만드는 접미어)」

기간이 늘다(→ 연장되다)

「のびる」: 길어지다, 연장되다, 연기되다

* 「뱀」(蛇)의 발음 변화와 유사하다.

『뱀 〉 배미 〉 해미 〉 해비 〉 へび』(ㅁ → ㅂ)

☞ 우리말 종성「ㄹ」이 일본어로 바뀔 때, 자음이「ㄱ, ㅁ, ㅅ, ㅈ, ㅊ, ㄷ」으로 바뀌며 모음(ㅣ, ㅡ, ㅏ 등)
이 붙는다. (「종성 ㄹ의 변화표」8쪽 참조)

---

387. 煙(けぶり) : 연기(= けむり) [연기 연(煙)]

풀어쓰면,

「け(気, 기운) + ぶり(불을 의미, 불 → 부리)」→ けぶり

불기운으로 나오는 것이「연기」이다.

「けぶり」: 연기(= けむり)

*「けぶり」는 방언이고, 표준어는「けむり」이다.

☞ 일본 어원설은 ぶり를 振り(흔듦)로 설명하고 있으나, 우리 속담에「아니 땐 굴뚝에 연기가 날까」라
는 말이 있다. 그리고 요즘의 가스불은 연기가 안 나지만, 예전에 나무로 불을 지필 때는 정말 연기
가 많이 났다.

388. 燃やす(もやす) : 불태우다 [탈 연(燃)]

어원은「もやもや」(연기가 피어오르는 모양)

『모락모락 〉모라모라 〉모야모야 〉もやもや』

불태우니 연기가「모락모락」난다.

「もやす」: 불태우다

* 燃える(もえる) : 타다, 불길이 일다

389. 鋭い(するどい) : 날카롭다, 예리하다 [날카로울 예(鋭)]

이 말을 풀어 쓰면,「する + ど + い」

① する(擦る) : 문지르다

　　어원은「쓸다」(문지르다)

　　『쓸 〉쓰루 〉스루 〉する』

　　「する」: 문지르다

② ど : と(숫돌, 砥)의 탁음

　　어원은「돌」,『돌 〉도 〉と』

③ い : 형용사를 만드는 접미어

종합하면, 숫돌에 문질러 간 듯이「날카롭다」라는 뜻이다.

「するどい」: 날카롭다, 예리하다

390. 預ける(あずける) : 맡기다 [맡길 예(預)]

어원은「아주」(아예, 전적으로)

『아주 〉あず』

「あず + ける(동사를 만듦)」

(어떤 일을) 아주, 전적으로 하게 하다(맡기다).

「あずける」: 맡기다

* 預かる(あずかる) : 맡다, 보관하다

「바리바리」 싣다가는 내 돈 300,000원~

「바리」는 마소의 등에 잔뜩 실은 짐을 말하고, 「바리바리」는 짐 따위를 잔뜩 싸서 묶어 놓은 모양을 말한다. 물론 요즘에도 화물차에 가득 적재할 때 「바리바리」 싣는다고 하고, 짐을 세는 단위로도 사용된다.

「바리바리」의 어원은 길이의 단위인 「발」이다. 한 「발」은 두 팔을 양옆으로 펴서 벌렸을 때 한쪽 손끝에서 다른 쪽 손끝까지의 길이이고, 바리바리는 여러 「발」의 밧줄로 꾸려 놓은 모양을 말한다.

일본어 「縛る(しばる)」는 「묶다, 매다, 결박하다」라는 뜻이고, 「縛り(しばり)」는 「묶음」이라는 명사인데 이 말의 어원이 「발」이다.

예전에는 마부가 말(馬)의 상태를 보아 무리하게 짐을 싣지 않았지만, 요즘은 화물차에 무리하게 바리바리 화물을 싣고 운행하다 적발되면, 3만 엔 이상의 반칙금(反則金, はんそくきん) 또는 벌금(罰金, ばっきん)을 내야 한다.

또 다른 「바리」로는 악바리(惡바리), 군바리(軍바리), 쪽바리(倭人), 비바리(처녀) 등의 바리가 있는데, 사람의 뜻을 가지고 있다고 한다. 몽고의 수도 「ulan bator」는 붉은 용사의 뜻인데 어근 bat는 사람의 뜻이다. 〈서정범 국어어원사전〉

391. 汚す(よごす) : 더럽히다 [더러울 오(汚)]

어원은 「욕」(「욕될 辱」으로 욕은 순우리말이다)

『욕 〉요고 〉よご』

「よご + す(동사를 만드는 접미어)」→ よごす

「よごす」: 더럽히다

* 汚れる(よごれる) : 더러워지다

☞ 욕을 하면 자기 입이 더러워진다.

392. 奥(おく) : 깊숙한 곳, 안, 속, 안채, 안방 [깊을 오(奥)]

어원은 「오그리다」의 「오그」

「오그리다」는 안쪽으로 오목하게 휘어지게 하다.

「오그 〉오구 〉おく」

「おく」: 깊숙한 곳, 안, 속, 안채, 안방

393. 烏(からす) : 까마귀 [까마귀 오(烏)]

「까마귀」의 우는 소리 「까악까악(カアカア)」에서 유래

『까악 + 새 〉까아새 〉가라새 〉가라스 〉からす』

「からす」: 까마귀

* からす의 「す」는 「새」를 의미. 『새 〉し 〉す』

☞ 日本 어원설 : 「黒シ」설
　「くろ(黒, 검정) + シ(새, 조류를 의미)」
　검은 새, 까마귀를 말한다.
　「くろシ → くろし → くらす → からす」

394. 外す(はずす) : 떼다, 떼어 내다, 빗나가게 하다 [바깥 외(外)]

어원은「밖」(밖의 옛말)

『밝〉밧〉밫〉바즈〉하즈〉はず』

[탁음 바(ば) → 청음 하(は)]

「はず + す(동사를 만드는 접미어)」→ はずす

밖으로 하다(떼어 내다)

「はずす」: 떼다, 떼어 내다, 빗나가게 하다

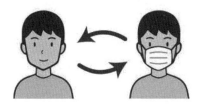

* はずれる(外れる) : 벗겨지다, 빗나가다, 벗어나다

---

395. 腰(こし) : 허리 [허리 요(腰)]

어원은「허리」

『허리〉호리〉홀〉호시〉코시〉こし』

「こし」: 허리

*「好意(こうい, 호의)」처럼, 우리말「호」가 일본어에서「코」로 바뀐다.

☞ 우리말 종성「ㄹ」이 일본어로 바뀔 때, 자음이「ㄱ, ㅁ, ㅅ, ㅈ, ㅊ, ㄷ」으로 바뀌며 모음(ㅣ, ㅡ, ㅏ 등)
이 붙는다. (「종성 ㄹ의 변화표」8쪽 참조)

---

396. 友(とも) : 동무, 벗, 친구 [벗 우(友)]

어원은「동무」

『동무〉도무〉도모〉とも』

「とも」: 동무, 벗, 친구

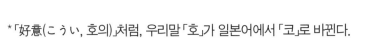

* 友達(ともだち) : 동무, 친구

397. 牛(うし) : 소 [소 우(牛)]

어원을 풀어쓰면, 「우(牛, 소) + 소」

『우소〉うそ』

「うそ」가 뒤에 「うし」로 바뀌었다.

「うし」: 소

☞ うそ(嘘) : 거짓말

　거짓말을 자꾸 하면 「우」(牛)가 「소」라고 해도 믿지 않는다.

☞ 「소걸음」은 소처럼 느릿느릿 걷는 걸음을 말한다.

　일본어로 「오소이」(おそい, 遅い)는 「늦다, 느리다」라는 뜻이다.

　「오소이」의 소는 소(牛)를 가리킨다.

398. 猿(さる) : 원숭이 [원숭이 원(猿)]

어원은 「잘래미」(원숭이의 경상 방언)

『잘래〉자래〉자루〉ざる〉さる』

「さる」: 원숭이

* 고어 「きざる(生猿)」: 길들여지지 않은 원숭이

☞ 노루(사슴과 동물) : 「ノロ」「ノル」

399. 委せる, 任せる(まかせる) : 맡기다, 위임하다 [맡길 위(委)]

어원은 「마카」(모두의 경상, 강원 방언)

「마카(모두) + せる(하게 하다)」 → まかせる

「모두 하게 하다」, 맡기다라는 뜻이다.

「まかせる」: 맡기다, 위임하다

☞ 「お任せ料理」(おまかせりょうり) : 정해진 메뉴 없이 그날그날 주방장이 선별한 재료를 이용해 만
　드는 요리

400. 囲む(かこむ) : 두르다, 둘러싸다 [에워쌀 위(囲)]

어원은 「깍지」의 「깍」

『깍 〉까고 〉かこ』

「かこ + む(동사를 만드는 접미어)」

나무를 두 팔로 둘러싸고 깍지를 끼다.

「かこむ」: 두르다, 둘러싸다

* 囲まれる(かこまれる) : 둘러싸이다

☞ 깍지 : 열 손가락을 서로 엇갈리게 바짝 맞추어 잡은 상태

☞ 일본 어원설

　어원은 곽(郭, 둘레)의 음독 「カク」(吳音)

　이 말을 동사화한 것이 「かくむ」로 「둘러싸다」

　「かくむ」가 「かこむ」로 바뀜, 「かこむ」: 둘러싸다

---

401. 幼い(おさない) : 어리다, 미숙하다 [어릴 유(幼)]

이 말을 풀어 쓰면,

「おさ(長, 우두머리) + ない(않다, 없다)」 → おさない

おさ(長)는 우두머리, 두목이란 뜻인데, 여기서는 성장(成長)의 長으로 해석해서, 성장하지 않아 「어리다」

「おさない」: 어리다, 미숙하다

☞ おさ(長) : 우두머리

　어원은 「웃사람」의 「웃」

　『웃 〉우사 〉오사 〉おさ』

☞ 얼라(어린 아이)의 「얼」로도 설명이 가능하다. 『얼 〉올 〉오사 〉おさ』

　「おさ + ない(정도가 심하다는 뜻)」 → おさない(어리다)

402. 誘う(さそう) : 권유하다, 유혹하다 [꾈 유(誘)]

일본에는 설득력 있는 어원설이 없다.

우리말 「사소」가 어원이 아닐까 생각한다.

「물건을 **사소~**」 하면서 권유나 유혹을 한다. 사고파는 행위는 어느
시대 어느 사회에서나 있는 인간의 기본 행위다.

「さそう」: 권유하다, 유혹하다

403. 育つ(そだつ) : 자라다, 성장하다 [기를 육(育)]

풀어 쓰면,

「そろそろ(슬슬) + たつ(立つ, 서다)」

「そたつ → そだつ」

슬슬 서서 걸으면서 「자라다」

「そだつ」: 자라다, 성장하다

* 育てる(そだてる) : 키우다, 양육하다

☞ そろそろ : 슬슬

　『슬슬 〉 스르스르 〉 소로소로 〉 そろそろ』

404. 栗(くり) : 밤 [밤 율(栗)]

어원은 「꿀밤」, 풀어 쓰면 「꾸리밤」

꾸리가 밤이란 뜻이다.

『꾸리 〉 くり』

「くり」: 밤

* どんぐり(団栗) : 도토리

　둥근(団, 둥글 단) 밤이 「도토리」다.

405. 隠す(かくす) : 숨기다, 감추다 [숨길 은(隱)]

어원은「까꿍」

「어린아이에게 "얼굴을 가렸다가 보이며" "까꿍" 소리를 내며 노는 것」이 까꿍놀이다.

「까꿍」은「가리다, 숨기다」라는 뜻이다.

『까꿍 〉까꾸 〉かく』

「かく + す(동사·접미어)」→ かくす

「かくす」: 숨기다, 감추다

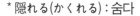

* 隠れる(かくれる) : 숨다

☞「까꿍놀이」를 일본에서는「いないいないばあ」라고 하는 데,「없지 없지 봐」이런 말이다.

---

406. 移る(うつる) : 옮기다, 이동하다 [옮길 이(移)]

어원은「옮다」(어간은 옮)

『옮 〉올 〉울 〉우츠 〉うつ』

「うつ + る(동사·접미어)」→ うつる

「うつる」: 옮기다, 이동하다

* 移す(うつす) : 옮기다, 자리를 바꾸다

☞ 우리말 종성「ㄹ」이 일본어로 바뀔 때, 자음이「ㄱ, ㅁ, ㅅ, ㅈ, ㅊ, ㄷ」으로 바뀌며 모음(ㅣ, ㅡ, ㅏ 등)이 붙는다. (「종성 ㄹ의 변화표」8쪽 참조)

407. 印(しるし) : 표, 표지 [도장 인(印)]

어원은 「しるす」(記す. 적다, 쓰다, 새기다)
적어서(새겨서) 알 수 있게 하는 것(→ 표지)
「しるし」: 표, 표지

* しるす(印す) : 표시하다

☞ しるす(記す) : 적다, 쓰다 (838 참조)

408. 溢れる(あふれる) : 넘쳐흐르다 [넘칠 일(溢)]

어원은 「흐르다」
『흐르 〉후루 〉후래 〉ふれ』
「あ(감탄사) + ふれ + る(동사·접미어)」→ あふれる
아, (인정이) 넘쳐흐르다.
「あふれる」: 넘쳐흐르다

409. 煮る(にる) : 익히다, 삶다 [삶을 자(煮)]

어원은 「닉다」(익다의 옛말)의 「닉」
『닉 〉니 〉に』
「に + る(동사를 만드는 접미어)」→ にる
「にる」: 익히다, 삶다

* 煮える(にえる) : 익다, 삶아지다

410. 底(そこ) : 바닥, 깊은 속 [밑 저(底)]

어원은 「속」
『속 〉소고 〉そこ』
「そこ」: 바닥, 깊은 속

싱(씨이~)

「싱」은 「형」의 경상 방언이다. 발음을 할 때 「싱싱하다」를 발음할 때처럼 짧게 발음하면 맞지 않고, 비음으로 「씨이~」라고 해야 가까운 발음이다. 「성님」은 「싱」의 높임말이다. 이 말의 어원은 무엇일까. 영어의 senior(연장자, 노인)와 같은 어원이다. 일본에서 대대로 번영하여 내려온 유명한 가게를 「しにせ(老舗)」라고 하는데 「しにせ」의 「しに」가 바로 「싱~」(시니, seni)이다(싱 〉신 〉시니 〉しに).
[시니 + 가게(店, みせ) → しにせ]

「비다」도 보이다의 경상 방언이다. 「눈에 비는 게 없나」라는 말을 지금도 한다. 「비디오, 비전, 텔레비」에서 「비」는 「보다」라는 뜻의 라틴어이다.

「삐대다」라는 말이 있는데, 「밟다」라는 뜻의 경상 방언이다. 영어에서 보행자가 pedestrian인데 pede가 발이라는 뜻이고, 발음도 삐대다의 「삐대」와 거의 비슷하다. 「밟다」는 발로 밟는 것이고, 「삐대다」는 발이라는 뜻의 pede로 밟는 것인 셈이다.

우리의 방언도 거슬러 올라가면 상고 시대 지구상의 말과 뿌리를 같이하는 말들도 꽤 있을 것으로 생각되며, 표준어란 이름으로 과도하게 말을 뒤주 속에 가두는 것은 위험한 언어 정책이라고 생각한다.

바람직한 국어학자는 우리말과 같은 어족(語族)에 있거나 연관이 있는 다른 나라 말(예를 들면, 영어, 라틴어, 중국어, 몽고어, 타밀어, 산스크리트어 등) 몇 개 정도는 정통(精通)해야 한다고 생각한다.

411. 積む(つむ) : 쌓다, 싣다 [쌓을 적(積)]

어원은 「쌓다」(어간은 쌓)

『쌓 > 싸 > 쓰 > つ』

「つ + む(동사를 만드는 접미어)」

「つむ」: 쌓다, 싣다

* 積もる(つもる) : 쌓이다

---

412. 畑(はた, はたけ) : 밭 [화전 전(畑)]

어원은 「밭」

『밭 > 바타 > 하타 > はた』(탁음 ば → 청음 は)

「はた, はたけ」: 밭

* 働く(はたらく) : 일하다

---

413. 揃える(そろえる) : 가지런히 하다, 같게 하다 [자를 전(揃)]

어원은 「솔」

솔은 「짐승의 털이나 가는 철사 등을 묶어서 곧추세워 박고 "그 끝을 가지런히" 잘라서 만든다」

『솔 > 소로 > そろ』

「そろ + える(동사를 만듦)」 → そろえる

솔처럼 가지런히 하다.

「そろえる」: 가지런히 하다, 같게 하다

* 揃う(そろう) : 갖추어지다, (한곳에) 모이다

414. 纏める(まとめる) : 한데 모으다, 하나로 정리하다 [얽을 전(纏)]

어원은 「맞」('서로'라는 뜻의 접두사)

『맞 〉맏 〉마도 〉まと』

「まと(서로의 뜻) + める(동사를 만듦)」→ まとめる

서로 모아서 「하나로 정리하다」

「まとめる」: 한데 모으다, 하나로 정리하다

* 纏まる(まとまる) : 하나로 정리되다

---

415. 折る(おる) : 접다, 접어서 포개지도록 하다, 꺾다 [꺾을 절(折)]

어원은 「옭다」(어간은 옭)

「옭다」는 단단히 감다, (덫처럼) 포개지도록 하다.

『옭 〉올 〉오루 〉おる』

「おる」: 접다, 접어서 포개지도록 하다, 꺾다

---

416. 祭る(まつる) : 제사 지내다 [제사 제(祭)]

어원은 (신을) 「맞다」(어간은 맞)

『맞 〉맞 〉마츠 〉まつ』

「まつ + る(동사를 만드는 접미어)」

제사는 조상신을 불러 맞이하여 술과 음식을 접대하고 보내는 의식이다.

「まつる」: 제사 지내다

* まつり(祭り) : 제사, 축제
* 맞다 : 오는 사람이나 물건을 예의로 받아들이다

☞ 제사 첫 순서로 「강신」(降神)이 있는데, 신을 내려오게 하여 맞이하려는 절차다.

417. 除く (のぞく) : 제거하다, 없애다, 제외하다 [덜 제(除)]

어원은 「놓다」(어간은 놓)

「놓다」의 뜻 중에 「걱정이나 근심, 긴장 따위를 잊거나 풀어 없애다」

(예, 시름을 놓다)

『놓 〉 놏 〉 노조 〉 のぞ』

「のぞ + く (동사를 만드는 접미어)」→ のぞく

「のぞく」: 제거하다, 없애다, 제외하다

---

418. 際(きわ) : 가장자리, 가, 바로 옆 [가 제(際)]

어원은 「가」(가장자리)

『가 〉 기아 〉 기와 〉 きわ』

「きわ」: 가장자리, 가, 바로 옆

* まどぎわ(窓際) : 창가

---

419. 済む (すむ) : 완료되다, 끝나다 [건널 제(済)]

어원을 풀어 쓰면,

「すえ(末, 끝, 마지막) + む(동사를 만드는 접미어)」

끝으로 하다(→ 끝나다)

「すえむ 〉 すむ」

「すむ」: 완료되다, 끝나다

☞ すえ(末) : 끝, 마지막

　어원은 「섣달」의 「섣」

　「섣달」은 음력으로 한 해의 마지막 달(12월)을 말한다.

　『섣 〉 섯 〉 서어 〉 서에 〉 스에 〉 すえ』

　「すえ」: 끝, 마지막

420. 助ける(たすける) : 구조하다, 돕다, 거들다 [도울 조(助)]

문어체는 「たすく(助く)」
「た(手, 손) + すくう(救う, 구하다)」→ たすくう → たすく
손을 거들어 구조하다(돕다).
「たすく」→ 「たすける」(하1단화, 구어체)
「たすける」: 구조하다, 돕다, 거들다

＊ 助かる(たすかる) : 살아나다, 도움이 되다

☞ すくう(救う) : 구하다, 구제하다
　어원은 「쑥」. 「쑥」은 길게 뽑아내는 모양을 말한다.
　『쑥 〉쑤구 〉すく』
　「すく + う(동사를 만드는 접미어)」→ 「すくう」
　(물에 빠진 사람을) 쑥 건져 올려서 구하다.

421. 従う(したがう) : 따르다, 좇다 [좇을 종(從)]

어원은 「した」(下, 아래)
아래에서 따르다
「したがう」: 따르다, 좇다

☞ した(下) : 아래, 밑
　「しり(尻, 엉덩이) + と(所, 곳, 장소)」
　「しりと → しと → した」
　엉덩이는 몸의 아래쪽에 있다.
　「した」: 아래, 밑

422. 種(たね) : 씨, 종자   [씨 종(種)]

「딸」은 딸기의 경상 방언이다. 딸기는 겉보기에 「씨」가 많은 열매라서 「딸」
이라고 불렀다. 즉, 딸은 「씨」를 의미한다.

『딸 〉 따래 〉 따내 〉 たね』

「たね」: 씨, 종자

☞ 일본 어원설 : 田根(たね)설

　　「논의 근본」이 씨(종자)라는 설명

423. 住む(すむ) : 살다   [살 주(住)]

어원은 「숨」, 숨 쉬며 살다

『숨 〉 수무 〉 すむ』

「すむ」: 살다

☞ 住みか(すみか) : 거처, 사는 곳

　　「か」는 장소를 의미함, 「こ」가 변한 말

424. 注ぐ(そそぐ) : 쏟다, 쏟아지다, 흘러 들어가다   [부을 주(注)]

어원은 「쏟다」(어간은 쏟)

『쏟 〉 쏘 〉 소소 〉 そそ』

「そそ + ぐ (동사를 만드는 접미어)」→ そそぐ

「そそぐ」: 쏟다, 쏟아지다, 흘러 들어가다

425. 噂(うわさ) : 소문 [수군거릴 준(噂)]

어원을 풀어 쓰면,

「浮いて(ういて, 뜨서) + 沙汰(さた. 소식, 소문)」

「ういさた 〉 うわさた 〉 うわさ」

떠다니는 소식을 소문이라고 한다.

「うわさ」: 소문

☞ 浮く(うく) : 뜨다 (359 참조)

☞ ご無沙汰(ごぶさた) : 오랫동안 격조함, 무소식

　　ご無沙汰いたしました(오랫동안 격조했습니다).

426. 重なる(かさなる) : 포개지다, 거듭되다 [무거울 중(重)]

「かさ(傘, 우산) + なる(되다)」

우산을 접으면 포개지게 된다.

「かさなる」: 포개지다, 거듭되다

* 重ねる(かさねる) : 포개다

☞ かさ(傘) : 우산

　　우산을 펴면 「갓」처럼 생겼다.

　　『갓 〉 가사 〉 かさ』

427. 憎い(にくい) : 밉다 [미워할 증(憎)]

어원은「니까짓게」의「니까」, 너 따위가

『니까 〉 니꾸 〉 にく』

「にく + い(형용사를 만드는 접미어)」→ にくい

니까짓게 하며 욕하고 미워하다.

「にくい」: 밉다

* 憎む(にくむ) : 미워하다, 증오하다

428. 蒸す(むす) : 무덥다, 찌다 [찔 증(蒸)]

어원은「무덥다」의「무」

『무 〉 む』

「む + す(동사를 만드는 접미어)」

「むす」: 무덥다, 찌다

4군자(매란국죽)

4군자는 매란국죽(梅蘭菊竹)이다.

구분	우리말	일본어
매(梅)	매	うめ(梅)
란(蘭)	란	らん(欄)
국(菊)	국(화)	きく(菊)
죽(竹)	대	たけ(竹)

한일 4군자 이름은 거의 같다.

① うめ(梅)는 「매」에 う가 첨가된 말이고,

② らん(欄)은 「란」과 발음이 같으며,

③ きく(菊)는 「국(기꾸)」과 발음이 유사하며,

④ たけ(竹)는 「대 + き(木)」가 たけ로 변한 말로 「대」가 어원.

이런 면에서 보면, 한일 문화의 공통점의 한 면을 엿볼 수 있다.

☞ 菊(きく) : 국, 국화

　菊은 훈독이 없고 음독이 「きく」(오음, 吳音)

　오음은 한반도를 거쳐 일본으로 건너가 정착된 한자음으로 우리의 한자음과 유사하다.

　『국 〉 기구 〉 きく』

429. 振る(ふる) : 흔들다, 흔들어 휘두르다 [떨친 진(振)]

어원은 「흔들다」의 「흔」

『흔 〉 흐 〉 후 〉 ふ』

「ふ + る(동사를 만드는 접미어)」

「ふる」: 흔들다, 흔들어 휘두르다

430. 真似(まね) : 흉내 [참 진(真)]

풀어 쓰면,

「ま(真, 진짜) + にる(似る, 닮다)」

진짜를 닮다(흉내).

「まに」가 「まね」로 바뀜

「まね」: 흉내

* 마네킹 : 패션모델을 흉내 낸 사람 모형

☞ ま(真) : 진실, 진짜

　　「진실」은 **마**음에 있다 → ま(真, 진실)

431. 籤(くじ) : 제비, 추첨 [제비 첨(籤)]

어원은 「꼬치」(꼬챙이)

『꼬치 〉 꼬시 〉 꾸시 〉 꾸지 〉 くじ』

제비는 꼬챙이 같은 나무로 만들어 사용한 데서 유래

「くじ」: 제비, 추첨

☞ 宝くじ(たからくじ) : 복권

432. 草臥れる(くたびれる) : 지치다, 피로하다 [풀 초(草)]

문어체는「くたびる」

어원은「くたくた」(나른한 모양)

「くた(나른한 모양) + びる(어떤 상태를 나타냄)」

「くたびる → くたびれる」(하1단화, 구어체)

지쳐서 나른한 상태다.

「くたびれる」: 지치다, 피로하다

☞ くたくた : 나른한 모양

　어원은「뻗다」

　몸이 나른해서 뻗다

　『뻗다 〉 뻐따 〉 뿌따 〉 꾸따 〉くた』

　「くたくた」: 나른한 모양

433. 酢(す) : 식초   [초 초(酢)]

어원은「시다」(어간은 시)

『시 〉 스 〉 す』

「す」: 식초

434. 最も, 尤も(もっとも) : (무엇보다도) 가장   [가장 최(最)]

어원은「못」(수효가 매우 많은)

『못 〉 뫁 〉 무토 〉 모토 〉 もっと 〉 もっと+も』

많은 것 중에서도 가장

「もっとも」: (무엇보다도) 가장

435. 追う(おう) : 쫓다, 따르다 [따를 추(追)]

어원을 풀어 쓰면,

「お(尾, 꼬리) + う(동사를 만드는 접미어)」→ おう

꼬리 뒤를 따르다.

「おう」: 쫓다, 따르다

☞ お(尾) : 꼬리 (896 참조)

---

436. 醜い(みにくい) : 추하다, 보기 흉하다 [추할 추(醜)]

어원을 풀어 쓰면,

「みる(見る, 보다) + にくい(憎い, 밉다)」→ みにくい

「みにくい」: 추하다, 보기 흉하다

☞ にくい(憎い) : 밉다 (427 참조)

---

437. 臭い(くさい) : 고약한 냄새가 나다, …한 데가 있다 [냄새 취(臭)]

어원은「くさる(腐る)」

썩어서 고약한 냄새가 나다.

「くさい」: 고약한 냄새가 나다, …한 데가 있다

☞ くさる(腐る) : 썩다

   어원은「썩다」(이간은 썩)

   『썩〉싹〉싸구〉구싸』くさ(싸구가 도치되어 구싸가 됨)

   「くさる」: 썩다

438. 鷲(わし) : 독수리 [독수리 취(鷲)]

어원을 풀어 쓰면,

「わるい(悪い, 나쁜) + し(새를 뜻함)」

독수리는 다른 조류 등을 잡아먹는 나쁜 새라는 것에서

「わるい + し 〉わし」

「わし」: 독수리

☞ わるい(悪) : 나쁜 (62 참조)

☞ し, す : 새를 의미

　어원은「새」

　「새 〉し, す」

---

439. 針(はり) : 바늘 [바늘 침(針)]

어원은「바늘」

『바늘 〉바느르 〉바르 〉바리 〉하리 〉はり』

[탁음 ば(바) → 청음 は(하)]

「はり」: 바늘

---

440. 沈む(しずむ) : 지다, 가라앉다 [잠길 침(沈)]

풀어 쓰면,

「し(する의 연용형, 하다) + 저무다」

『し + 저무 〉시저무 〉시즈무 〉しずむ』

저물면서 해가「지다」

「しずむ」: 지다, 가라앉다

* 연용형 : ます를 붙일 수 있는 동사형태

441. 弾む(はずむ) : (반동으로) 튀다, 기세가 오르다, 신바람이 나다   [탄알 탄(弾)]

어원은「활줄」

「활줄 〉화주 〉하주 〉はず」

「はず + む(동사를 만드는 접미어)」→ はずむ

당겨진 활줄을 놓자 화살이 반동으로 튀어 나가다.

「はずむ」: (반동으로) 튀다, 기세가 오르다, 신바람이 나다

442. 怠ける(なまける) : 게으름 피우다   [게으름 태(怠)]

문어체는「なまく」(怠く)

어원은「놀다」(어간은 놀)

『놀 〉노마 〉나마 〉なま』

「なま + く (동사를 만드는 접미어)」

「なまく → なまける」(하1단화, 구어체)

(일은 안하고) 빈둥빈둥 놀다

「なまける」: 게으름 피우다

☞ 우리말 종성「ㄹ」이 일본어로 바뀔 때, 자음이「ㄱ, ㅁ, ㅅ, ㅈ, ㅊ, ㄷ」으로 바뀌며 모음(ㅣ, ㅡ, ㅏ 등)
　이 붙는다. (「종성 ㄹ의 변화표」8쪽 참조)

443. 土(つち) : 땅, 흙   [흙 토(土)]

어원은「땅」

『땅 〉따지 〉쯔지 〉つち』(하늘천 따지)

「つち」: 땅, 흙

444. 透く, 空く(すく) : 틈이 나다, 들여다보이다 [사무칠 투(透)]

어원은「すかすか」(틈이 많은 모양, 구멍이 숭숭 난 모양)

「すく」: 틈이 나다, 들여다보이다

☞ すかすか : 틈이 많은 모양, 구멍이 숭숭 난 모양

　「숭숭」(조금 큰 구멍이 많이 나 있는 모양)

　『숭숭 〉수가수가 〉すかすか』

445. 波(なみ) : 파도, 물결 [물결 파(波)]

「なみなみ」는 물결이「남실남실, 찰랑찰랑」움직이는 모양을 가리킨다.

바다가「남실남실」파도를 치는 모양에서

『남 〉나미 〉なみ』

「なみ」: 파도, 물결

☞ 灘(なだ)는「육지에서 멀고 파도가 센 바다」를 뜻한다.

　어원은「파도가 높다」라는 뜻

　[なみ(波, 파도) + たか(高, 높음) → なた → なだ]

　현해탄은 玄海灘(げんかいなだ)이다. 현해탄은 바다가 좀 검은(玄) 빛깔을 띠고 있어 붙은 이름이
라고 한다. 현해탄은「대한해협 남쪽, 일본 후쿠오카현(福岡縣) 서북쪽에 있는 바다」를 말한다.
즉, 현해탄은 대한해협의 일부이기 때문에 대한해협을 현해탄이라고 부르는 것은 잘못된 것이다.

446. 破る(やぶる) : 깨다, 부수다   [깨뜨릴 파(破)]

어원은 「얍, やっ」(기합 소리)

「얍」은 힘을 강하게 주거나 정신을 집중할 때 지르는 외마디 소리이다.

『얍 〉 야부 〉 やぶ』

「やぶ + る(동사를 만드는 접미어)」→ やぶる

정신을 집중해서 얍(やっ), 손으로 기왓장을 깨다(격파하다).

「やぶる」: 깨다, 부수다

* 破れる(やぶれる) : 깨지다, 찢어지다

447. 板(いた) : 판자, 널(빤지)   [널빤지 판(板)]

어원은 「널」

『널 〉 너얼 〉 얼 〉 일 〉 이다 〉 いた』(ㄴ 탈락)

「いた」: 판자, 널(빤지)

☞ 일본 어원설 : 「いえ(家, 집) + たてる(建てる, 짓다)」

   집을 지을 때 쓰는 것이 널빤지다.

☞ 우리말 종성 「ㄹ」이 일본어로 바뀔 때, 자음이 「ㄱ, ㅁ, ㅅ, ㅈ, ㅊ, ㄷ」으로 바뀌며 모음(ㅣ, ㅡ, ㅏ 등)

   이 붙는다. (「종성 ㄹ의 변화표」8쪽 참조)

※ まな板(まないた) : (생선 요리용의) 도마

   어원은 「도마」의 「마」, 『마 〉 ま』

   「ま + な(= の) + いた(판자)」→ まないた(도마)

448. 騙す(だます) : 속이다 [속일 편(騙)]

어원은 「だまる」(黙る, 말을 하지 않다)

이 말을 타동사한 말이 「だます」

거짓인데도 말하지 않는 것은 속이는 행위다.

「だます」: 속이다

☞ だまる(黙る) : 말을 하지 않다 (560 참조)

449. 抱く(だく) : 안다, 품다 [안을 포(抱)]

어원은 「닭(닥)」

닭(닥 → **다꾸**)이 알을 품다 → だく

「だく」: 안다, 품다

☞ 「いだく」(抱く)도 「안다, 품다」인데, 감정 등 추상적인 것에는 「いだく(抱く)」를 사용하고, 물리적인 것에는 보통 「だく」를 사용한다.

450. 飽きる(あきる) : 싫증나다 [배부를 포(飽)]

어원은 「あく」(飽く, 싫증나다)

「あく」의 상1단화한 동사가 「あきる」

「あきる」: 싫증나다

☞ あく(飽く) : 싫증나다

　싫증이 나면 잠이 와 하품(**あくび**, 欠伸)을 하기 마련이다.

☞ あくび(欠伸) : 하품 (472 참조)

451. 幅(はば) : 폭, 너비 [폭 폭(幅)]

어원은 「폭」

『폭 〉 폽 〉 팝 〉 파바 〉 하바 〉 はば』

[반탁음 ぱ(파) → 청음 は(하)]

「はば」: 폭, 너비

☞ 「목포의 눈물」이라는 노래가 있는데, 일본인들은 「목포」를 거의 「몹포」에 가깝게 발음한다.

---

452. 表わす(あらわす) : 표현하다, 나타내다 [겉 표(表)]

이 말을 풀어쓰면,

「あらわ(露, 드러냄) + す(せる의 文語, 하게 하다의 뜻)」

→ あらわす

「あらわす」: 표현하다, 나타내다

* 表われる(あらわれる) : 나타나다

☞ あらわ(露) : 드러남, 노출함

　어원은 「알몸」의 「알」

　「알」은 하나도 걸치지 않아, 몸이 드러나는 것을 말한다.

　『알 〉 아라 〉 あら』

　「あら」는 드러나는 것이고, あらわ(露)는 이 말이 명사화된 것이다.

---

453. 品(しな) : 물건, 물품 [물건 품(品)]

어원은 「삼다」(어간은 삼)

「삼다」는 짚신이나 미투리 따위를 걸어서 만들다.

『삼 〉 사 〉 시 〉 し』

「し + な(접미어)」→ しな

삼은 것(만든 것)

「しな」: 물건, 물품

454. 筆(ふで) : 붓 [붓 필(筆)]

어원은「붓」

『붓 〉붇 〉부대 〉후대 〉ふで』(탁음 ぶ → 청음 ふ)

「ふで」: 붓

455. 学ぶ(まなぶ) : 배우다, 익히다 [배울 학(学)]

어원은「많다」, 어간은「많」

『많 〉만 〉마나 〉まな』

「まな + ぶ(동사를 만드는 접미어)」→ まなぶ

지식을 많게 하다.

「まなぶ」: 배우다, 익히다

456. 鶴(つる) : 두루미(학) [두루미 학(鶴)]

어원은「두루미」

『두루 〉뚜루 〉뜨루 〉쯔루 〉つる』

「つる」: 두루미(학)

* つる(釣る) : 낚다, 잡다

457. 向く(むく) : 향하다 [향할 향(向)]

어원은「목」

『목 〉묵 〉무구 〉むく』

목을 돌려 목적하는 쪽으로 향하다

「むく」: 향하다

458. 海苔(のり) : 김   [바다 해(海)]

어원은 「널다」(어간은 널)

「널다」는 볕을 쬐거나 바람을 쐬기 위하여 펼쳐 놓다.

『널 〉 놀 〉 노리 〉 のり』

김은 펼쳐 널어서 건조시켜 만든다.

「のり」: 김

* 해태(海苔)는 「바다의 이끼」라는 뜻이다.

459. 行(な)う(おこなう) : 하다, 행하다   [다닐 행(行)]

「정해진 순서, 방식에 따라 행하다」라는 의미다.

어원은 「옳게」(격식에 맞고 올바르게)

『옳게 〉 올게 〉 오게 〉 오고 〉 おこ』

「おこ + なう(동작을 나타내는 접미어)」→ おこなう

격식에 맞게 옳게 행하다.

「おこなう」: 하다, 행하다

460. 許す(ゆるす) : 허가하다, 허락하다   [허락할 허(許)]

어원은 「ゆるゆる」(느슨함, 헐렁함)

「ゆる + す(동사를 만드는 접미어)」→ ゆるす

규정을 완화해서(느슨하게 해서) 허가하다.

「ゆるす」: 허가하다, 허락하다

☞ ゆるゆる : 헐렁헐렁, 느슨함

『헐렁헐렁 〉 허러허러 〉 후루후루 〉 유루유루 〉 ゆるゆる』

461. 険しい(けわしい) : 가파르다, 험하다, 험악하다 [험할 험(険)]

본래 말은「けはしい」

어원은「가파르다」(어근은 가파)

『가파 〉가하 〉개하 〉けは』[반탁음 파(ぱ) → 청음 하(は)]

「けは + しい(…스럽다)」→ けはしい → けわしい

「けわしい」: 가파르다, 험하다, 험악하다

steep [stíːp]

---

462. 眩しい(まぶしい) : 눈부시다 [어지러울 현(眩)]

풀어 쓰면,「ま(目, 눈) + 부시다」

『ま + 부시 〉まぶし 〉まぶしい』

「まぶしい」: 눈부시다

---

463. 賢い(かしこい) : 현명한, 영리한 [어질 현(賢)]

어원 두 가지를 소개하면

(1) 어원은「꾀」(묘한 생각이나 수단)

　『꾀 〉깨 〉까이 〉가이 〉가시 〉かし』

　「かし + こい(명사 뒤에 붙어 형용사를 만듦)」

　→ かしこい

　「かしこい」: (꾀가 많아) 영리한, 현명한

(2)「かし(= かしら, 頭, 머리) + こい(명사 뒤에 붙어 형용사를 만듦)」→ かしこい

　머리가 좋아 영리한

　「かしこい」: 영리한, 현명한

☞ 비(雨, あめ)가 찬비로 바뀌면「ひさめ」(氷雨, 찬비)가 되는데,「ㅇ」과「ㅅ」은 서로 교체된다(자음교
　체라 함).

464. 虎(とら) : 범, 호랑이 [범 호(虎)]

어원은「호랑이」(어근은 호랑)

『호랑 > 호라 > 토라 > とら』

「とら」: 범, 호랑이

☞ 영어 horror(공포)의 어원도「호랑이」이다. 호랑이는 일본에 서식하지 않는 동물인데도 불구하고 옛
날부터「とら」라고 불리고 있었다고 한다.
코끼리는「きさ」라는 옛이름이 있었으나 지금은 象(코끼리)의 음독인「ぞう」라고 한다.「きさ」의 어
원은 코끼리의「끼리」

465. 慌てる(あわてる) : 당황하다, 허둥대다 [어리둥절할 황(慌)]

풀어 쓰면,

「あわ(泡, 거품) + たてる(立てる, 세우다)」→ あわたてる

입에 거품을 물다(세우다), 몹시 당황하다.

「あわたてる → あわてる」

「あわてる」: 당황하다, 허둥대다

* 慌ただしい(あわただしい) : 어수선하다

☞ あわ(泡) : 거품, 게거품

어원은「하얗다」『하얗 > 하야 > 아야 > 아와 > あわ』

「あわ」: 거품

* 거품은 비누 색깔에 관계없이 하얗다.

466. 回る(まわる) : 돌다, 회전하다 [돌아올 회(回)]

본래 말은「回る(まはる)」

「まる(丸, 둥근 것) + はる(하다의 뜻)」→ まはる

둥글게 하다,「돌다, 회전하다」라는 뜻이다.

「まはる > まわる」

「まわる」: 돌다, 회전하다

467. 悔しい(くやしい) : 분하다   [뉘우칠 회(悔)]

어원을 풀어 쓰면,

「くやむ(悔む. 후회하다, 애석하게 여기다) + しい(…스럽다)」

「くやむしい → くやしい」

「くやしい」: 분하다

☞ くやむ(悔む) : 후회하다, 애석하게 여기다 (753 참조)

---

468. みそか(三十日, 晦日) : 그믐날 [그믐 회(晦)]

어원은 「밑날」(밑日)

30일(그믐날)은 달력의 맨 밑에 있는 날이다.

『밑 〉밋 〉미소 〉みそ』

「みそ + か(日)」→ みそか

「みそか」: 그믐날

* 日의 훈독은 「か, ひ」이다.

---

469. 喧しい(やかましい) : 시끄럽다, 떠들썩하다   [떠들썩할 훤(喧)]

이 말을 풀어 쓰면,

「いや(놀람, 탄식의 감탄사) + かましい(시끄럽다의 뜻)」

→ いやかましい → やかましい

「やかましい」: 시끄럽다, 떠들썩하다

☞ かましい : 시끄럽다의 뜻

어원은 「가물」(고함의 경상 방언)

『가물 〉가무 〉가마 〉かま』

「かま + しい(…스럽다)」→ かましい

가물을 질러 「시끄럽다」

470. 輝く(かがやく) : 빛나다, 반짝이다   [빛날 휘(輝)]

이 말은 「혁(赫)」의 음독 「かく」가 변해서 된 말이다.
「赫(かく → **かが**, 빛나다) + やく(= めく, …인 듯하다)」
「かがやく」 : 빛나다, 반짝이다

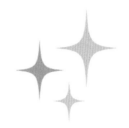

* 赫赫(かくかく → **かっかく**) : 혁혁, 빛나는 모양

---

471. 胸(むね) : 가슴   [가슴 흉(胸)]

풀어 쓰면,
「む(몸의 옛말) + ね(根. 근본, 뿌리)」
몸의 근본이 가슴이다. 「むね」 : 가슴

☞ み(身) : 몸
  『몸 〉 모 〉 무 〉 미 〉 み』
  む(身)는 み(身)의 옛말이다.

☞ むね(棟) : 용마루(지붕 위 가장 높은 수평 마루), 동
  용마루는 집 몸채(む, 身)에서 가장 근본(ね, 根)이 되는 곳이다.

---

472. 欠ぶ(あくぶ) : 하품을 하다   [하품 흠(欠)]

하품을 할 때 입을 최대한 「악」하고 벌리는 모습에서
『악 〉 아구 〉 あく』
「あく + ぶ(동사를 만드는 접미어)」 → あくぶ
「あくぶ」 : 하품을 하다

* あくび(欠伸) : 하품

1. たたむ(畳む) : 접다, 꺾어 접다. 개다 [거듭 첩(畳)]
   어원은「탁탁」(두드리는 소리)
   『탁탁 〉타타 〉たた』
   「たた + む(동사를 만드는 접미어)」
   손으로 탁탁 두드리며 (담요를) 접다
   「たたむ」: 접다, 꺾어 접다, 개다

   * たたみ(畳) : 속에 짚을 넣은 돗자리(다다미)

2. しめす(示す) : 가리키다, 보이다 [보일 시(示)]
   어원을 풀어 쓰면,
   「し(する의 연용형) + め(目, 눈) + す(동사를 만드는 접미어)」
   눈으로 하다
   「しめす」: 가리키다, 보이다

3. おこる(起こる) : 일어나다, 발생하다 [일어날 기(起)]
   어원은「일나다」의「일」, 일어나다의 방언
   『일 〉올 〉오고 〉おこ』
   「おこ + る(동사를 만드는 접미어)」
   「おこる」: 일어나다, 발생하다

   * おこす(起こす) : 일으키다

   ☞ 우리말 종성「ㄹ」이 일본어로 바뀔 때, 자음이「ㄱ, ㅁ, ㅅ, ㅈ, ㅊ, ㄷ」으로 바뀌며 모음(ㅣ, ㅡ, ㅏ
     등)이 붙는다. (「종성 ㄹ의 변화표」8쪽 참조)

4. どろ(泥) : 진흙, 흙, 흙탕 [진흙 니(泥)]
  어원은「더럽다」
  『더럽 〉더러 〉도로 〉どろ』
  진흙탕물은 더럽다.
  「どろ」: 진흙, 흙, 흙탕

5. いためる(炒める) : 기름에 볶다 [볶을 초(炒)]
  「기름에 들들 볶다」에서 어원은「들들」
  『들 〉달 〉다메 〉ため』
  「いり(煎り, 볶다) + ため + る(동사·접미어)」→いためる
  「いためる」: 기름에 볶다

  * いる(煎る) : 볶다
   「ひ(火, 불) + いる(入る, 들어가다)」→ ひいる → いる

  ☞ 우리말 종성「ㄹ」이 일본어로 바뀔 때, 자음이「ㄱ, ㅁ, ㅅ, ㅈ, ㅊ, ㄷ」으로 바뀌며 모음(ㅣ, ㅡ, ㅏ
   등)이 붙는다. (『종성 ㄹ의 변화표』8쪽 참조)

6. さけぶ(叫ぶ) : 외치다, 부르짖다 [부르짖을 규(叫)]
  어원은「소리치다」(어근은 소리)
  『소리 〉솔 〉살 〉사게 〉さけ』
  「さけ + ぶ(동사를 만드는 접미어)」
  「さけぶ」: 외치다, 부르짖다

7. まねく(招く) : 부르다, 초빙하다 [부를 초(招)]
  어원은「많다」의「많(만)」
  많게 하기 위해,「불러서 초빙하다」
  『만 〉마네 〉まね』
  「まね + く(동사를 만드는 접미어)」
  「まねく」: 부르다, 초빙하다

8. うつる(映る) : 비치다 [비칠 영(招)]
   어원은「비치다」
   『비치 〉부츠 〉후츠 〉우츠 〉うつ』
   [탁음 부(ぶ) → 청음 후(ふ) → 여린소리 우]
   「うつ + る(동사를 만드는 접미어)」
   「うつる」: 비치다

   * うつす(映す) : 비추다, 비치게 하다

9. つね(常) : 늘, 언제나 [항상 상(常)]
   어원은「첨처럼」의「첨」(처음)
   『첨 〉천 〉처네 〉つね』
   일본어 받침「ん」은「ㄴ, ㅁ, ㅇ」에 해당한다.
   첨처럼 늘, 언제나
   「つね」: 항상, 늘

   * つねに(常に) : 늘, 항상, 언제나

10. あしもと(足下, 足元 足許) : 발밑, 바로 곁
    어원은「머리맡」의「맡」('가까운 곳'의 뜻)
    『맡 〉마토 〉모토 〉もと』
    발 가까운 곳
    「あしもと」: 발밑, 바로 곁

11. こっそり : 가만히, 살짝, 몰래
    어원은「かくす」(隠す, 감추다)의「かく」
    「かく → かっ → こっ → こっそり」
    감추어 살짝 하는 모양
    「こっそり」: 가만히, 살짝, 몰래

☞ かくす(隠す) : 감추다 (405 참조)

※ 가만히 몰래 할 때는 「숨소리, 콧소리」도 감추고 한다.

12. うっかり : **무심코, 멍청히, 얼떨결에**
　　어원은 「얼떨결」의 「얼」
　　『얼 〉 울 〉 우가 〉 うか』
　　「うか → うかり → うっかり」
　　「うっかり」 : 무심코, 멍청히, 얼떨결에

　　☞ 우리말 종성 「ㄹ」이 일본어로 바뀔 때, 자음이 「ㄱ, ㅁ, ㅅ, ㅈ, ㅊ, ㄷ」으로 바뀌며 모음(ㅣ, ㅡ,
　　　ㅏ 등)이 붙는다. (『종성 ㄹ의 변화표』8쪽 참조)

13. ためる(貯める, 溜める) : 모으다, 저축하다 [쌓을 저(貯)]
　　문어체는 「たむ」
　　어원은 「담다」(어간은 담). 「쌓다」의 제주 방언
　　『담 〉 다무 〉 たむ』
　　「たむ → ためる」(하1단화, 구어체)
　　차곡차곡 쌓아 모으다
　　「ためる」 : 모으다, 저축하다

14. しゃがむ : 쭈그리다, 웅크리다
　　어원은 「쭈그리다」의 「쭈그」
　　『쭈그 〉 짜가 〉 샤가 〉 しゃが』
　　「しゃが + む(동사·접미어)」
　　「しゃがむ」 : 쭈그리다, 웅크리다

15. いやがる(嫌がる) : 싫어하다 [싫어할 혐(嫌)]
    풀어 쓰면,
    「いや(嫌, 싫음) + がる(…하게 여기다, 싫어 하다)」
    「いやがる」: 싫어하다

    * いや(嫌) : 싫음/いな(否, 아니)가 「いや」로 바뀜

    ☞ いな(否) : 아니, 부정
       『안 〉아니 〉이니 〉이나 〉いな』

16. すむ(済む) : 완료되다, 끝나다 [건널 제(済)]
    어원은 「すえ」(末. 끝, 마지막)
    「すえ(끝) + む(동사・접미어)」→ すえむ → すむ
    「すむ」: 완료되다, 끝나다

    * すます(済ます) : = すませる(済ませる), 끝내다, 마치다

    ☞ すえ(末) : 끝, 마지막 (549 참조)

17. つける(漬ける) : 담그다, 절이다 [담글 지(漬)]
    어원은 「절이다」의 「절」
    『절 〉저게 〉즈게 〉つけ』
    「つけ + る(동사・접미어)」
    「つける」: 담그다, 절이다

    ☞ 우리말 종성 「ㄹ」이 일본어로 바뀔 때, 자음이 「ㄱ, ㅁ, ㅅ, ㅈ, ㅊ, ㄷ」으로 바뀌며 모음(ㅣ, ㅡ,
       ㅏ, ㅔ 등)이 붙는다. 『종성 ㄹ의 변화표』8쪽 참조)

18. とかす(溶かす) : 녹이다, 풀다, 금속을 가열하여 녹이다 [녹을 용(溶)]
　　어원은「달구다」의「달구」
　　『달구 〉달가 〉다가 〉도가 〉とか』
　　「とか + す(동사·접미어)」
　　쇠를 불에 달구어 녹이다
　　「とかす」: 녹이다, 풀다, 금속을 가열하여 녹이다

　　* とける(溶ける, 解ける) : 녹다, 풀리다

19. しっこい : 끈덕지다, 끈질기다, 짙다, 농후하다
　　어원을 풀어 쓰면,
　　「しつ(執, 집요) + こい(명사 등에 붙어 형용사를 만듦)」
　　집요하다(끈질기다)
　　「しっこい」: 끈덕지다, 끈질기다, 짙다, 농후하다

　　* 執拗(しつよう) : 집요

20. さっぱり : 후련한 모양, 산뜻한 모양, 남김없이, 깨끗이
　　어원은,
　　「さわやか」(爽やか, 상쾌한 모양)의 어근「さわ」
　　「さわ → さは → さはり → さっぱり」
　　기분이 상쾌한 모양(후련한 모양)
　　「さっぱり」: 후련한 모양, 산뜻한 모양, 남김없이, 깨끗이

　　* さわやか(爽やか) : 상쾌한 모양 (588 참조)

연상암기

1. 好む(このむ) : 좋아하다, 즐기다
「**コーヒー**(커피) + のむ(飲む, 마시다)」
나는 커피 마시는 것을「즐긴다」

2. 印す(しるす) : 표하다, 표시하다
나중에 알게(しる, 知る)끔 표시하다.

3. 蹴る(ける) : 차다, 걷어차다
개를(**개르**을) 함부로 차지 마라.

4. 覚める(さめる) : 깨다, 눈이 뜨이다
朝目(**あさめ**, 아침 눈) → 아침 눈이 뜨이다(さめる).

  * さます(覚ます) : 깨우다

5. かせぐ(稼ぐ) : 돈벌이하다, 돈을 벌다
가세(家勢)가 기울어, 돈을 벌기 위해 일시 휴학하다.

6. はかる(量る, 測る) : 재다, 측정하다
옛 무덤(**はか**, 墓)의 크기를 재다.

7. ななめ(斜め) : 비스듬함, 경사짐
오후 7시(**なな**時, 바른 표기는 しち時)가 되면 서산의 해가 비스듬하다.

8. とく (溶く) : 풀다, 개다

   독(→ **도구**, 그릇)에 물을 섞어 개다.

   * とける (溶ける) : 녹다

9. いきおい (勢い) : 기세, 힘

   「いきいき (生き生き, 생기가 넘치는 모양) + おい (老い, 늙음)」

   그는 늙었어도 생기가 넘치고 힘이 팔팔하다.

N2

약간 고도의 문법, 한자 1,000자 정도, 어휘 6,000개 정도 습득

일부에 한정되지 않고 전체에 걸치는 회화가 가능하면서 읽고 쓰는 능력

일본어를 600시간 정도 학습하고 중급 일본어 과정을 마친 수준

473. おつむ : 머리 (おつむり, 御つむり의 준말)

어원은 「우두머리」

『우두머 〉 오드무 〉 오쯔무 〉 おつむ』

「おつむ」: 머리

*「おつむ」는 유어어, 여성어임

☞ 頭(あたま, 머리)의 어원도 「우두머리」임

　『우두머 〉 아다마 〉 あたま』

---

474. にこにこ : 싱글벙글, 생긋생긋

어원은 「내키다」(하고 싶은 마음이 생기다)

『내키 〉 니키 〉 니코 〉 にこ』

하고 싶은 마음이 생기면 「싱글싱글」 웃으며 일한다.

「にこにこ」: 싱글벙글, 생긋생긋

* にこやか : 상냥한 모양, 생글생글하는 모양

* 출처 : 古典基礎語辭典(大野 普)

☞ 니키(にき)에서 니코(にこ)로 바뀌는 현상을 「모음교체」라 한다. 크게 3가지 형태가 있다.

　① ふね(船, 배) → 「ふな」(배의, 船의) [ㅔ → ㅏ]

　② しろ(白, 흰색) → 「しら」(白, 꾸밈이 없음) [ㅗ → ㅏ]

　③ き(木, 나무) → 「こ」(木, 다른 말 앞에 붙어 나무. 木の葉) [ㅣ → ㅗ]

475. ずれる : 벗어나다, 어긋나다

어원은 「줄」
줄에서 벗어나다.
『줄 〉주래 〉주래루 〉ずれる』
「ずれる」: 벗어나다, 어긋나다

* ずらす : 비키어 놓다

476. もぐら : 두더지

어원은 「もぐる」(潜る, 잠입하다, 잠수하다)
땅속으로 잠입하는 동물이 두더지다.
「もぐら」: 두더지

☞ もぐる(潜る) : 잠입하다, 잠수하다 (667 참조)

477. あやす : 어린아이를 어르다, 달래다

어원은 「어르다」의 어간 「어르」
『어르 〉얼으 〉얼아 〉알아 〉아야 〉やす』
「あや + す(동사를 만드는 접미어)」
「あやす」: 어린아이를 어르다, 달래다

478. うんざり : 진절머리가 남, 지긋지긋함

「운운하다(이러쿵저러쿵 말하다) + 자리」
운운하는 자리는 정말 지긋지긋하다.
「うんざり」: 진절머리가 남, 지긋지긋함

479. おむつ：기저귀

어원은「묻다」(어간은 묻)

『묻 〉 뭋 〉 무츠 〉 むつ』

「お(御. 존경, 친밀감을 나타냄) + むつ」→ おむつ

기저귀는 오줌 등을 묻게 해서 갈아 주기 위한 것이다.

「おむつ」：기저귀

480. 嫁(よめ)：며느리, 신혼여성　[시집갈 가(嫁)]

풀어 쓰면,

「よい(良い, 좋은) + め(女, 여성)」→ よめ

좋은 여성이란 뜻으로 며느리, 신혼여성을 뜻한다.

* はなよめ(花嫁)：신부, 새색시

☞ 우리말에도「할매, 아지매」와 같이 여성명사 뒤에「매」가 붙는다.

481. 角(つの)：뿔　[뿔 각(角)]

어원은「뿔」

한 음절 우리말이 어원이 된 사례가 많고, 일본에는 설득력 있는 어원설이 없다. 우리말의 실제 발음 수는 1,000개가 넘어 한 음절로도 충분히 사물을 지칭할 수 있다.

『뿔 〉 뿌로 〉 뿌노 〉 쯔노 〉 つの』

「つの」：뿔

482. 渇く (かわく) : 목이 마르다   [목마를 갈(渇)]

어원은「칼칼하다」(어근은 칼칼)

「칼칼하다」는 목이 말라서 물이나 술 따위를 마시고 싶은 느낌이 있다.

『칼 〉카알 〉카아 〉카와 〉かわ』

「かわ + く (동사를 만드는 접미어)」

「かわく」: 목이 마르다

483. 堪える (こらえる) : 참다, 견디다   [견딜 감(堪)]

어원은「고다」의 활용「골」, 괴다의 방언

「괴다」는 기울어지거나 쓰러지지 않도록 아래를 받쳐 안정시키다.

『골 〉고라 〉こら』

「こら + える(동사를 만듦)」→ こらえる

(마음을) 안정시키다(→ 참고 견디다).

「こらえる」: 참다, 견디다

484. 改める (あらためる) : 고치다, 변경하다, 개선하다, 새롭게 하다   [고칠 개(改)]

「あらたに(新たに, 새롭게) + める(동사를 만듦)」

새롭게 하다. 즉,「고치다, 변경하다, 개선하다」

「あらためる」: 고치다, 변경하다, 개선하다, 새롭게 하다

☞ あらたに(新たに) : 새롭게 (61 참조)

485. 岬·崎(みさき) : 갑, 곶 [곶 갑(岬)]

「み(水, 물) + さき(先, 앞)」
「갑」은 바다 쪽으로 부리 모양으로 뾰족하게 뻗은 육지를 말한다.
따라서 갑은 해안선보다 더 바닷물 앞쪽으로 뻗어 있다.
「みさき」: 갑, 곶

486. 拒む(こばむ) : 거부하다, 저지하다, 막다 [막을 거(拒)]

어원은「꼽다」(어간은 꼽), 꽂다의 경상 방언
『꼽 〉꼬바 〉こば』
「こば + む(동사를 만드는 접미어) → こばむ」
진지 앞에 말뚝을 꼽고(꽂고) 적의 침입을 저지하다.
「こばむ」: 거부하다, 저지하다, 막다

487. 瞼(まぶた) : 눈꺼풀 [눈꺼풀 검(瞼)]

「ま(目, 눈) + ふた(蓋, 뚜껑)」
「まふた 〉まぶた」
눈의 뚜껑이 눈꺼풀
「まぶた」: 눈꺼풀

* めがしら(目頭) : 눈시울

☞ ふた(蓋) : 뚜껑 (317 참조)

488. 隔てる(へだてる) : 사이를 떼다, 멀리하다 [사이뜰 격(隔)]

문어체는「へだつ」

어원은「헤다」(헤어지다)

「헤다 + つ(동사를 만드는 접미어)」→ へだつ

→ へだてる(하1단화, 구어체)

헤어져서「멀리하다」

「へだてる」: 사이를 떼다, 멀리하다

* へだたる(隔たる) : 떨어지다, 가로막히다

489. 境, 界(さかい) : 경계, 갈림길 [지경 경(境)]

어원은「さか」(坂, 비탈길, 언덕)

언덕을 경계로 삼는 것에서

「さかい」: 경계, 갈림길

☞ さか(坂) : 비탈길, 언덕 (288 참조)

490. 敬う(うやまう) : 존경하다, 숭상하다 [공경 경(敬)]

「うやうやしい」(恭しい. 공손하다, 정중하다)를 동사화한 말이다.

「うやまう」: 존경하다, 숭상하다

☞ うやうやしい(恭しい) : 공손하다, 정중하다

　　윗사람이 지시할 때 공손하게「예, 예」하다.

　『예예〉이여이여〉이야이야〉우야우야〉うやうや』

　　「うやうや + しい(…하다, …스럽다)」→ うやうやしい

491. 傾く(かたむく) : 기울다, 한쪽으로 쏠리다 [기울 경(傾)]

풀어 쓰면,

「かた(方. 쪽, 편) + むく(向く, 향하다)」

어느 한쪽으로 향하다.

「かたむく」: 기울다, 한쪽으로 쏠리다

* 傾ける(かたむける) : 기울이다, 기울어지게 하다

☞ かた(方) : 쪽, 편 (178 참조)

492. 耕す(たがやす) : (논밭을) 갈다 [밭 갈 경(耕)]

어원은「갈다」의「갈」(가+알)

『가 〉が』

『알 〉아스 〉야스 〉やす』

「た(田, 논) + (が + やす)」→ たがやす

논을 갈다.

「たがやす」: (논밭을) 갈다

☞ 우리말 종성「ㄹ」이 일본어로 바뀔 때, 자음이「ㄱ, ㅁ, ㅅ, ㅈ, ㅊ, ㄷ」으로 바뀌며 모음(ㅣ, ㅡ, ㅏ 등)
  이 붙는다. (「종성 ㄹ의 변화표」8쪽 참조)

493. 契る(ちぎる) : 장래를 굳게 약속하다 [맺을 계(契)]

풀어 쓰면,

「ち(血, 피) + きる(切る. 베다, 자르다)」

「ちきる → ちぎる」

섞은 피를 베어 서로 굳게 약속하다.

「ちぎる」: 장래를 굳게 약속하다

※ 굴뚝에는 2종류가 있다

　　① えんとつ(煙突) : (일반적인) 굴뚝

　　② くど(曲突, 竈突) : 부뚜막 뒤의 굴뚝(구멍)

　　　어원은「굴뚝」

　　　『굴뚝 〉구뚝 〉구또 〉구도 〉くど』

복어 이야기

복어는 우리와 아주 친숙한 어류다. 필자도 복어가 복(福)을 가져다주는 생선으로 생각하고 福魚라고 알고 있었다. 그런데 오늘 이 복어 얘기를 하려고 사전을 찾아보았더니 「복魚」라고 되어 있다. 그래서 일본어로 복어를 뭐라고 하는지 찾아보니 「ふぐ(河豚)」로 나와 있는데, 한자 의미는 강돼지이다.

복어는 공격을 받으면 배가 볼록해진다. 그래서 「복어」의 「복」도 「볼록하다」라는 뜻이다. 일본에서는 배가 부풀기 때문에(ふくらむ, 膨らむ) 복어를 「ふぐ」라고 하는데, 「ふく」가 「ふぐ」로 바뀌었다고 한다. [일부 지역에서는 복(福)을 의미하는 「ふく」라고 부르고 있음]

그러나, 복어는 우리말 「복어」의 「복」이 일본어로 바뀐 말이다. (복 〉북 〉부구 〉후구 〉ふぐ)

복어알(フグの卵)이나 피에는 테트로도톡신(tetrodotoxin)이라는 맹독이 있어 중독되면 호흡마비로 사망에 이른다고 한다. 그럼에도 불구하고 사람이 복어를 즐기는 것은 복어 요리가 죽도록 맛있기 때문이다.

그러나 지금은 독을 제거한 「복어알집절임(卵巣の糠漬け)」이라는 식품으로 개발되어 판매되고 있는데, 독이 있는 알집을 소금절임과 쌀겨절임으로 3년이 걸려 독을 제거한다고 한다. [이시가와현(石川県)의 향토요리]

494. 尻(しり) : 엉덩이, 뒤, 뒤쪽, 끝 [꽁무니 고(尻)]

어원은 「발치」의 「치」
「발치」는 사물의 꼬리나 아래쪽이 되는 끝부분이다.
『치 〉 치리 〉 시리 〉 しり』
「しり」: 엉덩이, 뒤, 뒤쪽, 끝

495. 尻尾(しっぽ) : 꼬리 [꽁무니 고(尻)]

풀어 쓰면,
「しり(尻, 뒤, 뒤쪽) + お(尾, 꼬리)」
「しりお 〉 しりほ 〉 しっぽ」
「しっぽ」: 꼬리

496. 固まり(かたまり) : 덩어리, 뭉치 [굳을 고(固)]

어원은 「かたまる」(固まる. 굳다, 딱딱해지다)의 연용형
「かたまり」
굳은 것(덩어리)
「かたまり」: 덩어리, 뭉치

☞ かたい(堅い, 固い) : 굳다, 딱딱하다 (129 참조)

497. 鼓(つづみ) : 장구, 북, 가죽으로 싼 타악기의 총칭 [북 고(鼓)]

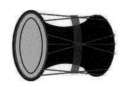

어원은 「つつむ」(包む, 싸다)
가죽으로 싼 것이 장구, 북 등이다.
「つつみ → つづみ」
「つづみ」: 장구, 북, 가죽으로 싸서 만든 타악기의 총칭

498. 雇う(やとう) : 고용하다 [품 팔 고(雇)]

풀어 쓰면,

「や(家, 집) + と(= ひと, 人, 사람) + う(동사·접미어)」

집에 사람을 두다(즉, 고용하다).

「やとう」: 고용하다

☞ ひと(人) : 사람

「ひ(日, 해) + とも(友, 동무)」 → ひとも → ひと

해의 동무가 사람이다.

ひ(日)는 우리말 「해」가, とも(友)는 「동무」가 변화한 말이다.

499. 谷, 渓(たに) : 산골짜기, 골 [골 곡(谷)]

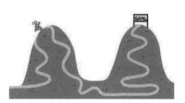

어원은 「웃땀」의 「땀」

「웃땀」은 「윗마을」의 경남 방언이다.

우리나라는 산이 많기 때문에 사람이 살 만한 골짜기에는 마을이

형성되어 있다.

「땀 〉 탄 〉 타니 〉 たに」

「たに」: 산골짜기, 골

☞ 고구려 말에서 「탄」은 산골짜기를 가리키는데 「웃탄」이 「웃땀」으로 변한 말이다.

500. 攻める(せめる) : 공격하다 [칠 공(攻)]

어원은 「샘」

「샘」은 「자기보다 나은 처지에 있는 사람을 미워함」

샘이 많으면 상대를 공격하게 된다.

『샘 〉 새매 〉 せめ』

「せめ + る(동사를 만드는 접미어)」→ せめる

「せめる」: 공격하다

* 責める(せめる) : 비난하다, 괴롭히다

☞ SAM[sǽm] : surface-to-air missile.

   지(함)대공[地(艦)対空] 미사일

---

501. 恐れる(おそれる) : 두려워하다 [두려울 공(恐)]

문어체는 「おそる(恐る)」(두려워하다)

어원은 「오솔하다」(사방이 무서울 만큼 고요하다)

『오솔 〉 오소루 〉 おそる』

「おそる → おそれる」(하1단화, 구어체)

「おそれる」: 두려워하다

* 恐れ(おそれ) : 두려움

  恐ろしい(おそろしい) : 두렵다, 겁나다

☞ おそれ(虞) : 우려

  우려는 「근심」이나 「걱정」을 말하는데, 다가올 미래에 대한 두려움(おそれ, 恐れ)을 가지는 마음이다.

502. 串(くし) : 꼬치 [곶 곶(串)]

어원은 「꼬치」

『꼬치 〉꼬시 〉꾸시 〉くし』

「くし」: 꼬치

☞ 제비(추첨)를 뜻하는 「くじ(籤)」도 「꼬치」가 어원인데 작은 나무 막대기를 뽑아서 게임을 하는 데서
유래

[꼬치 〉꼬지 〉꾸지 〉くじ]

503. 管(くだ) : 관, 대롱, 속이 빈 둥근 막대 [대롱 관(管)]

어원은 「꿰다」

대롱은 속이 비어 있어 줄 따위로 꿰다.

『꿰다 〉꾸다 〉くだ』

「くだ」: 관, 대롱. 속이 빈 둥근 막대

504. 盥(たらい) : 대야 [대야 관(盥)]

풀어 쓰면,

「て(手, 손) + あらい(洗い, 씻음)」

손을 씻는 것(그릇).

「てあらい」가 「たらい」로 바뀜

☞ あらう(洗う) : 씻다

　어원은 「あら」(粗. 결점, 흠)

　「あら(결점, 흠) + う(동사를 만드는 접미어)」→ あらう

　자신의 결점을 깨끗이 씻다.

☞ あら(粗) : 결점, 흠 (1082 참조)

505. 狂う(くるう) : 미치다, 이상해지다 [미칠 광(狂)]

어원은「くるくる」(뱅글뱅글)

「くる + う(동사・접미어)」→ くるう

머리가 뱅글뱅글 돌다. 즉,「미치다」

「くるう」: 미치다, 이상해지다

* 狂おしい(くるおしい) : 미칠 것 같다

☞ くるくる : 뱅글뱅글(도는 모양)

　　어원은「대굴대굴」(도는 모양, 구르는 모양)

　『대굴대굴 〉 대**구루**대**구루** 〉 くるくる』

---

506. 狡い(ずるい) : 교활하다 [교활할 교(狡)]

어원은「줄 서다」의「줄」

『줄 〉 주루 〉 ずる』

「ずる + い(형용사・접미어)」→ ずるい

눈치껏 줄을 잘 서는 사람은 교활하다.

「ずるい」: 교활하다

---

507. 久しい(ひさしい) : 오래다, 오래간만이다 [오랠 구(久)]

어원을 풀어 쓰면,

「ひ(日, 해) + さる(去る, 떠나다) + しい(…듯하다)」

해가 떠나가서(경과해서) 오래다.

「ひさしい」: 오래다, 오래간만이다

* ひさしぶり(久しぶり) : 오래간만

508. 丘·岡(おか) : 언덕, 작은 산 [언덕 구(丘)]

「お(小, 작은) + たか(高, 높은)」

「おたか 〉 おか」

작게(조금) 높은 것이 언덕이다.

「おか」: 언덕, 작은 산

☞ お(小) : 작은

　우리말 「어리다」의 「어」, 「아우」의 「아」에 대응하는 접두사이다.

　『어, 아 〉 お』

509. 求める(もとめる) : 바라다, 요구하다 [구할 구(求)]

풀어 쓰면,

「もと(本, 元, 처음, 근본) + める(동사를 만듦)」

처음의 것을 구하다.

「もとめる」: 바라다, 요구하다

☞ もと(本,元) : 처음, 근본

　어원은 「밑」

　『밑 〉 미토 〉 모토 〉 もと』(모음교체 : ㅣ → ㅗ)

　밑(바닥)이 근본이고 처음이다.

510. 殴る, 撲る(なぐる) : 세게 때리다 [때릴 구(殴)]

어원은 「なぐ」(薙ぐ, 낫으로 풀을 옆으로 후려 쳐 쓰러뜨리다)

「なぐる」는 「なぐ」의 파생어로 「세게 때리다」라는 뜻이다.

☞ なぐ(薙ぐ) : 낫으로 풀을 옆으로 후려 쳐 쓰러뜨리다

　어원은 「낫」을 동사화한 말이다.

　『낫 〉 나 〉 な』

　「な + ぐ(동사·접미어)」→ なぐ

511. 構う(かまう) : 관계하다, 상대하다 [얽을 구(構)]

어원은「갊다」(어간은 갋), 맞서서 견주다

『갋 〉갈 〉가마 〉かま』

「かま + う(동사를 만드는 접미어)」

「かまう」: 관계하다, 상대하다

☞ 우리말 종성「ㄹ」이 일본어로 바뀔 때, 자음이「ㄱ, ㅁ, ㅅ, ㅈ, ㅊ, ㄷ」으로 바뀌며 모음(l , ㅡ, ㅏ 등)
   이 붙는다. (「종성 ㄹ의 변화표」8쪽 참조)

---

512. 鳩(はと) : 비둘기 [비둘기 구(鳩)]

어원은「비둘기」의「비둘」

『비둘 〉비뚤 〉비또 〉히또 〉하또 〉はと』

(탁음 び → 청음 は)

「はと」: 비둘기

☞ 日本의 어원설 :「はや(速, 빠른) + とり(鳥, 새)」

   「はやとり 〉はと」

* 비둘기를 빠른 새라 하나 시속 80㎞ 정도이고, 제비의 시속 100㎞보다 느리다.

---

513. 群(むら, むれ) : 무리, 떼 [무리 군(群)]

어원은「무리(群)」

『무리 〉무라, 무래 〉むら, むれ』

「むら, むれ」: 무리, 떼

* 群がる(むらがる) : 떼 지어 모이다

  群れる(むれる) : 떼를 짓다, 군집하다

514. 掘る(ほる) : 파다 [팔 굴(掘)]

어원은 「파다」(어간은 파)

『파〉포〉호〉ほ』

(1) 모음교체 (ㅏ → ㅗ)

(2) 반탁음 포(ぽ)가 청음 호(ほ)로 바뀜

「ほ + る(동사·접미어)」→ ほる

「ほる」 : 파다

* 掘り(ほり) : 해자(못)

515. 筋(すじ) : 줄기, 줄거리, 힘줄, 근육 [힘줄 근(筋)]

어원은 「힘줄」의 「줄」

『줄〉주지〉즈지〉스지〉すじ』

「すじ」 : 줄기, 줄거리, 근육

* 筋肉(きんにく) : 근육

* 출처 : 古典基礎語辭典(大野 晋, おおのすすむ)

☞ 우리말 종성 「ㄹ」이 일본어로 바뀔 때, 자음이 「ㄱ, ㅁ, ㅅ, ㅈ, ㅊ, ㄷ」으로 바뀌며 모음(ㅣ, ㅡ, ㅏ 등) 이 붙는다. (「종성 ㄹ의 변화표」8쪽 참조)

수[數]

구분	뜻	어원	풀이	비고
ひと(一)	하나	홑	홑 〉 호트 〉 히토 〉 ひと	ひとつ
ふた(二)	둘	두불의「불」	불 〉 부타 〉 후타 〉 ふた	ふたつ
み(三)	셋	삼	삼 〉 사무 〉 무 〉 미 〉 み』(ㅅ 탈락)	みつ
よ(四)	넷	윷가락의「윷」(윷가락은 4개임)	윷 〉 유 〉 요 〉 よ	よつ
いつ(五)	다섯	닷(다섯)	닷 〉 다앗 〉 앗 〉 앚 〉 잋 〉 이츠 〉 いつ (ㄷ 탈락)	いつつ
む(六)	여섯	み(三) + み(三)	み + み → む	むつ
なな(七)	일곱	닐곱의「닐」	닐 〉 날 〉 나나 〉 なな	ななつ
や(八)	여덟	여덟의「여」	여 〉 야 〉 や	やつ
ここの(九)	아홉	구	구 〉 고 〉 고고 〉 ここの	ここのつ
とお(十)	열	「또」(그밖에 더)	또 〉 とお (9가 끝나고 또 있는 차원의, 2자리수의)	-

(주 1) つ는 접미어

(주 2) 「두불」은 두벌(두 번 하는 일)의 방언

(주 3) 「ひふみよ, いむなや」(하나 둘 셋 넷, 다섯 여섯 일곱 여덟)

516. 僅か(わずか) : 얼마 안 되는 모양, 조금, 불과 [겨우 근(僅)]

어원을 풀어 쓰면,

「はつ(初, 처음) + か(상태, 성질을 나타냄)」→ はつか

「はつか 〉 はづか 〉 わづか 〉 わずか」

처음의 상태를 뜻하는 「はつか」가 「わずか」로 바뀌어 「조금, 불과」라는 뜻이 되었다.

「わずか」 : 얼마 안 되는 모양, 조금, 불과

---

517. 汲む(くむ) : 푸다, 퍼올리다 [물길을 급(汲)]

어원은 「긷다」(어간은 긷)

「긷다」는 우물이나 샘 따위에서 두레박이나 바가지 따위로 물을 떠내다.

『긷 〉 기 〉 구 〉 く』

「く + む(동사를 만드는 접미어)」→ くむ

「くむ」 : 푸다, 퍼올리다

---

518. 肌, 膚(はだ) : 피부 [살가죽 기(肌)]

어원은 「바닥」(面의 경남 방언)

『바닥 〉 바다 〉 하다 〉 はだ』(탁음 ば → 청음 は)

살의 바닥(면, 面)이 피부다.

「はだ」 : 피부

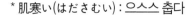

* 肌寒い(はださむい) : 으스스 춥다

☞ 고대 한국어 중 가장 먼저 일본으로 건너간 말이 경남 지역의 「가야(伽耶)어」라고 한다. 그 다음이
  백제어, 고구려어 순이고, 한반도에 살아남은 언어는 신라어라고 한다.

519. 旗(はた) : 기, 깃발   [깃발 기(旗)]

어원은 「깃발」의 「발」

『발〉바다〉하다〉はた』[탁음 바(ば) → 청음 하(は)]

「はた」: 기, 깃발

☞ 우리말 종성 「ㄹ」이 일본어로 바뀔 때, 자음이 「ㄱ, ㅁ, ㅅ, ㅈ, ㅊ, ㄷ」으로 바뀌며 모음(ㅣ, ㅡ, ㅏ 등)
   이 붙는다. (「종성 ㄹ의 변화표」 8쪽 참조)

520. 機(はた) : 베틀   [틀 기(機)]

어원은 「베틀」

『베틀〉베트〉바타〉하타〉はた』

「はた」: 베틀

* はたらく(働く) : 일하다

521. 難い(かたい) : 어렵다, 힘들다   [어려울 난(難)]

어원은 「겹다」(예, 힘겹다)

「겹다」는 정도가 지나쳐 참거나 견디기 어렵다.

『겹다〉갑다〉갸따〉가따〉かた』

「かた + い(형용사·접미어)」 → かたい

「かたい」: 어렵다, 힘들다

☞ ありがたい(有り難い) : 감사하다, 고맙다.

   「有り(있다) + 難い(어렵다)」 → (그냥) 있기 어렵다(→ 감사하다)

522. 娘(むすめ) : 딸 [여자 낭(娘)]

이 말을 풀어 쓰면,

「むす(生す, 産す, 낳다) + め(女, 여자를 뜻함)」

여자애를 낳은 것이「딸」이다.

「むすめ」: 딸

* むす(生す, 産す) : 낳다/**무스마**를 낳다

☞「무스마」(머스마)는 남자아이를 가리키는 방언이다. 일본에서는 아들을 무스코(むすこ, 息子)라고
   한다.

☞ め(女)는 여자를 의미, 우리말에도「아지매, 할매」처럼 여성 명사 뒤에「매」가 붙음

---

523. 捻る(ひねる) : 비틀다, 돌리다, 뒤틀다(= ねじる) [비틀 념(捻)]

어원은「삥」(돌리는·도는 모양)

『삥 〉삔 〉삐내 〉히내 〉ひね』(반탁음 삐 → 청음 히)

「ひね + る(동사를 만드는 접미어)」→ ひねる

삥 돌려 비틀다.

「ひねる」: 돌리다, 비틀다, 뒤틀다

☞「ひねる, ねじる」차이점

   ひねる : 한 방향으로 돌리다, 가벼운 힘으로 돌리다

   ねじる : 역방향으로 돌리다, 힘차게 돌리다

524. 端(はし) : ① 끝, 가 ② 시초, 처음 [끝 단(端)]

① 어원은 「발치」의 「발」(사물의 꼬리나 아래쪽이 되는 끝부분)

　『발 〉 바시 〉 はし』

　「はし」: 끝, 가

　* はた(端) : 가, 가장자리, 끝

　　「はし(端, 가, 끝) + と(所, 장소)」

　　「はしと → はと → はた」

② 어원은 「아시」(맨 처음의 경상 방언)

　『아시 〉 하시 〉 はし』

　「はし」: 시초, 처음

　* はしがき(端書き) : 머리말, 서문

---

525. 淡い(あわい) : 연하다, 진하지 않다 [묽을 담(淡)]

어원은 「연하다」(어근은 연)

「연할 연(軟)」으로 「연」은 순우리말이다.

『연 〉 여 〉 야 〉 아아 〉 아와 〉 あわ』

「あわ + い(형용사·접미어)」→ あわい

「あわい」: 연하다, 진하지 않다

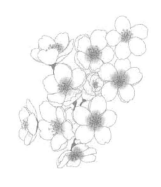

* 濃い(こい) : 진하다

　사골이 「진하게」 **고이**다 → こい(진하다)

526. 当たる(あたる) : 맞다, 당하다 [마땅 당(当)]

어원은 「값어치」의 「어치」

「값어치」는 값에 해당하는(맞는) 분량이나 가치를 말한다.

『어치 〉아치 〉앛 〉앋 〉아타 〉あた』

「あた + る(동사·접미어)」→ あたる

「あたる」: 맞다, 당하다

* あてる(当てる) : 맞히다, 명중시키다

---

527. 帯びる(おびる) : 띠다(띠를 두르다), 머금다 [띠 대(帯)]

문어체는 「おぶ」(帯ぶ)

어원은 「어부바하다」의 「어부」

『어부 〉오부 〉おぶ』

어부바하며, (포대기) 띠를 두르다.

「おぶ」: 띠다, 띠를 두르다, 머금다

「おぶ → おびる」(상1단화, 구어체)」

* おび(帯) : 띠

---

528. 刀(かたな) : 외날의 칼, 도검류의 총칭 [칼 도(刀)]

어원은 「칼」

『칼 〉카다 〉かた』

「かた + な(날을 의미)」→ かたな

「かたな」: 외날의 칼, 도검류의 총칭

* な(날을 의미) : 『날 〉나 〉な』

☞ 우리말 종성 「ㄹ」이 일본어로 바뀔 때, 자음이 「ㄱ, ㅁ, ㅅ, ㅈ, ㅊ, ㄷ」으로 바뀌며 모음(ㅣ, ㅡ, ㅏ 등)
이 붙는다. (「종성 ㄹ의 변화표」8쪽 참조)

529. 跳ねる(はねる) : 뛰다, 뛰어오르다 [뛸 도(跳)]

「はねる」(撥ねる, 튀기다)와 같은 어원이다.

어원은「反発」(はんぱつ)의「反」의 한자음「はん」

「はん 〉 はね」

「はね + る(동사・접미어)」→ はねる

반발로 뛰어오르다.

「はねる」: 뛰다, 뛰어오르다

---

530. 稲(いね) : 벼 [벼 도(稲)]

어원은「이밥(쌀밥)」의「이」

『이(쌀) + ね(根, 근본)』

쌀의 근본이「いね」「벼」를 뜻한다.

* 나라 시대(奈良 시대, 710-794년)에는 쌀로 지은 밥을「이히(いひ)」라고
  했다.

  「ひ」는 밥이라는 뜻이다. (밥 〉 바 〉 비 〉 히 〉 ひ)

* いなさく(稲作) : 벼농사(いな는 "벼의" 뜻)

☞ いなか(田舎) : 시골

  이 말을 풀이하면,

  「いな(稲, 벼) + か(장소, こ가 변한 말)」

  벼가 자라고 있는 곳이 시골이다.

531. 豚(ぶた) : 돼지 [돼지 돈(豚)]

어원은 「붇다」(살이 찌다, 부피가 커지다)
살찐 동물이 「돼지」다.
『붇다 〉 부따 〉 ぶた』
「ぶた」: 돼지

* 豚肉(ぶたにく, とんにく) : 돼지고기

☞ 돈가스(豚가스)
　본래 말은 「豚カツレツ」(cutlet, 두툼한 고기 토막)

532. 突く(つく) : 찌르다 [갑자기 돌(突)]

어원은 「쪼다」(어간은 「쪼」)
쪼다는 「뾰족한 것으로 쳐서 찍다」라는 뜻이다.
『쪼 〉 쯔 〉 つ』
「つ + く (동사를 만드는 접미어)」→ つく
「つく」: 찌르다

* つつく(突く) : 쿡쿡 찌르다, 여러 번 찌르다
　「つく + つく → つつく」

533. 凍る(こおる) : 얼다 [얼 동(凍)]

어원은 「곳다」(어간은 곳)

「곳다」는 손이나 발이 얼어서 감각이 없다(표준어는 곱다).

『곳 〉 곰 〉 고호 〉 고오 〉 こお 』

「こお + る (동사를 만드는 접미어)」→ こおる

「こおる」: 얼다

* 氷(こおり) : 얼음

☞ 고드름 : 곳다 + 얼다 〉 곳얼 〉 고덜 〉 고드름

534. 疼く(うずく) : 쑤시다, 통증을 느끼다 [아플 동(疼)]

어원은 「욱신거리다」의 어근 「욱신」

『욱신 〉 욱시 〉 우시 〉 우지 〉 우즈 〉 うず 』

「うず + く (동사를 만드는 접미어)」

「うずく」: 쑤시다, 통증을 느끼다

535. 頭(かしら) : 두목, 머리 [머리 두(頭)]

어원은 「갓」

「갓」은 예전에 어른이 된 남자가 머리에 쓰던 의관이다.

『갓 〉 가시 〉 가시라 〉 かしら 』

머리에 갓 쓴 사람이 어른이고 두목이다.

「かしら」: 두목, 머리

* かしらもじ(頭文字) : 머릿글자

536. 頭取(とうどり) : 우두머리, 은행장　[머리 두(頭)]

어원을 풀어 쓰면,

「とう(頭의 음독, 머리) + 도리(머리를 뜻함)」

「とう도리 〉とうどり」

「とうどり」: 우두머리, 은행장

☞ 도리도리 : 어린아이가「머리」를 좌우로 흔드는 동작으로,「도리」는 머
리를 뜻한다.

537. 鈍い(にぶい) : 둔하다, 무디다　[무딜 둔(鈍)]

어원은「닙다」(어간은 닙), 입다의 옛말

『닙 〉 니부 〉 にぶ』

「にぶ + い(형용사를 만드는 접미어)」→ にぶい

옷을 많이 입으면 몸이「둔하다」

「にぶい」: 둔하다, 무디다

* 鈍る(にぶる) : 둔해지다

그믐날에 달이 있다(?)

「섣달」은 음력으로 한 해의 맨 끝 달이다(음력 12월). 예전부터 사용해 왔던 이 말의 어원에 대해서는 명확하게 밝혀지고 있지 않다. 섣달을 달이 서는 1월로 착각하는 분들도 있을 것이다. 설이 든 달이라 섣달이라고 하는 설명도 있으나 설은 음력 1월의 첫날이다. 시야를 넓혀서 생각해 볼 필요가 있다.

영어에서 일몰(日沒)을 sunset, 월몰(月沒)을 moonset이라고 한다. 「섣달」의 「섣」은 moonset의 「set」이라 할 수 있다. set은 shut(닫다)의 뜻을 가지고 있다. 즉, 「섣달」의 어원은 「set + 달」로 한 해를 닫는 마지막 달이라 할 수 있다.

「그믐」은 음력으로 그달의 마지막 날을 말한다. 따라서 이날은 달이 없어 밤이 깜깜한 날이다. 그런데 「그믐달」이라는 달이 있다. 「그믐달」은 그믐 전(前) 며칠 동안 보이는 달을 말한다. 즉, 그믐에 가까워지면서 이지러진 달을 관습적으로 그믐달이라고 부르고 있는 것이다.

그믐의 어원에 대하여 생각해 보자. 달이 가 버린 날이 그믐이다. 그믐을 「go + moon」이라 쓸 수 있다. 「고문」이 「그믐」으로 바뀌었다고 생각한다.

수렵채집의 아득한 옛날에는 생활에 필수적인 말은 동서가 공유했을 가능성이 매우 높다고 할 수 있다. 대표적인 것이 「물」과 「불」이다.

① 물 : 물 > 무러 > 워러 > water
② 불 : 불 > vul, vol[Vulcan(불의 신), volcano(화산)]
　발칸포(vulcan포, 불칸포)는 불을 뿜는 기관포이다.

일본어로 초하루를 「ついたち」(一日, 朔日)라 하는데, 이 말은 「つきたち」(月立ち)가 「ついたち」로 바뀐 말이다. 그믐을 「みそか」(三十日, 晦日)라고 한다. 「みそか」(30일)는 달력 맨 밑에 있는 날이다. 「밑日」이 어원이다. 일본에서는 「みそか」(三十日)의 어원으로 『み(三) + とう(十) + か(日)』로 설명한다. 「みとうか」가 축약되면 「みそか」가 된다. 그리고, 음력 보름날 밤을 「じゅうごや」(十五夜), 십오야」라고 한다. 달력이 「こよみ」(暦)인데, かよみ(日読み)가 변한 말이다(かよみ → こよみ).

☞ 「みそか」(30일)
　『밑 〉밋 〉미소 〉みそ 〉みそ + か(日)』

538. 裸(はだか) : 알몸, 맨몸 [벗을 라(裸)]

어원을 풀어 쓰면,

「はだ(肌, 피부) + **까**다(속살을 드러내다)」

「はだか」: 알몸, 맨몸

☞ はだ(肌) : 피부 (518 참조)

☞ 일본 어원설로, 「はだ(肌, 피부) + あか(赤, 빨강, 적색)」설이 있는데 나
  이가 들면 피부가 희게 되기 때문에 설득력이 떨어진다. はだ(肌, 피부)의 어원도 우리말 「바닥」이다

539. 滝(たき) : 폭포, 급류 [여울 랑(滝)]

어원은 「돌」(여울)

명량해협(鳴梁海峽)은 이순신 장군이 명량대첩으로 일본 수군을 대파한
곳이며, 명량해협은 「울돌목」이라고도 한다. 「울돌목」의 「울」은 소리가 난
다는 뜻(鳴)이고, 「돌」은 물살이 빠른 여울이라는 뜻이다.

『돌 〉도기 〉다기 〉たき』

「たき」: 급류, 폭포

☞ 우리말 종성 「ㄹ」이 일본어로 바뀔 때, 자음이 「ㄱ, ㅁ, ㅅ, ㅈ, ㅊ, ㄷ」으로 바뀌며 모음(ㅣ, ㅡ, ㅏ 등)
  이 붙는다. (「종성 ㄹ의 변화표」8쪽 참조)

540. 量る · 測る(はかる) : (무게, 길이 등) 재다 [헤아릴 량(量)]

예전에는 신분에 따라 무덤의 크기가 달랐다. 무덤을 만들 때는 크기 등
을 재서 만들었다.

어원은 「はか」(墓, 무덤)

이 말을 동사화한 것이 「はかる」로 「재다」라는 뜻이다.

☞ はか(墓) : 무덤 (893 참조)

541. 鈍い(のろい) : 느리다 [둔할 둔(鈍)]

어원은 「느리다」(어간은 느리)

『느리 〉 노리 〉 노로 〉 のろ』(일본어에는 ― 발음이 없어 ㅗ로 바뀜)

「のろ + い(형용사를 만드는 접미어)」

「のろい」: 느리다

542. 劣る(おとる) : 못하다, 뒤떨어지다   [못할 렬(劣)]

어원은 「알로」의 「알」 '아래로'의 준말

『알 〉 올 〉 오도 〉 おと』

「おと + る(동사·접미어)」

아래로 되다.

「おとる」: 못하다, 뒤떨어지다

☞ 우리말 종성 「ㄹ」이 일본어로 바뀔 때, 자음이 「ㄱ, ㅁ, ㅅ, ㅈ, ㅊ, ㄷ」으로 바뀌며 모음(ㅣ, ―, ㅏ 등)
   이 붙는다. (「종성 ㄹ의 변화표」 8쪽 참조)

☞ 일본 어원설 : 「おつ」(乙, 을)설
   을은 갑(甲)보다 못하다.
   「おつ」가 동사화한 말이 「おつる」
   「おつる → おとる」
   「おとる」: 못하다, 뒤떨어지다

543. 鹿(しか) : 사슴 [사슴 록(鹿)]

어원은 「カク」(角, 뿔)

옛날에는 사슴을 「か」라고 불렀다. 큰 뿔의 짐승이라는 뜻이다. 뿔을 뜻
하는 「角」의 음독은 「カク」이며 오음(吳音)이다. 이 「カク」의 앞 글자를 따
서 사슴을 「か」로 불렀다. 뒤에 짐승을 의미하는 「しし」의 「し」가 앞에 붙
어 「しか」가 되었다.

「しか」 : 사슴

☞ 「しし(獣)」가 짐승이라는 뜻인데, 짐승은 네 발 달린 동물이기 때문에 붙인 이름이다(四의 음독은
「し」). 영어에서는 지네가 발이 100개 달린 동물이라 centipede라고 부른다.

☞ 오음(吳音)은 우리나라를 거쳐 일본에서 정착한 한자음으로 우리의 한자음과 유사한 것이 많다.

---

544. 麓(ふもと) : (산)기슭(비탈진 곳의 아랫부분) [산기슭 록(麓)]

풀어 쓰면, 「ふみ(踏み, 밟다) + もと(本. 시초, 기본)」

「ふみもと 〉ふもと」

밟는 곳의 시초가 「기슭」이다.

「ふもと」 : (산)기슭(비탈진 곳의 아랫부분)

☞ 踏む(ふむ) : 밟다
   어원은 「밟다」(어간은 밟)
   『밟 〉 발 〉 바 〉 부 〉 후 〉 ふ』[탁음 부(ぶ) → 청음 후(ふ)]
   「ふ + む(동사·접미어)」→ ふむ(밟다)

---

545. 流行る(はやる) : 유행하다 [흐를 류(流)]

유행은 왔다가 빨리(はやく, 速く) 지나가는 것에서

「はやる」 : 유행하다

546. 狸(たぬき) : 너구리 [삵 리(狸)]

어원은 「너구리」(어근은 너구)

『너구 〉누구 〉누기 〉ぬき』

「た(접두사) + ぬき」

「たぬき」: 너구리

547. 離れる(はなれる) : 떨어지다, 붙어 있던 것이 따로 떨어지다 [떠날 리(離)]

문어체는 「はなる」(離る)

어원은 「하나」

『하나 〉はな』

「はな + る(동사·접미어)」

「はなる → はなれる」(하1단화, 구어체)

떨어져 하나씩 되다(→ 둘이 하나씩 되어 떨어지다)

「はなれる」: 떨어지다, 붙어 있던 것이 따로 떨어지다

548. 粒(つぶ) : 낱알, 둥글고 작은 것 [낱알 립(粒)]

덩어리를 **쳐부수**어 「작은 알」을 만들다.

「つぶ」: 둥글고 작은 것, 낱알

☞ 呟く(つぶやく) : 중얼거리다

　「つぶ(낱알) + いわく(曰く, 왈, 말하다)」

　낱알같이 혼자 작게 말하다(중얼거리다)

　「つぶいわく → つぶやく」

549. 末(すえ) : 끝, 마지막 [끝 말(末)]

어원은 「섣달」의 「섣」

「섣달」(음력 12월)은 「음력으로 한 해의 맨 끝 달」

『섣 〉섯 〉서어 〉서에 〉스에 〉すえ』

「すえ」: 끝, 마지막

550. 望む(のぞむ) : 바라다, 소망하다, 바라다보다   [바랄 망(望)]

어원은「입을 놀리다」에서「놀리다」(어근 놀)

지금은「놀리다」가 속어지만 원래는「뇌다」에서 파생된 말로「말하다」의
뜻이다.

『놀 〉노조 〉のぞ』

「のぞ + む(동사·접미어)」

(부처를 바라보며) 말을 되풀이하며 기도하여 소망하다.

「のぞむ」: 바라다, 소망하다, 바라다보다

* 望み(のぞみ) : 소망, 바람

☞ 우리말 종성「ㄹ」이 일본어로 바뀔 때, 자음이「ㄱ, ㅁ, ㅅ, ㅈ, ㅊ, ㄷ」으로 바뀌며 모음(ㅣ, ㅡ, ㅏ
   등)이 붙는다. (「종성 ㄹ의 변화표」8쪽 참조)

☞ 「놀리다」는 영어「narrate」(이야기 하다)와 동근(同根)으로 볼 수 있다.

---

551. 呆れる(あきれる) : 놀라다, 어이가 없다, 기가 막히다   [어리석을 매(呆)]

문어체는「あきる」(呆る)

어원은「악」(놀랐을 때 지르는 소리)

『악 〉아기 〉あき』

「あき + る(동사·접미어)」→ あきる → あきれる

(구어체, 하1단화)

「あきれる」: 놀라다, 어이가 없다, 기가 막히다

552. 麦(むぎ) : 보리, 밀, 귀리 등의 총칭 [보리 맥(麦)]

어원은「밀」

『밀 〉 미기 〉 무기 〉 むぎ』

「むぎ」: 보리, 밀, 귀리 등의 총칭

☞ 우리말 종성「ㄹ」이 일본어로 바뀔 때, 자음이「ㄱ, ㅁ, ㅅ, ㅈ, ㅊ, ㄷ」으로 바뀌며 모음(ㅣ, ㅡ, ㅏ 등)
  이 붙는다. (「종성 ㄹ의 변화표」8쪽 참조)

553. 綿(わた) : 솜, 목화 [솜 면(綿)]

어원은「핫바지」의「핫」

핫바지는「솜」을 넣어 지은 바지를 말한다.

『핫 〉 한 〉 하다 〉 와다 〉 わた』

「わた」: 솜, 목화

554. 滅入る(めいる) : 기가 죽다, 우울해지다 [꺼질 멸(滅)]

풀어 쓰면,

「めつ(滅의 음독) + いる(入る, 들어가다)」→ めいる

(생기가) 꺼져 들어가다.

「めいる」: 기가 죽다, 우울해지다

555. 描く, 画く (えがく) : 그리다, 묘사하다 [그릴 묘(描)]

풀어 쓰면,

「え(絵, 그림) + かく (掻く, 긁다)」→ えかく → えがく

긁어서 그리다.

「えがく」: 그리다, 묘사하다

☞ かく (掻く) : 긁다

　어원은 긁다(어간은 긁)

　『긁 〉극 〉각 〉가구 〉かく』

556. ふざける (巫山戯る) : 희룽거리다, 장난치다, 농하다 [무당 무(巫)]

어원은 「호작질」(어근은 호작), 손장난을 말한다

『호작 〉호자게 〉후자게 〉ふざけ』

「ふざけ + る(동사·접미어)」→ ふざける

「ふざける」: 희룽거리다, 장난치다, 농하다

557. 茂る (しげる) : 초목이 무성하다, 빽빽이 들어차다 [우거질 무(茂)]

어원은 「쌨다」의 활용 「쌨게」(많게)

「쌨다」는 많다의 경상 방언

『쌨게 〉새게 〉시게 〉しげ』

「しげ + る(동사·접미어)」→ しげる

초목이 번식해 많게 되다.

「しげる」: 초목이 무성하다, 빽빽이 들어차다

558. 撫でる(なでる) : 어루만지다, 쓰다듬다 [어루만질 무(撫)]

어원을 풀어 쓰면,

「なぐ(和ぐ, 평온해지다) + て(手, 손) + る」

「なてる → なでる」

평온한(부드러운) 손으로 어루만지다.

「なでる」: 어루만지다, 쓰다듬다

☞ なぐ(和ぐ) : 평온해지다 (1189 참조)

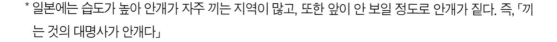

559. 霧(きり) : 안개 [안개 무(霧)]

고어「きる」(霧る, 안개 끼다)의 명사형이「きり」(안개)

* 夜霧(よぎり) : 밤안개

☞ 霧る(きる) : 안개가 끼다

　　어원은 (안개가)「끼다」의「끼」

　　「끼 + る(동사를 만드는 접미어)」→ きる(안개가 끼다)

* 일본에는 습도가 높아 안개가 자주 끼는 지역이 많고, 또한 앞이 안 보일 정도로 안개가 짙다. 즉,「끼는 것의 대명사가 안개다」

일본 3경(日本三景)

에도(江戸) 시대 초기 유학자인 林春斎(はやし しゅんさい)가 일본 전국을 행각(行脚, あんぎゃ, 도보 여행)하여 3곳을 일본 3경으로 정했다고 한다.

1. 松島(まつしま)

미야기현(宮城県)에 있는 松島는 和歌(일본 고유의 시)에 나오는 「松島여, 아아 松島여, 松島여」라는 구절이 유명하다. 크고 작은 260개의 섬이 떠있는 송도는 오랜 옛날부터 경승지로 사랑받아 지금은 미야기현 「자연공원」으로 지정되어 있다. 松島를 조망하는 네 개의 장소인 「四大観(しだいかん)」이 있다.

2. 天橋立(あまのはしだて)

교토부(京都府) 미야즈시(宮津市, みやづし)에 위치하는 3.6km 길이의 만(灣) 어귀 모래톱(砂州)이다. 天橋立 외해(外海)는 미야즈만이고, 모래톱 내측은 아소(阿蘇, あそ)海라는 내해(内海)로 되어 있다. 天橋立의 환상적인 경관은 모래톱 안에 우거진 8,000그루의 소나무이다. 백사장의 흰색과 소나무의 녹색은 자연의 색이 아름답게 어우러져 흡사 하늘에 오르는 다리와 같이 보인다.

3. 宮島(みやじま)

히로시마현(広島県)에 있는 옛날부터 「신들의 섬」으로 숭상받고 있는 宮島. 특히 바다에 떠 있는 大鳥居(おおとりい)과 신사(神社)의 신체(神體)를 모신 건물로 알려진 세계유산인 厳島(いっくしま) 신사(神社)는 쇼토쿠(聖徳, しょうとく) 태자 시대에 창건되었고, 헤이안(平安) 시대 말기에 더욱 발전하고 특별한 장소로 그 이름을 알리게 되었다. 현재는 섬 전체가 세토나이카이(瀬戸内海) 해상국립공원으로 지정되어 있다.

560. 黙る(だまる) : 말을 하지 않다 [묵묵할 묵(黙)]

어원은, 말을 입에 「담다」(말하지 않다)

『담 〉 다마 〉 だま』

「だま + る(동사를 만드는 접미어)」→ だまる

「だまる」: (말을 입에 담고) 말을 하지 않다

561. 蜜(みつ) : 꿀 [꿀 밀(蜜)]

어원은 「꿀」을 뜻하는 「蜜」의 우리 한자음 「밀」

『밀 〉 미츠 〉 みつ』

「みつ」는 「蜜」의 음독이며 오음(吳音)이다.

☞ 우리말 종성 「ㄹ」이 일본어로 바뀔 때, 자음이 「ㄱ, ㅁ, ㅅ, ㅈ, ㅊ, ㄷ」으로 바뀌며 모음(ㅣ, ㅡ, ㅏ 등)이 붙는다. (「종성 ㄹ의 변화표」8쪽 참조)

☞ 일본어의 한자 발음은 오음(吳音)과 한음(漢音)이 있는데, 오음은 한반도를 거쳐 일본에 전래된 것으로 오음의 형성에 있어서 한국 한자음의 영향을 무시할 수 없다고 한다. 그래서 발음이 한국 한자음과 유사한 것이 많다.

* 오음(吳音) : もくざい(木材, 목재)
  한음(漢音) : たいぼく(大木, 거목)

562. 迫る (せまる) : 다가오다, 박두하다 [닥칠 박(迫)]

풀어 쓰면,

「せまい, 狭い, 좁다) + る(동사·접미어)」→ せまる

(기간을) 좁게 하다. 즉, 「다가오다」라는 뜻이다.

「せまる」: 다가오다, 박두하다

☞ せまい(狭い) : 좁다

「ささ(小·細, 작은) + ま(間, 간격) + い(형용사·접미어)」

「ささまい 〉せまい」(ささ → せ)

작은 간격이다. 즉 「좁다」라는 뜻이다.

---

563. 剝く (むく) : 벗기다, 까다 [벗길 박(剝)]

어원은 「몸」(알맹이)

『몸 〉 모 〉 무 〉 む』

「む + く (동사를 만드는 접미어)」→ むく

몸(알맹이)이 나오게 껍질을 벗기다.

「むく」: 벗기다, 까다

---

564. 伴う (ともなう) : 따라가다, 동반하다 [짝 반(伴)]

풀어 쓰면,

「とも(동무) + なう(동작을 나타내는 접미어)」→ ともなう

동무 따라 (강남) 가다.

「ともなう」: 따라가다, 동반하다

☞ とも(友) : 동무, 친구

『동무 〉 도무 〉 도모 〉 とも』

565. 妨げる(さまたげる) : 방해하다, 지장을 주다   [방해할 방(妨)]

어원은「사마」(邪魔)

「사마」는 불도의 수행을 방해하는 마귀를 말한다.

「사마 + たげる(상대에게 행위를 한다는 뜻)」

사마가 불도 수행자에게 수행을 못하게 하다. 즉,

「방해하다」

「さまたげる」: 방해하다, 지장을 주다

---

566. 防ぐ(ふせぐ) : 막다, 방지하다   [막을 방(防)]

『ふさぐ(塞ぐ. 막다, 가리다)』에서 변화된 말이다.

「ふさぐ → ふせぐ」

「ふせぐ」: 막다, 방지하다

*「不正(ふせい)を防ぐ」: 부정을 막다

☞ ふさぐ(塞ぐ) : 막다, 가리다 (317 참조)

---

567. 放る(ほうる) : 멀리 내던지다, 집어치우다   [놓을 방(放)]

어원은 放의 음독「ほう」(오음)

「ほう + る」→ ほうる

「ほうる」: 멀리 내던지다, 집어치우다

* 放送(ほうそう) : 방송

  放り出す(ほうりだす) : 내던지다

568. 拝む(おがむ) : 공손히 절하다, 배례하다 [절 배(拝)]

풀어 쓰면,

「お(기도할 때 내는 소리, 오~) + かがむ(屈む, 구부리다, 굽히다)」

「おかがむ 〉おがむ」

(오, 하느님), 기도하면서 몸을 구부려 절하다.

「おがむ」: 공손히 절하다, 배례하다

☞ かがむ(屈む) : 구부리다, 굽히다 (824 참조)

569. 補う(おぎなう) : 보충하다, 보상하다 [기울 보(補)]

어원은 「깁다」(어간은 깁)

『깁 〉기 〉ぎ』

「お(존경, 친숙의 뜻) + ぎ + なう(동작을 나타내는 접미어)」

→ おぎなう

떨어진 곳에 다른 천을 대어 기워서 보충하다.

「おぎなう」: 보충하다, 보상하다

570. 縫う(ぬう) : 꿰매다, 누비다, 바느질하다 [꿰맬 봉(縫)]

어원은 「누비다」의 「누」

『누 〉누우 〉ぬう』

「ぬう」: 꿰매다, 누비다, 바느질하다

* ぬの(布) : 직물의 총칭

* 출처 : 『이와나미 고어사전(岩波古語辞典)』

571. 釜(かま) : 솥 [가마 부(釜)]

어원은「가마솥」
가마솥은 아주 크고 우묵한 솥을 말한다.
「かま」: 솥

572. 敷く(しく) : 깔다, 밑에 펴다 [펼 부(敷)]

어원은「씨줄」의「씨」
「씨줄」은 가로방향, 즉 수평 방향을 말한다. [위도(緯度)를 나타내는 선]
『씨 〉시 〉し』
「し + く (동사·접미어)」→ しく
(침대 시트를) 수평으로 하다(→ 깔다)
「しく」: 깔다, 밑에 펴다

573. 粉(こな, こ) : 가루, 분말, 밀가루 [가루 분(粉)]

어원은「갈다」의 활용「간」
『간 〉가나 〉고나 〉こな』
밀을 간 것이 밀가루
「こな」: 가루, 분말, 밀가루

* むぎこ(麦粉) : 밀가루

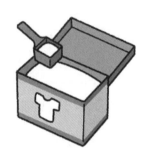

574. 焚く (たく) : 불을 때다, 불을 피우다 [불사를 분(焚)]

어원은 태우다의 방언「타쿠다」

『타쿠 〉たく』

「たく」: 불을 때다, 불을 피우다

☞ たきぎ (薪) : 땔나무, 장작

　「たき (焚き, 불을 때다) + き (木, 나무)」→ たきき → たきぎ

☞ たく (炊く) : 밥을 짓다

　「た (때, 끼니를 뜻함) + く」→ たく (밥을 짓다). 『때 〉て 〉た』

575. 仏 (ほとけ) : 부처 [부처 불(仏)]

어원은「붓다」(Buddha)

『붓다 〉부다 〉부도 〉보도 〉호도 〉ほと』[탁음 보(ぼ) → 청음 호(ほ)]

「ほと + け (家. …가, …문)」→ ほとけ

「ほとけ」: 부처

576. 崩れる (くずれる) : 무너지다, 붕괴하다 [무너질 붕(崩)]

어원은「くず」(屑. 부스러기, 쓰레기)

「くず + れる (동사를 만듦)」→ くずれる

「무너져서」부스러기 (くず)가 된다.

「くずれる」: 무너지다, 붕괴하다

* 崩す (くずす) : 무너뜨리다

☞ くず (屑) : 부스러기, 쓰레기 (597 참조)

577. 肥える(こえる) : 살이 찌다, 비옥해지다 [살찔 비(肥)]

어원은「걸다」(어간은 걸)

「걸다」는 흙이나 거름 따위가 기름지고 양분이 많다.

『걸 〉 골 〉 고올 〉 고오 〉 고에 〉 こえ』

(음성모음 ㅓ → 양성모음 ㅗ)

「こえ + る(동사·접미어)」→ こえる

「こえる」: 비옥해지다, 살이 찌다

* こやす(肥やす) : 살찌게 하다, 기름지게 하다

---

578. 備える(そなえる) : 준비하다, 대비하다, 갖추다, 구비하다 [갖출 비(備)]

어원은「손님」의「손」

『손 〉 소나 〉 そな』

「そな + える(동사를 만듦)」→ そなえる

손님이 올 것에 대비해 미리 준비하다.

「そなえる」: 준비하다, 대비하다, 갖추다, 구비하다

☞ 供える(そなえる) : 바치다, 올리다

　　備える(そなえる)와 같은 어원

　　귀한「손」에게 바치다.

579. 頻りに (しきりに) : 자꾸만, 계속적으로, 끊임없이 [자주 빈(頻)]

어원은「しきる」(頻る. 거듭되다, 자꾸 일어나다)

「しきり(頻り, 거듭되다) + に (조사)」→ しきりに

「しきりに」: 자꾸만, 계속적으로, 끊임없이

☞ しきる (頻る) : 거듭되다, 자꾸 일어나다

　어원은「-씩」

　「-씩」은 (수량을 나타내는 말 뒤에 붙어) "그 수량이나 크기로 나뉘거나 **되풀이됨**"의 뜻(예. 조금씩,

　하나씩)

　『씩 〉씨기 〉しき』

　「しき + る(동사·접미어)」

　「しきる」: 거듭되다, 자꾸 일어나다

---

580. もたれる (凭れる) : 기대다, 의지하다, 먹은 것이 소화되지 않고 위에 남다 [기댈 빙(凭)]

어원은「もつ」(持つ. 쥐다, 가지다)의 수동태「もたれる」

(1) 스스로 쥐지 못하고 쥐임을 당하다

　「もたれる」: 기대다, 의지하다

(2) (오래) 가지는 것을 당하다(→ 소화되지 않다)

　「もたれる」: 먹은 것이 소화되지 않고 위에 남다

* いもたれ(胃もたれ) : (소화 불량으로) 더부룩한 상태

581. 卸す(おろす) : 도매하다 [풀 사(卸)]

가격을 내리다(おろす, 下ろす). 즉, 도매하다

「おろす」: 도매하다

* おろしうり(卸売) : 도매

☞ おろす(下ろす) : 내리다 (110 참조)

582. 蛇(へび) : 뱀 [뱀 사(蛇)]

어원은 「뱀」

『뱀 〉배미 〉해미 〉へみ 〉へび』(탁음 べ → 청음 へ)

「へび」: 뱀

*「へみ」는 「へび」의 고어(古語)이다.

583. 射す(さす) : 비치다 [쏠 사(射)]

어원은 「햇살」의 「살」

『살 〉사스 〉さす』

햇살이 비치다.

「さす」: 비치다

☞ 우리말 종성 「ㄹ」이 일본어로 바뀔 때, 자음이 「ㄱ, ㅁ, ㅅ, ㅈ, ㅊ, ㄷ」으로 바뀌며 모음(ㅣ, ㅡ, ㅏ 등)
　이 붙는다. (「종성 ㄹ의 변화표」 8쪽 참조)

☞ 햇살의 「살」은 태양을 의미한다. [영어의 solar(태양의)와 同根임]

584. 覗く (のぞく) : 엿보다, 들여다보다　[엿볼 사(覗)]

「のぞむ(望む, 바라다보다) + くぼ(窪, 움푹 파인 곳)」
→ のぞく
움푹 파인 곳(구멍)을 바라다보다, 즉 엿보다.
「のぞく」: 엿보다, 들여다보다

* のぞき (覗き) : 엿봄, 들여다봄

☞ くぼ(窪) : 움푹 파인 곳 (1020 참조)

585. 削る (けずる) : 깎다, 삭감하다　[깎을 삭(削)]

풀어 쓰면,
「け(毛, 털) + する(剃る, 깎다)」→ けする → けずる
(털을) 깎다(삭감하다).
「けずる」: 깎다, 삭감하다

☞ する(剃る) : 깎다
　어원은「썰다」(어간은 썰)
　『썰 〉써루 〉스루 〉する』
　털을 썰어 깎다.

☞ 剃る(そる) : 박박 깎다, 면도하다

※「かみそり(剃刀)」: 면도칼
　어원은,「かみ(髪, 머리털) + そり(剃り, 박박 깎다)」
　지금은 면도칼이 수염을 깎는 것이 목적이지만, 예전에는 머리털을 깎는 것이 면도칼의 주목적이
　었다.

586. 上(かみ) : 위, 위쪽, 상류 [위 상(上)]

어원은 머리(頭)의 「가마」

머리의 「가마」는 신체의 맨 위 머리 꼭대기에 있음

가마가 「가미」로 바뀌어 「위쪽」을 가리킴

『가마 〉 가미 〉 かみ』

「かみ」 : 위, 위쪽, 상류

* 가마 : 사람의 머리에 털이 한곳을 중심으로 빙 돌아 나서 소용돌이 모양으로 된 곳

587. 相撲(すもう) : 씨름 [서로 상(相)]

어원은 「씨름」

『씨름 〉 씨모 〉 쓰모 〉 すもう』

☞ 「구름」이 구모(くも)로 바뀐 것과 유사하다.

　 [구름 〉 구모 〉 くも]

588. 爽やか(さわやか) : 상쾌한 모양 [시원할 상(爽)]

어원은, 「さわさわ」(爽爽, 상쾌하게 바람이 부는 모양)

「さわ(爽) + やか(그러한 느낌을 주는 모양)」

「さわやか」 : 상쾌한 모양

☞ さわさわ(爽爽) : 상쾌하게 바람이 부는 모양

　 바람이 「쏴~」하고 불어 「상쾌하다」

　 『쏴~ 〉 싸와 〉 さわ』

　 「さわさわ」 : 상쾌하게 바람이 부는 모양

연상암기

1. 焦る(あせる) : 애타하다, 초조하게 굴다
    진 땀(**あせ**, 汗)을 흘리며 초조해하다.

2. 偽(にせ) : 가짜
    저 친구가 백작의 이세(**にせ**い, 二世)라고 하는데 실은 「가짜」다.
    * にせる(似せる) : 비슷하게 하다

3. 捕える(とらえる) : 잡다, 붙잡다
    호랑이(とら, 虎)를 붙잡다.

4. たより(便り) : 소식, 편지
    「**타**인 + **より**(에서, …으로부터)」→ 타인으로부터 고향 소식을 듣다.

5. いたずら(悪戯) : 장난, 못된 장난
    「애들이 물건을 가지고 장난이 심하니 **이따 주라**(줘라)」

6. しびれる(痺れる) : 저리다, 마비되다
    무릎 꿇고 앉았더니 다리가 저려서 **시**리고 **비**틀리다.

589. 霜(しも) : 서리 [서리 상(霜)]

어원은「서리」

『서리 〉설 〉서모 〉시모 〉しも』

「しも」: 서리

☞ 일본 어원설 : 24절기의 하나인 상강(霜降)은「서리가 아래로 내리다」라는 것에서
　　어원은「しも」(下, 아래)

　　「しも(霜)」: 서리

☞ しも(下) : 아래 (731 참조)

590. 生える(はえる) : 나다 [날 생(生)]

문어체는「はゆ」(生ゆ)

어원을 풀어 쓰면,

「は(歯. 이, 이빨) + ゆ(동사를 만드는 접미어)」

「はゆ → はえる」(하1단화, 구어체)

(아기의 이가) 나다.

「はえる」: 나다

☞ は(歯) : 이, 이빨

　　어원은「이빨」의「빨」

　　『빨 〉빠 〉하 〉は』

591. 省く(はぶく) : 생략하다, 없애다 [덜 생(省)]

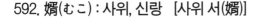

어원은「합하다」(어근은 합)

『합 〉하부 〉はぶ』

「はぶ + く(동사를 만드는 접미어)」→ はぶく

합하여 불필요한 것을「없애다」

「はぶく」: 없애다, 생략하다

☞ 「합」은 합할 합(合)으로 순우리말이다.

　우리말의 실제 발음 수는 1,096개이며, 이 중 한자 발음 수는 460개이다.

　(실제 발음 수의 42%를 한자음으로 사용)

592. 婿(むこ) : 사위, 신랑 [사위 서(婿)]

「むかえる(迎える, 맞이하다) + こ(子, 자식)」→ むこ

맞이하는 자식이 사위다.

「むこ」: 사위, 신랑

* はなむこ(花婿) : 신랑

593. 誓う(ちかう) : 맹세하다 [맹세할 서(誓)]

어원을 풀어 쓰면,

「ち(血, 피) + かう(交う, 서로 …하다)」

피를 서로 나누어 마시는 의식으로 굳게 약속하는 것에서

「ちかう」: 맹세하다

☞ ち(血) : 피 (298 참조)

594. 惜しい(おしい) : 아깝다, 아쉽다 [아낄 석(惜)]

어원은 「아쉽다」

『아쉽 〉아시 〉오시 〉おし』

「おし + い(형용사를 만드는 접미어)」

「おしい」: 아깝다, 아쉽다

* 惜しむ(おしむ) : 아끼다, 아쉬워하다

---

595. 羨む(うらやむ) : 부러워하다, 샘하다 [부러워할 선(羨)]

「うら(마음) + やむ(病む. 괴로워하다, 병들다)」

(남이) 잘되니 샘이 나서 마음이 괴롭다(→ 부러워하다)

「うらやむ」: 부러워하다, 샘하다

* 羨ましい(うらやましい) : 부럽다

☞ うら : 마음

　　어원은 「얼」(마음, 정신)

　　『얼 〉어라 〉우라 〉うら』

596. 扇ぐ(あおぐ) : 부채질하다, 부치다 [부채 선(扇)]

어원은 「아궁이」(어근은 아궁)

「아궁이」는 솥 따위에 불을 때기 위하여 만든 구멍이다.

아궁이에 부채질하다.

『아궁 〉아:구 〉아오구 〉あおぐ』

「あおぐ」: 부채질하다, 부치다

☞ おうぎ(扇) : 부채

　「あおぐ」의 연용형을 명사화한 말이다.

　「あおぎ 〉あうぎ 〉おうぎ」

---

597. 屑(くず) : 쓰레기, 부스러기 [가루 설(屑)]

어원은 「구질구질」(깨끗하지 못하고 구저분한 모양)

『구질 〉구지 〉구즈 〉くず』

구질구질한 것이 「쓰레기」다.

「くず」: 쓰레기, 부스러기

☞ 「꾸중물」(구정물의 경남 방언)은 더러워진 물로 「くず」와 관련이 있다.

---

598. 吹雪(ふぶき) : 눈보라 [눈 설(雪)]

「ふき(吹き, 불다) + ゆき(雪, 눈)」

「ふゆき 〉ふふき 〉ふぶき」

「ふぶき」: 눈보라

* 吹く(ふく) : 불다 (275 참조)

599. 齧る(かじる) : 갉다, 베어 먹다　[물 설(齧)]

어원은 「갉다」의 「갉」

『갉 〉 갈 〉 가지 〉 かじ』

「かじ + る(동사를 만드는 접미어)」→ かじる

「かじる」: 갉다, 베어 먹다

☞ 우리말 종성 「ㄹ」이 일본어로 바뀔 때, 자음이 「ㄱ, ㅁ, ㅅ, ㅈ, ㅊ, ㄷ」
　　으로 바뀌며 모음(ㅣ, ㅡ, ㅏ 등)이 붙는다. (『종성 ㄹ의 변화표』8쪽 참조)

600. 囁く(ささやく) : 속삭이다, 소곤거리다　[소근거릴 섭(囁)]

풀어 쓰면 「ささ(작은) + いわく(曰く. 왈, 말하는 것)」

작게 말하다(→ 속삭이다)

「ささいわく → ささやく」

「ささやく」: 속삭이다, 소곤거리다

☞ ささ : 작은

　　사사하다(작다) → ささ(작은)

601. 城(しろ) : 성　[성 성(城)]

어원은 「성」

『성 〉 싱 〉 신 〉 시노 〉 시로 〉 しろ』

「しろ」: 성

☞ 일본인에게 「강남 스타일」을 발음하게 하면, 거의 「간남 스타이루」로 발음 (ㅇ → ㄴ)

602. 素人(しろうと) : 비전문가, 아마추어 [본디 소(素)]

어원은「설다」(어간은 설), 익숙하지 못하다(예, 낯설다)

『설 〉실 〉시로 〉しろ』

「しろ + ひと(人, 사람)」→ しろひと(익숙하지 못한 사람)

「しろひと」가「しろうと」로 바뀜

「しろうと」: 비전문가, 아마추어

☞ くろうと(玄人) : 전문가

　그 방면에 애를 쓴[くろう(苦労), 애씀] 사람

　「くろう + ひと(人, 사람)」→ くろうひと → くろひと → くろうと

---

603. 訴える(うったえる) : 소송하다, 고소하다   [호소할 소(訴)]

이 말의 본래 말은「うるたえる」

어원은「옳다」

『옳다 〉올타 〉오르타 〉우루타 〉うるた』

「うるた + える(동사를 만듦)」

「うるたえる → うったえる」

옳다고 주장하다. 즉,「소송하다, 고소하다」의 뜻이다.

「うったえる」: 소송하다, 고소하다

---

604. 遡る(さかのぼる) : 거슬러 올라가다, 소급하다 [거스를 소(遡)]

풀어 쓰면,

「さか(逆, 거꾸로 됨) + のぼる(上る, 오르다, 올라가다)」

「さかのぼる」: 거슬러 올라가다, 소급하다

☞ さか(逆) : 거꾸로 됨, 거슬러 됨

　물고기(さかな, 魚)는 강을「거슬러」올라간다.

605. 束(たば) : 다발, 뭉치 [묶을 속(束)]

어원은 「다발」

『다발 〉 다바알 〉 다바 〉 たば』

「たば」 : 다발, 뭉치

* 束ねる(たばねる) : 묶다

---

606. 鎖(くさり) : 사슬, 잇는 것 [쇠사슬 쇄(鎖)]

어원은 「구슬」

사슬은 구슬같이 생긴 것에서

『구슬 〉 구스리 〉 구사리 〉 くさり』

「くさり」 : 사슬, 잇는 것

---

607. 殊に(ことに) : 각별히, 특히 [다를 수(殊)]

어원은 「곧」

「곧」은 앞말을 강조하는 뜻을 나타냄(예, 이는 곧 仁을 뜻한다).

『곧 〉 고도 〉 こと 〉 ことに』

「ことに」 : 각별히, 특히

---

608. 数(かず) : 수 [셀 수(数)]

어원은 「가지」(가지 数 할 때 가지)

『가지 〉 가즈 〉 かず』

「かず」 : 수

* 数える(かぞえる) : 세다, 계산하다

　「かずえる → かぞえる」

609. 宿(やど) : 사는 집, 숙소 [잘 숙(宿)]

「や(屋, 집) + と(所·処, 장소)」→ やと → やど

「やど」 : 집, 숙소

* 宿る(やどる) : 머물다

연상암기

1. 尽きる(つきる) : 다하다, 끝나다
   달(**つき**, 月)이 다하면 그믐인가.

   * つくす(尽くす) : 다하다, 진력하다

2. 兼ねる(かねる) : 겸하다, 하기 어렵다
   돈(お**かね**, お金)과 명예를 둘 다 겸하기는 어렵다.

3. いろどる(色取る·彩る) 색칠하다, 장식하다
   「いろ(色, 색) + とる(取る. 잡다, 들다, 쥐다)」

4. ことわざ(諺) : 속담
   「こと(言, 말) + わざ(技, 기술)」
   매우 기술적인 말, 속담이다.

5. ひとみ(瞳) : 눈동자
   「ひと(人, 사람) + **み**る(見る, 보다)」
   눈동자로 사람을 보다.

6. 朗らか(ほがらか) : 쾌활한 모양, 쾌청함
   「호가(浩歌. 큰 소리로 노래를 부름) + らか(…와 같은 상태)」

610. 巡る(めぐる) : 돌다, 둘러싸다, 여기저기 들르다 [돌 순(巡)]

어원은「매구」
매구는 꽹과리의 경상, 전남 방언이고, 또 매구를 치면서 마을을 돈 다음
집집마다 들어가 악귀를 쫓고 복을 비는 민속 행사를「매구」라고 한다(음력
정월 초승에 함).
「매구」를 동사화한 것이「めぐる」이다.
「めぐる」: 돌다, 둘러싸다, 여기저기 들르다

---

611. 諄い(くどい) : 장황하다, 끈덕지다, 칙칙하다 [타이를 순(諄)]

어원은「끈덕지다」의「끈덕」
『끈덕 〉 끄더 〉 꾸도 〉 くど』
「くど + い(형용사를 만드는 접미어)」→ くどい
「くどい」: 끈덕지다, 장황하다, 칙칙하다

---

612. 述べる(のべる) : 말하다, 진술하다 [펼 술(述)]

문어체는「のぶ」(述ぶ)
어원은「뇌다」(어간은 뇌)
「뇌다」는 한 말을 여러 번 거듭 말하다.
『뇌 〉 내 〉 の』
「の + ぶ(동사·접미어)」
「のぶ → のべる」(하1단화, 구어체)
「のべる」: 말하다, 진술하다

613. 膝(ひざ) : 무릎 [무릎 슬(膝)]

일본에서 우리말(조선어)에 어원을 두고 있다는 주장이 있다.

관절에 해당하는 「무릎을 펴라」라는 말에서

『펴다 〉 피다 〉 피자 〉 히자 〉 ひざ』[반탁음 ぴ(피) → 청음 ひ(히)]

「ひざ」 : 무릎

* ひじ(肘) : 팔꿈치

* 출처 : 岩波古語辞典(大野 晋)

614. 湿る(しめる) : 축축해지다 [축축할 습(濕)]

어원은 「しみる」(染みる. 스며들다, 배다)

물이 스며들면 축축해진다.

「しみる」가 「しめる」로 바뀌어 축축해지다라는 뜻이 됨

「しめる」 : 축축해지다

☞ 染みる(しみる) : 스며들다 (1006 참조)

615. 縄(なわ) : 새끼, 줄, 포승 [노끈 승(縄)]

어원은 「나락」(벼)

나락을 타작하고 난 짚으로 새끼를 꼬는 것에서

『나락 〉 나라 〉 나아 〉 나와 〉 なわ』

「なわ」 : 새끼, 줄, 포승

* 沖縄(おきなわ) : 오키나와(地名)

　縄張り(なわばり) : 새끼줄을 쳐 경계를 정함

616. 始(はじめ) : 시작, 개시, 기원 [처음 시(始)]

어원은「아시」(애초, 맨 처음의 경상 방언)
「아시(맨 처음) + め(순서를 나타냄, 째)」
『아시め 〉하시메 〉하지메 〉はじめ』
「はじめ」: 시작, 개시, 기원

* 始める(はじめる) : 시작하다

617. 試す(ためす) : 시험하다 [시험 시(試)]

풀어 쓰면,
「ため(為, 위함) + す(동사·접미어)」→ ためす
안전을 위해 시험(테스트)하다.
「ためす」: 시험하다

618. 匙(さ じ) : 숟가락 [숟가락 시(匙)]

어원은「숟가락」(어근은 숟)
『숟 〉숮 〉수지 〉사지 〉さじ』
「さじ」: 숟가락

619. 食う(くう) : 먹다 [먹을 식(食)]

어원은「끼니」의「끼」

「끼」를 동사화한 말이「くう」

『끼 〉꾸 〉くう』

「くう」: 먹다

*「끼니」는 날마다 정해진 시간에 먹는 밥을 말한다.

☞ 食べる(たべる, 먹다)는 가장 일반적으로 사용된다.

「食う」는「食べる」보다 약간 낮춘 말투다. 주로 남성이 동년배 이하의 친한 사람에게 사용한다.「食らう(くらう)」는 약간「처먹다」에 가까운 말이다.

620. 息(いき) : 숨, 호흡 [쉴 식(息)]

어원은「입김」

숨을 들이쉬고 내뱉을 때 입에서 더운「입김」이 나온다.

『입김 〉이기 〉いき』

「いき」: 숨, 호흡

621. 拭う(ぬぐう) : 닦다, 씻다 [씻을 식(拭)]

어원은 「누고」(누다)

배설물(변, 오줌)을 누고 「닦다」

「누고 + う(동사를 만드는 접미어)」→ ぬごう → ぬぐう

「ぬぐう」: 닦다, 씻다

* 手拭い(てぬぐい) : 수건

☞ 拭く(ふく) : 훔치다, 닦다

　어원은 「훔치다」(어근 훔)

　『훔 〉후 〉ふ』

　「ふ + く(동사·접미어)」→ ふく (훔치다)

---

622. 失う(うしなう) : 잃다, 잃어버리다 [잃을 실(失)]

풀어 쓰면,

「うし(牛, 소) + なう(동작을 나타내는 접미어)」

소를 잃어버리다.

「うしなう」: 잃다, 잃어버리다

---

623. 実(み) : 열매, 과실 [열매 실(実)]

어원은 「열매」의 「매」

『매 〉미 〉み』

「み」: 열매, 과실

* 実る(みのる) : 열매를 맺다

624. 甚だしい(はなはだしい) : 심하다, 대단하다 [심할 심(甚)]

본래 말을 풀어 쓰면,

「はだはだ(甚だ甚だ, 심함) + しい(…스럽다)」

「はだはだしい」가 「はなはだしい」로 바뀜

「はなはだしい」: 심하다, 대단하다

　　☞ はだはだ(甚だ甚だ) : 심함, 몹시

　　　　어원은 고어(古語) 「하다」

　　　　「하다」는 「많다, 크다, 높다」라는 뜻이다.

---

625. 砕く(くだく) : 부수다, 깨뜨리다 [부술 쇄(砕)]

어원은 「깨다」

『깨다 〉꾸다 〉くだ』

「くだ + く (동사・접미어)」→ くだく

「くだく」: 깨뜨리다 부수다

* 砕ける(くだける) : 깨지다, 부서지다

---

626. 俄(にわか) : 갑작스러운 모양 [아까 아(俄)]

어원을 풀어 쓰면,

「にい(新, 새…) + か(상태, 성질을 나타냄)」

「にいか 〉にあか 〉にわか」

새로운 상태란 "갑작스러운 상태"를 의미한다.

「にわか」: 갑작스러운 모양

　　☞ にい(新) : 새…

　　　　어원은 「나다」(어간은 나), 도로 등이 새로 생기다

　　　　「나 〉니 〉니이 〉にい」

　　　　「にい」: 새…

627. 鰐(わに) : 악어 [악어 악(鰐)]

어원을 풀어 쓰면

「かわ(川, 강) + あに(兄, 형)」→ わあに → わに

악어는 강에서 하마와 더불어 맏형뻘이다.

「わに」: 악어

☞ 하마(河馬) : "강의 말"이란 뜻으로「かば」(河馬)라고 한다

---

628. 岸(きし) : 물가, 벼랑, 낭떠러지 [언덕 안(岸)]

(1) 풀어 쓰면,

　「き(= きる, 切る, 자르다) + し(= いし, 石, 돌)」

　돌을 자른 듯하다(벼랑)

　「きし」: 벼랑, 낭떠러지

(2) 어원은「갯가」(물이 흐르는 곳의 가장자리)

　『갯 〉개시 〉기시 〉きし』

　「きし」: 물가

---

629. 頷く, 肯く(うなずく) : 수긍하다, 고개를 끄덕이다 [끄덕일 암(頷)]

어원을 풀어 쓰면,

「うなじ(項, 목덜미) + つく(突く, 찌르다)」→ うなつく

「うなつく → うなづく → うなずく」

목덜미를 앞으로 찌르다(수긍하다).

「うなずく」: 수긍하다, 고개를 끄덕이다

☞ うなじ(項) : 목덜미 (736 참조)

630. 哀れ, 憐れ(あわれ) : 불쌍함, 가련함 [슬플 애(哀)]

「ああ(아아, 감탄사) + あれ(어, 아니, 감탄사)」

「あああれ → あわれ」

일반적인 감정이 비애의 감정으로 바뀜

「あわれ」: 불쌍함, 가련함

631. 額(ひたい) : 이마   [이마 액(額)]

어원은「머리빗」의「빗」

빗은 이마가 잘 보이도록 머리를 빗는 도구다.

『빗 〉 빋 〉 비다 〉 히다 〉 히다이 〉 ひたい』[탁음 비(び) → 청음 히(ひ)]

「ひたい」: 이마

* 출처 : 日本古語大辭典(松岡靜雄)

632. 譲る(ゆずる) : 양보하다, 양도하다, 물려주다 [사양할 양(譲)]

어원은「옜다」(어간은 옜)

「옜다」는 사람에게 무엇을 건네줄 때 하는 말.

『옜 〉 옛 〉 옞 〉 예주 〉 유주 〉 ゆず』

「ゆず + る(동사를 만드는 접미어)」

「ゆずる」: 양보하다, 양도하다, 물려주다

633. 魚(うお) : 물고기, 생선 [물고기 어(魚)]

어원은 물고기 「어」(魚)
우리 한자음 「어(魚)」가 변해서 된 말이다.
『어〉우〉우오〉うお』
「うお」: 물고기, 생선

* 魚釣(うおつり) : 낚시질

☞ 「さかな」(魚)도 물고기다. 에도(江戸) 시대 이후 「술안주」로 생선을 많이 사용했기 때문에 생선을
「酒菜(さかな)」로 부르게 되었다고 한다.

연상암기

1. 飢える(うえる) : 굶주리다
   굶주리지 않으려면 미리 곡식을 심어야(**うえる**, 植える) 한다.

2. おそらく(恐らく) : 아마, 어쩌면
   이 길은 아마 밤에 아마 **오소**리가 나올지도 몰라.

3. 誓う(ちかう) : 맹세하다.
   정부가 지가(**ちか**, 地価)를 안정시키겠다고 국민에게 맹세하다.

4. たとえる(例える) : 예를 들다, 비유하다
   たとし(他都市) 도시계획을 예로 들자면.

5. ながめる(眺める) : 바라보다, 전망하다
   「なが(長, 긴) + め(目, 눈) + る(동사를 만드는 접미어)」
   긴 눈으로 보다(전망하다).

6. つや(艶) : 광택
   기계는 기름을 잘 **쳐야** 녹슬지 않고 광택이 난다.

634. 語る(かたる) : 말하다, 이야기하다 [말씀 어(語)]

어원은 「카다」(말하다의 경상 방언)
「카다 + る(동사를 만드는 접미어)」 → かたる
「かたる」: 말하다, 이야기하다

* 카더라 통신 : 근거가 부족한 소문이나 추측을 사실처럼 전달하거나, 그런 소문을 의도적으로 퍼트
  리는 사람 또는 기관 따위를 비유적으로 이르는 말

☞ 源氏物語(げんじものがたり)
　 헤이안 시대(平安時代, 794-1185)의 궁중 생활을 묘사한 장편 소설의 하나(紫式部, むらさきしき
　 ぶ, 平安 시대 중기 여류 문학가), 54권으로 되어 있음

☞ 平家物語(へいけものがたり)
　 카마쿠라 시대(鎌倉時代. 1185-1333)에 성립한 平家 가문의 영화와 몰락을 그린 군담(軍談) 이야기

635. 余る(あまる) : 남다, 넘치다 [남을 여(余)]

어원을 풀어 쓰면,
「あま(天, 하늘) + る(동사·접미어)」 → あまる
하늘처럼 많아서 남다.
「あまる」: 남다, 넘치다

☞ あま(天) : 하늘
　 어원은 「어마어마」
　 하늘은 정말 어마어마해서 끝이 없는 공간이다.
　 『어마 〉 아마 〉 あま』
　 「あま」: 하늘

636. よそ(余所, 他所) : 딴 곳, 남의 집 [남을 여(余)]

「よこ(横, 옆) + しょ(所, 장소)」

「よこしょ 〉よしょ 〉よそ」

옆의 장소

「よそ」: 딴 곳, 남의 집

637. 逆らう(さからう) : 거스르다, 거역하다 [거스를 역(逆)]

어원은「거스르다」의「거스」

『거스 〉가사 〉 <u>가사</u> 〉 <u>사가</u>』(かさ가 도치되어 さか가 됨)

「さか + らう(동사를 만듦)」

「さからう」: 거스르다, 거역하다

defy [difái]

638. 燕(つばめ) : 제비 [제비 연(燕)]

어원은「처마」

「처마」밑에 집을 짓는 새가「제비」다.

『처마 〉つま』

「つま + め(새를 뜻함)」→ つまめ → つばめ

「つばめ」: 제비

*「뱀」(蛇)의 발음 변화와 유사하다.

『뱀 〉배미 〉해<u>미</u> 〉해<u>비</u> 〉へび』(ㅁ → ㅂ)

☞ かもめ(鴎, 갈매기)의 め도 새를 뜻함

639. 炎(ほのお) : 불꽃, 불길 [불꽃 염(炎)]

어원을 풀어쓰면,

「ほ(火, 불) の ほ(穂, 이삭)」

불 이삭이 「불꽃」이다.

「ほのほ」가 「ほのお」로 바뀜

「ほのお」: 불꽃, 불길

* 火의 훈독은 「ひ, ほ」

☞ 穂(ほ) : 이삭, 이삭 모양의 것

　　어원은 「벼」(byə)

　　『벼 〉 뵤 〉 보 〉 호 〉 ほ』(탁음 ぼ가 청음 ほ로 바뀜)

　　벼가 팬 모습에서 「ほ」는 일반적으로 「이삭」을 뜻한다.

☞ 호롱(호籠)

　　석유(옛날에는 아주까리기름 등 식물성 기름)를 담아 불을 켜는 데에 쓰는 그릇을 말하는데, 「불 항아리」라 할 수 있다. 「호롱」의 「호」는 불을 의미한다고 할 수 있다. 알코올램프도 호롱의 일종이다.

640. 影(かげ) : 그림자 [그림자 영(影)]

「그늘」(かげ, 陰)의 어원과 같다.

어원은 「가리다」(어간은 가리)

『가리 〉 갈 〉 가게 〉 かげ』

빛을 가려서 그 물체의 뒷면에 드리워지는 검은 그늘이 그림자다.

「かげ」: 그림자

☞ 우리말 종성 「ㄹ」이 일본어로 바뀔 때, 자음이 「ㄱ, ㅁ, ㅅ, ㅈ, ㅊ, ㄷ」으로 바뀌며 모음(ㅣ, ㅡ, ㅏ 등)이 붙는다. (「종성 ㄹ의 변화표」 8쪽 참조)

641. 刈る(かる) : 베다, 깎다 [벨 예(刈)]

어원은「칼」칼로 베다

『칼 〉카루 〉かる』

「かる」: 베다, 깎다

642. 詣でる(もうでる) : 신전・불전에 참배하다 [이를 예(詣)]

문어체는「もうづ」(詣づ)

어원은 두 손을「모으다」(어간은 모으)

『모으 〉모우 〉もう』

「もう + づ(동사를 만드는 접미어)」

「もうづ → もうでる」(하1단화, 구어체)

두 손을 모아 참배하다.

「もうでる」: 참배하다

* 初詣で(はつもうで) : 정월의 첫 참배

643. 穏やか(おだやか) : 온화함, 편안함 [편안할 온(穏)]

穏의 우리 한자음「온」

『온 〉오나 〉おな』

「おな + やか(그러한 느낌을 주는 모양)」

「おなやか → おだやか」

「おだやか」: 온화함, 편안함

* 穏和(おんわ) : 온화

☞ くだもの(果物, 과일)의 발음 변화와 유사

　「くのもの → くなもの → くだもの」

　「く」는「남구」(나무의 방언)의「구」

644. 瓦(かわら) : 기와 [기와 와(瓦)]

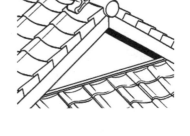

〈어원 1〉

어원을 풀어 쓰면,

「かわる(変わる, 바뀌다) + わらぶき(藁葺き, 짚으로 인 지붕)」

짚으로 인 지붕이 바뀌어서 된 지붕(→ 기와지붕)

「かわら」: 기와

☞ わら(藁) : 짚

　　어원은 「나락」(벼), 나락을 타작하고 나면 짚이 된다

　　『나락 〉 나라 〉 와라 〉 わら』

〈어원 2〉

「기와」가 변해서 된 말이다.

『기와 〉 가와 〉 가와라 〉 かわら』

「かわら」: 기와

645. 凹む(へこむ) : 움푹 패다, 꺼지다 [오목할 요(凹)]

어원은 「へこへこ」(움푹 들어가기 쉬운 모양)

이 말을 동사화한 말이 「へこむ」이다.

「へこむ」: 움푹 패다, 꺼지다

☞ ぺこぺこ : 배가 고픈 모양, 우그러진 모양

　　「배고파서」서 『배꼬배꼬 〉 빼꼬빼꼬 〉 ぺこぺこ』

　　「へこへこ」와 「ぺこぺこ」는 비슷한 말이다.

646. 優れる, 勝れる(すぐれる) : 뛰어나다, 우수하다 [뛰어날 우(優)]

어원은「쑥」(밖으로 불룩하게 내미는 모양)

『쑥 〉쑤구 〉すぐ』

「すぐ + れる(동사를 만듦)」→ すぐれる

밖으로 불룩 내미는 모습은 뛰어난 것을 의미한다.

「すぐれる」: 뛰어나다, 우수하다

647. 原(はら) : 벌, 벌판 [언덕 원(原)]

어원은「벌」

『벌 〉버라 〉바라 〉하라 〉はら』(탁음 ば → 청음 は)

「はら」: 벌, 벌판

* のはら(野原) : 들판

648. 怨む(うらむ) : 원망하다 [원망할 원(怨)]

어원은「우라질」의「우라」

「우라(나쁜 마음) + む(동사·접미어)」→ うらむ

나쁜 마음을 가지고 미워하는 것(원망하다).

「うらむ」: 원망하다

☞「우라질」은 마음에 안들 때 혼자서 욕으로 하는 말이다.

　　「우라」는 심통(心通)한 마음을 말한다.「心通」은 마땅치 않게 여기는「나쁜 마음」이다.

649. 越える(こえる) : 넘다, 건너다 [넘을 월(越)]

어원은 「고개」

『고개 〉 고오개 〉 고오 〉 고에 〉 こえ』

「こえ + る(동사를 만드는 접미어)」→ こえる

고개를 넘다

「こえる」: 넘다, 건너다

☞ 超える(こえる) : 기준을 넘다, 보다 낫다

650. 危うい(あやうい) : 위태하다, 위험하다 [위태할 위(危)]

어원은 「엿보다」의 「엿」

『엿 〉 얏 〉 아야 〉 あや』

「あや + うい(憂い, 괴롭다)」→ あやうい

엿보고 있어 괴롭다(→ 위험하다)

「あやうい」: 위태하다, 위험하다

651. 威張る(いばる) : 뽐내다, 거만하게 굴다 [위엄 위(威)]

어원은 「여봐라」

『여봐라 〉 이봐라 〉 이바라 〉 이바루 〉 いばる』

밑에 있는 하인을 「여봐라」 하면서 거만하게 굴다.

「いばる」: 거만하게 굴다, 뽐내다

652. 偉い(えらい) : 훌륭하다, 위대하다 [훌륭할 위(偉)]

어원은「얼」(정신의 줏대, 마음)

『얼 〉어라 〉에라 〉えら』

「えら + い(형용사를 만드는 접미어)」 → えらい

조상의 「얼」이 「훌륭하다」

「えらい」: 훌륭하다, 위대하다

☞ 選ぶ(えらぶ) : 뽑다, 택하다

　　훌륭한(えらい) 인물을 지도자로 「뽑다」

653. 萎む(しぼむ) : 시들다, 오므라지다   [시들 위(萎)]

어원은 「쇠하다」(힘이 점점 줄어서 약해지다)

『쇠하 〉시하 〉시호 〉시보 〉しぼ』

「しぼ + む(동사·접미어)」

쇠해서 시들다.

「しぼむ」: 시들다, 오므라지다

* しおれる(萎れる) : 시들다

654. 慰める(なぐさめる) : 위로하다, 달래다 [위로할 위(慰)]

풀어 쓰면,

なぐ(和ぐ, 평온해지다) + さめる(冷める, 식다)

격한 마음이 평온해지고 식도록 하다(달래다).

「なぐさめる」: 위로하다, 달래다

☞ なぐ(和ぐ) : 평온해지다 (1189 참조)

655. 宥める(なだめる) : 달래다 [너그러울 유(宥)]

어원은 「느닷없이」의 「느닷」

「느닷없이」는 나타나는 모양이 아주 뜻밖이고 갑작스럽게라는 뜻이다.

「느닷」은 「느닷없이」의 반대적 의미로,

「안정된 모양, 느긋한 모양」이다.

『느닷 〉니닷 〉나다 〉なだ』

「なだ + める(동사를 만듦)」→ なだめる

안정되게 하다(→ 달래다)

「なだめる」: 달래다

---

656. 餌(えさ) : 모이, 먹이   [미끼 이(餌)]

어원은 「여물」의 「여」

여물은 「여物」로 키워드는 「여」이다. 동물의 먹을 것이라는 의미다.

『여 〉에 〉え』

「え + さ(접미어)」→ えさ

「えさ」: 모이, 먹이

☞ 무언가 못마땅할 때 상대에게 「엿이나 먹어라」라고 욕 비슷하게 말하는데, 달콤한 엿을 먹으라는
　 말이 아니라, 동물 사료("여"를 힘주어 말하면 "엿"이 됨)나 먹어라는 뜻이 와전된 것으로 보인다.

---

657. 陰(かげ) : 그늘, 햇볕·불빛에 가려진 곳 [그늘 음(陰)]

어원은 「가리다」(어간은 가리)

『가리 〉갈 〉가게 〉かげ』

가려진 곳

「かげ」: 그늘, 햇볕·불빛에 가려진 곳

☞ 우리말 종성 「ㄹ」이 일본어로 바뀔 때, 자음이 「ㄱ, ㅁ, ㅅ, ㅈ, ㅊ, ㄷ」으로 바뀌며 모음(ㅣ, ㅡ, ㅏ 등)
　 이 붙는다. (「종성 ㄹ의 변화표」8쪽 참조)

「ぬ」이야기

「ぬ」는 특이하게도 한 음절의 동사다. 뜻은 「눕다」이고, 어원은 우리말 「눕다(누워)」의 「누」이다. 뜻이 비슷한 말로 고어 「いぬ(寝ぬ)」가 있다. 이 말은 명사 「い」(寝. 수면, 잠의 뜻)와 동사 「ぬ」의 합성어이고, 「누워서 잠을 자다」의 뜻이다.

[いぬ(寝ぬ)에서 「い」의 어원은 「이불」(침구)의 「이」]

☞ 「눕다」라는 뜻의 「ぬ」에서 파생된 말

  ① なぐ(凪ぐ) : (바람, 파도가) 잠잠해지다

  ② なぐ(薙ぐ) : (풀) 옆으로 쓰러뜨리다

  ③ なぐ(和ぐ) : 평온해지다, 가라앉다

  ④ なごむ(和む) : 누그러지다, 온화해지다

  ⑤ なだらか : 완만한 모양

  ⑥ ならす(均す) : 평평하게 하다, 고르게 하다

  ⑦ ながれる(流れる) : (강물이) 흐르다

위의 말 모두 「옆으로 눕다」라는 뜻을 가지고 있다.

658. 異なる(ことなる) : 다르다, 같지 않다 [다를 이(異)]

「ことに(殊に, 각별히) + なる(되다)」→ ことになる → ことなる

각별하게 되다(즉, 다르게 되다).

「ことなる」: 다르다, 같지 않다

☞ ことに(殊に) : 각별히 (607 참조)

---

659. 翼(つばさ) : 날개, 비행기 날개 [날개 익(翼)]

어원을 풀어 쓰면,

「つい(対, 짝) + はね(羽, 날개)」→ つは → つば

비행기 날개는 좌우 짝으로 되어 있다.

「つば」에 접미어 さ가 붙어「つばさ」가 됨

「つばさ」: 날개, 비행기 날개

☞ はね(羽) : 날개

날개는「하늘」을 나는 데 필요하다.

『하늘 〉하느 〉하네 〉はね』

---

660. 認める(みとめる) : 인정하다, 좋게 평가하다 [알 인(認)]

문어체는「みとむ」(認む)

어원은「믿다」(어간은 믿)

「믿다」에는 사람의 진실이나 성실함 등을 인정한다는 뜻도 포함되어 있다.

『믿 〉미도 〉みと』

「みと + む(동사·접미어)」→ みとむ → みとめる (구어체, 하1단화)

「みとめる」: 인정하다, 좋게 평가하다

* 信じる(しんじる) : 믿다, 신뢰하다

661. 逸れる(それる) : 빗나가다, 벗어나다 [달아날 일(逸)]

어원은 「설맞다」의 「설」

「설맞다」는 총알이나 화살 따위가 급소에 바로 맞지 아니하다(빗나가다).

『설 〉솔 〉소래 〉それ』

「それ + る(동사를 만드는 접미어)」→ それる

「それる」: 빗나가다, 벗어나다

662. 自ら(みずから) : 몸소 [스스로 자(自)]

풀어 쓰면,

み(身, 몸) + ずから(…으로, 그 사람 스스로의)

직접 몸으로

「みずから」: 몸소

663. 炙る(あぶる) : 불에 쬐어 굽다 [구울 자(炙)]

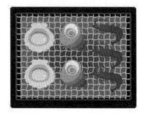

「あてる(当てる)」는 다음과 같은 뜻이 있다.

① 맞히다. ② 대다, 얹다. ③ (불·햇볕을) 쬐다

「あてる(当てる, 쬐다) + 불(→ 부루, 火)」

「あ부루 〉あぶる」

「あぶる」: 불에 쬐어 굽다

664. 姿(すがた) : 모양, 모습 [모양 자(姿)]

어원을 풀어 쓰면,

「す(素, 바탕 그대로임) + かた(形, 모양)」

「すかた 〉すがた」

「すがた」: 모양, 모습

* すがお(素顔) : 민얼굴

☞ かた(形) : 모양

　　어원은 「겉모양」의 「겉」

　　『겉 〉같 〉가타 〉かた』

　　「かた」: 모양

---

665. 紫(むらさき) : 보라색 [자줏빛 자(紫)]

어원은 「보라색」

(1) 보라 : 「보라 〉부라 〉무라 〉むら」

(2) 색(色) : 색의 음독이 「しき」

「むらしき → むらさき」

「むらさき」: 보라색

* 色彩(しきさい) : 색채

☞ 「늪」의 발음 변화와 유사하다.

　　『늪 〉늡 〉눕 〉누바 〉누마 〉ぬま』(ㅂ → ㅁ)

666. 雀(すずめ) : 참새 [참새 작(雀)]

「すず(작다는 뜻) + め(새를 뜻하는 접미어)」→ すずめ
덩치가 작은 새가 「참새」다.
「すずめ」: 참새

*「すず」는 「ささ」가 변화한 말이다(ささ 〉 すす 〉 すず)

☞ ささ(小, 細) : 잔, 작은/**사사**하다(작거나 적다) → ささ(잔, 작은)

667. 潜る(もぐる) : 잠수하다, 기어들다, 숨어들다 [잠길 잠(潜)]

어원은 「멱」
「멱」 감으며 물속에 잠수하기도 하고, 물속에 숨기도 하며 논다.
『멱 〉 며구 〉 머구 〉 모구 〉 もぐ』
「もぐ + る(동사를 만드는 접미어)」→ もぐる
「もぐる」: 잠수하다, 기어들다, 숨어들다

* 멱 : 냇물이나 강물에 몸을 담그고 씻거나 노는 행위

668. 杖(つえ) : 지팡이 [지팡이 장(杖)]

「つち(土, 땅) + えだ(枝, 가지)」→ つえ
땅에 짚는 나뭇가지
「つえ」: 지팡이

669. 場(ば) : 장소 [장소 장(場)]

한자 所(소)를 「바 所」라고 한다. 「바 所」의 「바」는 장소이다.
따라서 장소를 뜻하는 場의 훈독은 「ば」이다.

* 場所(ばしょ) : 장소

☞ 함바 : 원래는 飯場(はんば)인데 「함바」로 바뀜, 「현장식당」을 말한다.

---

670. 争う(あらそう) : 다투다, 싸우다 [다툴 쟁(争)]

풀어 쓰면,
「あら(荒, 거친) + きそう(競う, 다투다)」→ あらきそう
「あらきそう」가 「あらそう」로 바뀜
「あらそう」: (거칠게) 다투다, 싸우다

☞ あら(荒) : 거친
　어원은 알몸의 「알」
　『알 〉아라 〉あら』
　「알몸」으로 싸우는 모습은 「거칠고 사납다」
　「あら」, 「거친」이라는 뜻이다.

☞ きそう(競う) : 다투다
　「기소(起訴, きそ)」해서 법정에서 「다투다」

671. 狙う(ねらう) : 노리다, 겨루다 [엿볼 저(狙)]

어원은 「노리다」(어간은 노리)

『노리 〉내리 〉내라 〉ねら』

「ねら + う(동사를 만드는 접미어)」→ ねらう

「ねらう」: 노리다, 겨루다

672. 笛(ふえ) : 피리 [피리 적(笛)]

「ふき(吹き, 불다) + えだ(枝, 가지)」→ ふえ

부는 (버들) 가지

「ふえ」: 피리

* くちぶえ(口笛) : 휘파람

☞ えだ(枝) : 가지 (256 참조)

673. 著(わ)す(あらわす) : 저술하다 [나타날 저(著)]

어원은 「아뢰다」(말씀드려 알리다).

『아뢰 〉아롸 〉아라와 〉あらわ』

「あらわ + す(동사・접미어)」

글을 써서 세상에 알리다.

「あらわす」: 저술하다

☞ あらわす(表わす) : 나타내다 (452 참조)

674. 儲ける(もうける) : 벌다, 이익을 보다 [쌓을 저(儲)]

본래 말의 문어체는 「もうく」(儲く)

「먹고살기 위해 돈을 벌다」에서, 어원은 「먹고」

『먹고 〉먹구 〉모우꾸 〉もうく』

「もうく → もうける」(하1단화, 구어체)

「もうける」: 벌다, 이익을 보다

* もうかる(儲かる) : 벌이가 되다

675. 跡(あと) : 자취, 흔적 [발자취 적(跡)]

풀어 쓰면,

「あし(足, 발) + と(処, 장소)」→ あしと

「あしと 〉あと」

발이 지나간 장소가 「자취, 흔적」이다.

「あと」: 자취, 흔적

676. 戦う(たたかう) : 싸우다, 전쟁하다 [싸움 전(戦)]

본래 말을 풀어 쓰면,

「たたき(叩き, 두드리다) + あう(合う, 서로 …하다)」

「たたきあう」서로 두드리다(치다) 즉, 「싸우다」

「たたきあう → たたかう」

「たたかう」: 싸우다, 전쟁하다

☞ 叩く(たたく) : 치다, 두드리다, 때리다

　어원은 의성어 「탁탁(타악타악)」

　타악타악 두드리다 → たたく (두드리다, 치다)

677. 節(ふし) : 마디 [마디 절(節)]

「마디」는 서로 붙은 부분을 말한다.
어원은 「붙다」(어간은 붙)
『붙 〉붓 〉부시 〉후시 〉ふし』 [탁음 부(ぶ) → 청음 후(ふ)]
서로 붙은 부분이 「마디」다.
「ふし」: 마디

678. 占う(うらなう) : 점치다 [점칠 점(占)]

풀어 쓰면,
「うら(마음을 뜻함) + なう(綯う, 꼬다)」→ うらなう
마음을 새끼 꼬듯이 꼬아 즉, 마음을 한곳에 모아 초자연적인 존재와 교신
하는 것.
이것이 「점치는 행위」다.
「うらなう」: 점치다

☞ うら(心) : 「마음」을 뜻함
　　어원은 「얼」(정신, 마음)
　　『얼 〉어라 〉우라 〉うら』

679. 唸る(うなる) : 웅웅 소리가 나다, 신음하다 [신음할 점(唸)]

어원은 「웅웅」(의성어)
『웅웅 〉운운 〉운 〉우나 〉うな』
「うな + る(동사·접미어)」→ うなる
「うなる」: 웅웅 소리가 나다, 신음하다

680. 正す(ただす) : 바르게 하다, 바로잡다, 밝히다 [바를 정(正)]

어원은 「따지다」(어근은 따)

「따지다」는 옳고 그른 것을 밝혀 가리다.

『따 〉다다 〉 ただ』

「ただ + す(동사를 만드는 접미어)」→ ただす

「ただす」: (따져) 밝히다, 바르게 하다

토끼와 당나귀 이야기

토끼를 일본어로 うさぎ(兎)라 하며, 옛말은 おさぎ이다. 그리고 당나귀를 「うさぎ馬」(ロバ)라 한다. 두 동물의 특징은 귀가 특별히 크다는 점이다. うさぎ(兎)의 어원은 일본에서도 여러 설이 있다. 고구려(高句麗) 말인 「うさぎ」를 의미하는 「オサガム(烏斯含)」가 변화했다고 하는 설이 있다.

또, 우리말 「토끼」(옛말은 톳기)가 어원이라는 일본에서의 설도 있다(岩波古語辞典). 그러면 발음 변화는 다음과 같다. 『톳기 〉 토사기 〉 도오사기 〉 오사기 〉 우사기 〉 うさぎ』

귀가 큰 おさぎ(토끼의 옛말)를 『おさ(長, 장, 우두머리) + 귀(耳)』로 해석해 볼 수 있다. 귀가 크기 때문에 귀대장인 셈이다. 우두머리를 뜻하는 「おさ」는 우리말 「웃사람」의 「웃」이 「우사 〉 오사」로 변한 말이다.

토끼는 귀가 크기 때문에 「톳기」가 톳귀, 토뀌, 토끼로 바뀐 말이다. 당나귀를 가리키는 「うさぎ馬」에서 보듯이 두 동물 모두 귀(耳)와 깊은 관련이 있는 것 같다.

그리고, 당나귀가 영어로 「donkey」인데 발음을 자세히 들어보면 「당퀴」로 「당나귀」를 연상하게 한다. 당나귀는 아주 오랜 옛날부터 지구(地球)의 여러 지역에서 화물의 운동 수단으로 널리 사용한 것으로 여겨진다.

681. 整う(ととのう) : 가지런해지다, 정돈되다 [가지런할 정(整)]

풀어 쓰면,

「とと(処処, 장소) + のう(= なう, 동작을 나타내는 접미어)」→ ととのう

정해진 장소에 물건을 놓아서 「정돈되다」

「ととのう」: 가지런해지다, 정돈되다

* 整える(ととのえる) : 정돈하다, 조정하다

☞ と(処, 장소) : 「터」(장소)가 「と」로 바뀐 말. 『터 > 토 > と』

---

682. さすが(遖, 流石) : 그렇다고는 하나, 과연, 자타가 공인할 정도의 [엿볼 정(遖)]

어원을 풀어 쓰면,

「さ(= そう, 그렇게) + する(하다) + が(조사)」

「さするが > さすが」

「さすが」: 그렇다고는 하나

---

683. 済まない(すまない) : 미안하다 [건널 제(済)]

「すむ」(済む, 끝나다, 변명이 되다)에 부정의 조동사 「ない」가 붙은 것

변명이 되지 않다(→ 미안하다)

「すまない」: 미안하다

* すむ(済む) : 끝나다, 변명이 되다 (419 참조)

☞ すみません(済みません) : 죄송합니다

684. 吊る (つる) : 달다, 드리우다 [조상할 조(吊)]

어원은 「つる」(蔓, 넝쿨)

넝쿨로 묶어 달다.

「つる」: 달다, 드리우다

☞ つる(蔓) : 넝쿨

　어원은 「칡넝쿨」의 「칡」

　『칡 〉 칠 〉 치루 〉 츠루 〉 つる』

685. 抓る (つねる) : 꼬집다 [긁을 조(抓)]

어원을 풀어 쓰면,

「つめ((爪. 손톱, 발톱) + ねじる(捻る, 비틀다)」

「つめねじる → つねじる → つねる」

손톱으로 비틀어 꼬집다.

「つねる」: 꼬집다

☞ つめ(爪) : 손톱, 발톱 (249 참조)

686. 組む (くむ) : 짜다, 조직하다 [짤 조(組)]

어원은 「꾸미다」(만들다, 지어내다)

『꾸미 〉 꾸무 〉 くむ』

「くむ」: 짜다, 조직하다

* 組合(くみあい) : 조합

687. あらすじ(粗筋) : 대충의 줄거리, 개요　[거칠 조(粗)]

풀어 쓰면,

「あら-(粗, 세밀하지 못한) + すじ(筋, 줄거리)」

「あらすじ」: 대충의 줄거리, 개요

☞ すじ(筋) : 줄거리 (515 참조)

---

688. 照る(てる) : 비치다, 빛나다　[비출 조(照)]

어원은「쬐다」(어간은 쬐). 빛이 들어 비치다

『쬐 〉째 〉ちぇ 〉て』

「ちぇ」의 직음화(直音化)로 가까운 소리인「て」가 됨

「て + る(동사·접미어)」→ てる

「てる」: 비치다, 빛나다

* てらす(照らす) : 비추다, 비추어 밝히다

☞ 직음(直音, ちょくおん) : 요음(拗音, きゃ), 촉음(促音, きっ), 발음(撥音, ん)
　이외의 가나(仮名) 한 자로 표시되는 음.

---

689. 拵える(こしらえる) : 만들다, 제조하다　[의거할 존(拵)]

문어체는「こしらう(拵う)」

어원은「꼬시다」(꾀다의 속어)

원뜻은 내가 의도하는 대로 만들기 위해 공작(工作)하여 상대를 꼬시다.

이 말의 뜻이 발전하여「만들다(제조하다)」라는 의미가 되었다.

「꼬시 + らう(하다의 뜻)」→ こしらう」

「こしらう → こしらえる」(하1단화, 구어체)

「こしらえる」: 만들다, 제조하다

690. 挫く(くじく) : 삐다, 접질리다, 꺾다 [꺾을 좌(挫)]

어원은 「뿌직」(뿌지직의 준말)

「뿌직」은 질기고 뻣뻣한 물건이 갑자기 조금씩 째지거나 갈라지는 소리가
나다.

『뿌직 〉 뿌지구 〉 꾸지구 〉 くじく』

뿌직하고 다리를 삐다.

「くじく」: 삐다, 접질리다, 꺾다

* 挫ける(くじける) : 꺾이다, 접질리다, 삐다

691. 罪(つみ) : 죄 [죄 죄(罪)]

어원은 「죄」

『죄 〉 즈이 〉 즈미 〉 つみ』

「つみ」: 죄

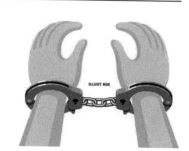

☞ 「죄」는 순우리말이다[죄 죄(罪)라고 한다].

692. 酒(さか, さけ) : 술 [술 주(酒)]

어원은 「삭다」(발효하다)

곡물을 삭게(→ **사께**, 발효되게) 해서 만든 것이 술이다.

『사께 〉 さけ』

「さけ」: 술

* 酒屋(さかや) : 술을 만드는 집, 술 파는 집(마시는 집은 아님), 「さか」는 '술
  의' 뜻이다.

693. 汁(しる) : 즙, 국 [즙 즙(汁)]

어원은 「술」(숟가락의 방언)

국물은 숟가락으로 떠먹는 것에서

『술 〉 수루 〉 시루 〉 しる』

「しる」: 즙, 국

694. あいにく (生憎) : 공교로운 모양, 형편이 나쁘게 된 모양, 공교롭게도 [미울 증(憎)]

어원을 풀어 쓰면,

「あ-や(감탄사, 앗) + にくい(憎い, 밉다)」

「あやにく → あいにく」

앗, 얄밉게도(형편이 나쁘게 된 모양)

「あいにく」: 공교로운 모양, 공교롭게도

* にくい(憎い) : 밉다 (427 참조)

695. 櫛(くし) : 빗 [빗 즐(櫛)]

어원은 「꼬치」(꼬챙이)

옛날 빗은 꼬치처럼 살이 길은 것에서

『꼬치 〉 꼬시 〉 꾸시 〉 くし』

「くし」: 빗

696. 支える(ささえる) : 버티다, 떠받치다 [지탱할 지(支)]

어원은 「손」

『손 〉 소 〉 사 〉 さ』

「さ + さ + える(동사를 만듦)」→ ささえる

두 손으로 떠받치다

「ささえる」: 버티다, 떠받치다

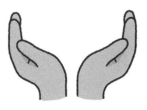

697. 指す(さす) : 가리키다 [가리킬 지(指)]

어원은「손」

『손 〉소 〉사 〉さ』

「さ + す(동사·접미어)」→ さす

손으로 가리키다.

「さす」: 가리키다

---

698. 直ちに(ただちに) : 즉각, 바로, 직접 [곧을 직(直)]

풀어 쓰면,

「ただ(直, 막힌 것이 없음) + じ(路, 길) + に(조사)」

「ただじに」가「ただちに」로 바뀜

길이 막히지 않고 즉각, 바로

「ただちに」: 즉각, 바로, 직접

☞ ただ(直) : 막힌 것이 없음

　어원은「트다」

　「트다」는 막혀 있던 것을 치우고 통하게 하다.

　『트다 〉타다 〉ただ』

　「ただ」: 막힌 것이 없음

---

699. 躓く(つまずく) : 발이 걸려 넘어지다, 발이 무엇에 채이다 [넘어질 지(躓)]

「つま(= つめ, 爪. 손톱, 발톱) + つく(突く, 찌르다)」

「つまづく → つまずく」

발톱이 돌부리를 찔러 넘어지다.

「つまずく」: 발이 걸려 넘어지다, 발이 무엇에 채이다

☞ つめ(爪) : 손톱, 발톱 (249 참조)

700. 惨め(みじめ) : 비참함, 참혹함 [참혹할 참(惨)]

어원을 풀어 쓰면,
「み(見る, 보다) + じ(= まい, 부정적인 추측) + め(目, 눈)」
너무 참혹해서 눈으로 보지 않을 정도로
「みじめ」: 비참함, 참혹함

701. 錆びる(さびる) : 녹슬다 [자세할 창(錆)]

어원은「슬다」(어간은 슬)
「슬다」는 쇠붙이에 녹이 생기다라는 뜻이다.
『슬 〉살 〉사 〉さ』
「さ + びる(…의 상태를 띠다)」→ さびる
「さびる」: 녹슬다

☞ さびる(寂びる) : 예스러운 멋이 있다, 한적한 정취가 있다.
　　푸르게 녹슨(さびる, 錆びる) 청동기와는「예스러운 멋이 있다」

702. 責める(せめる) : 비난하다, 괴롭히다 [꾸짖을 책(責)]

어원은「샘」(자기보다 나은 처지에 있는 사람이나 적수를 미워함)
『샘 〉새매 〉せめ』
「せめ + る(동사를 만드는 접미어)」→ せめる
샘이 나서 상대를 비난하고 괴롭히다.
「せめる」: 비난하다, 괴롭히다

☞ せめる(攻める, 공격하다)와 같은 어원이다.

703. 泉(いずみ) : 샘, 샘물 [샘 천(泉)]

어원은「새미」(샘의 방언)

『새미 〉 스미 〉 すみ』

「い(물을 의미) + すみ」→ いすみ → いずみ

「いずみ」: 샘, 샘물

☞ 「물이, 이」는 오이의 경상 방언인데, 오이는 물이 많은 열매라 「물이」 또는 「이」라고 한다. 「이」는 물을 의미한다. 「이과수 폭포」에서 「이과수」의 「이」는 물을 의미한다고 한다.

☞ 일본 어원설 : 「いづ(出づ, 나오다) + み(水, 물)」

물이 나오는 곳이 「샘」이다.

「いづみ 〉 いずみ」

---

704. 尖る(とがる) : 뾰족해지다 [뾰족할 첨(尖)]

「と(砥, 숫돌) + 갈(다)」

『と갈 〉 と가루 〉 とがる』

숫돌에 갈아 끝이 뾰족해지다.

「とがる」: 뾰족해지다

☞ と(砥) : 숫돌

어원은「돌」,『돌 〉 도 〉 と』

☞ とげ(刺, 棘) : 가시 (1051 참조)

705. 喋る(しゃべる) : 지껄이다, 말하다 [재재거릴 첩(喋)]

어원은「세」(혀의 방언)
「세 + べる(동사를 만듦)」→ しぇべる
「しぇべる → しゃべる」
세(혀)를 움직여 말하다.
「しゃべる」: 지껄이다, 말하다

☞「셋바닥, 싯바닥」은 혓바닥의 강원, 경상, 충청 방언

706. 初(はつ) : 첫(접두사) [처음 초(初)]

어원은「풋」(풋은 처음, 미숙함)
『풋(fut) 〉 팟 〉 팥(fat) 〉 파츠(fatu) 〉 하츠(hatu) 〉 はつ』
「はつ」: 첫
(1) 음성모음「ㅜ」가 양성모음「ㅏ」로 바뀜
(2) 반탁음 파(ぱ)가 청음 하(は)로 바뀜

* 初恋(はつこい) : 첫사랑

707. 清い(きよい) : 맑다, 깨끗하다 [맑을 청(清)]

어원은「깨끗」의「깨」
『깨 〉 끼어 〉 끼오 〉 끼요 〉 きよ』
「きよ + い(형용사를 만드는 접미어)」→ きよい
「きよい」: 맑다, 깨끗하다

* 清らか(きよらか) : 깨끗한 모양
  「らか」는 …와 같은 상태(모양)임을 나타냄

708. 焦がる(こがる) : 불에 그슬려지다, 검게 눋다, 타다 [탈 초(焦)]

어원은「그을다」

『그을 〉글 〉골 〉고가 〉こが』

「こが + る(동사·접미어)」

그을다는 햇볕이나 불, 연기 따위를 오래 쐬어 검게 되다.

「こがる」: 불에 그슬려지다, 검게 눋다, 타다

* 焦がす(こがす) : 태우다

  焦げる(こげる) : 눋다, 타다

  焦がれる(こがれる) : 연모하다, 몹시 동경하다, 애태우다

☞ 우리말 종성「ㄹ」이 일본어로 바뀔 때, 자음이「ㄱ, ㅁ, ㅅ, ㅈ, ㅊ, ㄷ」으로 바뀌며 모음(ㅣ, ㅡ, ㅏ 등)
   이 붙는다. (『종성 ㄹ의 변화표』8쪽 참조)

つぶ[粒]의 일가친척

1. 덩어리를 「쳐부수어」 알갱이가 되다
   つぶ(粒) : 낱알, 둥글고 작은 것

2. つぶら(円ら) : 둥근 모양
   「つぶ(粒, 둥글고 작은 것) + ら(방향, 장소, 사물 따위를 나타냄)」

3. つぶり(頭) : 머리(= つむり)
   머리도 둥근 모양(つぶら, 円ら)이다.

   * 「우두머리」에서 변화된 말이다.
   [두머리 〉 드무리 〉 즈무리(つむり) 〉 즈부리 〉 つぶり)]

4. つぼ(壷) : 단지, 항아리(입구가 둥글게 생겼음)
   ① つぼむ(窄む) : 오므라들다
      항아리(つぼ)처럼 입구가 오므라들다.

   ② つぼむ(蕾む) : 꽃봉우리지다
      항아리(つぼ)처럼 꽃봉우리지다.

   * 蕾み(つぼみ) : 꽃봉오리

709. 触れる(ふれる) : 접촉하다, 닿다, 언급하다 [닿을 촉(触)]

문어체는「ふる(触る)」

어원은「붙다」(어간은 붙),「붙다」는 맞닿아 떨어지지 아니하다

『붙 〉부 〉후 〉ふ』

「ふ + る(동사·접미어)」→ ふる → ふれる (구어체, 하1단화)

「ふれる」: 접촉하다, 닿다, 언급하다

* 어떤 문제와 닿아 있어「언급하다」는 뜻도 있다.

710. 皺(しわ) : 주름   [주름 추(皺)]

어원은「しおれる」(萎れる, 시들다)

「しおれる」의「しお」가「しわ」로 바뀐 말이다.

시들면 수분이 증발되어 겉면이 주름진다.

「しわ」: 주름

☞ しおれる(萎れる) : 시들다

　어원은「쇠하다」(어근은 쇠),「쇠하다」는 힘이나 세력이 줄어서 약해지다

　『쇠 〉시오 〉しお』

　「しお + れる(동사를 만듦)」→ しおれる(시들다)

711. 蓄える, 貯える(たくわえる) : 저축하다, 저장하다   [모을 축(蓄)]

「たかく(高く. 높게, 크게) + くわえる(加える. 더하다, 보태다)」

크게 보태어 두는 것(저축하다).

「たくわえる」: 저축하다, 저장하다

☞ くわえる(加える) : 더하다, 보태다 (311 참조)

712. 縮む(ちぢむ) : 주름이 지다, 오그라들다, 줄어들다 [줄일 축(縮)]

어원은「줄다」(어간은 줄)

『줄 〉질 〉지지 〉ちぢ』

「ちぢ + む(동사를 만드는 접미어)」→ ちぢむ

줄어들어 주름이 지다.

「ちぢむ」: 주름이 지다, 오그라들다, 줄어들다

* 縮める(ちぢめる) : 줄어지도록 하다

---

713. 治める(おさめる) : 다스리다, 통치하다 [다스릴 치(治)]

「おさ(長, 두목, 우두머리) + める(동사를 만듦)」

우두머리가 나라를 다스리다.

「おさめる」: 다스리다, 통치하다

☞ おさ(長) : 두목, 우두머리

　　어원은 웃사람의「웃」

　　『웃 〉우사 〉오사 〉おさ』

---

714. 枕(まくら) : 베개 [베개 침(枕)]

「まく(巻く. 말다, 감다) + ら(등, 들, 사물을 나타냄)」

천을 둘둘 말은 것(야외에서는 이것이 베개다)

「まくら」: 베개

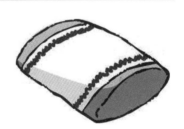

☞ まく (巻く) : 말다, 감다

　　어원은「말다」(어간은 말)

　　『말 〉마 〉ま』

　　「ま + く (동사를 만드는 접미어)」→ まく (말다)

715. 侵す(おかす) : 침범하다 [침노할 침(侵)]

「おく(奥, 안쪽) + す(= する)」

「おくす → おかす」

안쪽으로 하다(→ 침범하다)

「おかす」: 침범하다

☞ おく(奥) : 안쪽 (392 참조)

716. 濁る(にごる) : 탁하게 되다, 흐려지다 [흐릴 탁(濁)]

풀어 쓰면,

「니(泥, 진흙) + こる(凝る, 엉기다)」

진흙이 엉기어 물이 탁하게 되다.

「니こる 〉にこる 〉にごる」

☞ こる(凝る) : 엉기다 (1043 참조)

717. のんき(呑気) : 느긋한 모양, 만사태평 [삼킬 탄(呑)]

어원은 「농땡이」의 「농」

『농 〉논 〉のん』

「のん + き(気, 기운, 성질)」

농땡이는 게으름을 피우는 행동을 말한다.

「のんき」: 느긋한 모양, 만사태평

718. 炭(すみ) : 숯 [숯 탄(炭)]

어원은 「숯」

『숯 〉수미 〉스미 〉すみ』

「すみ」: 숯

* 영어의 「soot」는 「검댕」이란 뜻으로 「숯」과 뜻이 유사하다.

719. 奪う(うばう) : 빼앗다 [빼앗을 탈(奪)]

어원은 「뺏다」(어간은 뺏), 빼앗다의 준말

『뺏 〉 빼 〉 빠 〉 바 〉 ば』[반탁음 빠(ぱ) → 탁음 바(ば)]

「う(= うち. 打ち, 뜻을 세게 함) + ば + う(동사·접미어)」

「うばう」: 뺏다

---

720. 吐く(はく) : 토하다, 뱉다 [토할 토(吐)]

어원은 「밭다」(어간은 밭), 뱉다의 경남 방언

『밭 〉 바 〉 하 〉 は』(탁음 ば → 청음 は)

「は + く (동사를 만드는 접미어)」→ はく

「はく」: 뱉다, 토하다

☞ 「학 토하다」에서 의성어 「학」으로도 설명이 가능하다. 「학」은 급히 토하거나 뱉는 소리, 또는 모양이
　다. (학 〉 하구 〉 はく)

---

721. 透き(すき) : 틈, 빈틈, 짬 [사무칠 투(透)]

어원은 「すく」(空く. 틈이 나다, 속이 비어 있다)의 연용형 「すき」

「すき」: 틈, 빈틈, 짬

* すきま(透き間) : 틈, 겨를, 짬

☞ すく(空く) : 틈이 나다, 속이 비어 있다 (444 참조)

---

722. はで(派手) : 화려한 모양 [갈래 파(派)]

어원을 풀어 쓰면,

「はな(花, 꽃) + て(手, 손)」→ はなて → はて → はで

손에 꽃을 든 모습은 「화려한 모양」이다.

723. おやつ(御八つ) : 오후의 간식   [여덟 팔(八)]

어원은「やつ」(八つ, 여덟)
오후 간식은 오후 8시에 먹는 것에서
「おやつ」: 오후의 간식

724. 貝(かい) : 조개   [조개 패(貝)]

어원은「조개」의「개」
『개 〉 가이 〉 かい』
「かい」: 조개

725. 編む(あむ) : 엮다, 편찬하다, 짜다   [엮을 편(編)]

어원은「엮다」(어간은 엮)
『엮 〉 여 〉 야 〉 아 〉 あ』
「あ + む(동사를 만드는 접미어)」→ あむ
「あむ」: 엮다, 편찬하다, 짜다

* 網(あみ) : 그물, 망

☞ かますを編む(가마니를 짜다)
    かます(叺, 가마니), 가마니 입(叺)

726. 平(ひら) : 평평함, 보통 [평평할 평(平)]

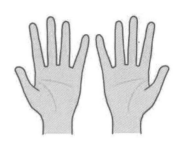

어원은 「펴다」의 활용 「펼」

『펼 〉펴라 〉피라 〉히라 〉ひら』[반탁음 ぴ(피) → 청음 ひ(히)]

손을 펴면 손바닥이 「평평하다」

「ひら」: 평평함, 보통

* てのひら(掌) : 손바닥

☞ 平ら(たいら) : 평평함, 평지

　본래 말은, 「た(手, 손) + ひら(平, 평평함)」

　손바닥이 평평하다.

　「たひら」가 「たいら」로 바뀜

727. 吠える(ほえる) : (짐승) 짖다, 고함지르다 [짖을 폐(吠)]

어원은 「웨다」(외치다의 옛말)

『웨 〉우에 〉오에 〉호에 〉ほえ』

「ほえ + る(동사·접미어)」→ ほえる

「ほえる」: 고함지르다, (짐승) 짖다

728. 抱える(かかえる) : 껴안다, 끼다 [안을 포(抱)]

어원은 「껴안다」의 「껴」

『껴 〉꺄 〉가가 〉かか』

「かか + える(동사를 만듦) → かかえる

「かかえる」: 껴안다, 끼다

729. 豊か(ゆたか) : 풍족함, 풍부함   [풍성할 풍(豊)]

어원은「있다」(재산이 있다)

『있다 〉이따 〉유따 〉ゆた』

[いく(行く), ゆく(行く) 혼용하는 것과 유사]

있어서 풍족하다.

「ゆた + か(상태, 성질을 나타냄)」→ ゆたか

「ゆたか」: 풍족함, 풍부함

730. 皮(かわ) : 가죽, 껍질, 표면   [가죽 피(皮)]

어원은 살갗의「갗」(가죽)

『갗 〉갈 〉가하 〉가와 〉かわ』

「かわ」: 가죽, 껍질, 표면

731. 下(しも) : 아래, 하류   [아래 하(下)]

어원을 풀어 쓰면,

「しり(尻. 엉덩이, 끝 부분) + も(= み, 身. 몸)」

「しりも → しも」

끝에 있는 몸이라는 뜻으로「아래」를 뜻함

「しも」: 아래, 하류

☞ 身(み) : 몸

『몸 〉모 〉무 〉미 〉み』

「む」는 み(몸)의 옛말.「も」도 み(몸)의 옛말

☞ しり(尻) : 엉덩이 (494 참조)

732. 詫びる(わびる) : 빌다, 사죄하다 [고할 하(詫)]

어원은「빌다」(어간은 빌)

『빌 〉비루 〉びる』

「わ(접두사) + びる」→ わびる

「わびる」: 빌다, 사죄하다

* お詫び申し上げます(사과의 말씀을 드립니다).

---

733. 限る(かぎる) : 제한하다, 한정하다 [한할 한(限)]

「か(日, 날) + きる(切る, 자르다)」

「かきる → かぎる」

마감 날을 잘라 일수(日數)를 제한하다.

「かぎる」: 제한하다, 한정하다

* 日의 훈독은「か, ひ」 みっか(三日, 사흘)

---

734. 含む(ふくむ) : 포함하다, 함유하다 [머금을 함(含)]

어원은「ふくろ」(袋. 자루, 주머니)

이 말을 동사화한 말이다. 주머니에 넣다(→ 포함하다)

「ふくろ + む(동사를 만드는 접미어)」→ ふくむ

「ふくむ」: 포함하다, 함유하다

☞ ふくろ(袋) : 자루, 주머니

　　어원은「불룩해지다」의「불룩」

　　불 :『불 〉부구 〉후구 〉ふく』

　　룩 :『룩 〉루 〉로 〉ろ』

　　주머니는 물건을 넣으면 불룩해지는 것에서

735. 銜える(くわえる) : 입에 물다 [재갈 함(銜)]

어원은, 「깨물다」의 「깨」

『깨 〉 까아 〉 꾸아 〉 꾸와 〉 くわ』

「くわ + える(동사를 만듦)」

「くわえる」: 입에 물다

* 깨물다 : 아랫니와 윗니가 맞닿을 정도로 물다

「해거름」과 「해걸음」

「해거름」은 해가 서쪽으로 넘어가는 일, 또는 그런 때이다. 「해걸음」은 하루해가 지나가는 것을 비유적으로 이르는 말이다.

일본어 「たそがれ」(黄昏)는 「황혼, 해질녘」을 의미한다. 「たそがれ」에 있어서 「がれ」는 「해거름」의 「거름」이다[거름 〉 가르 〉 가래 〉 がれ]. 동사인 「たそがれる」(黄昏れる)는 저녁때가 되다라는 뜻이다.

그리고 「たそがれ」의 「たそ」는 「해」를 가리키는 말이다. 「とし」(年, 해, 나이)가 변한 말이다[とし 〉 たそ]. 해거름은 해가 서쪽으로 해걸음을 하다 잠시 서쪽 하늘에 걸려 있는 상태를 의미한다고 할 수 있다. 이후 순서는 「해넘이」가 될 것이다.

「해걸음」은 해가 동쪽에서 떠서 서쪽으로 이동하는 것을 걸어서 간다고 하는 의인법적으로 표현한 말이다. 예전에 먼 길을 갈 때 어두워지기 전에 목적지에 도달하기 위해서는 사람의 걸음이 해걸음보다 느리면 안 되기 때문에, 사람과 해가 걷기 대회를 했다고 할 수 있다. 해가 동쪽에서 서쪽으로 해걸음할 때 오른쪽(みぎ, 右)이 북쪽에 해당되기 때문에 북쪽을 「きた, 北」라고 한다.

※「みぎ(右) + かた(쪽, 방향)」
　「みぎかた → ぎかた → ぎた → きた(北)」

736. 項(うなじ) : 목덜미 [항목 항(項)]

어원은 「울대」의 「울」

「울대」는 목 앞에 있는 소리를 내는 기관(목청)이다.

『울 〉우 〉う』

「う + の + しり (尻, 뒤쪽)」

「うのしり → うのし → うのじ → うなじ」

울대 뒤쪽이 목덜미다.

「うなじ」: 목덜미

＊ 목덜미는 목의 뒤쪽 부분을 말한다.

737. 向かう(むかう) : 향하다, 면하다, 대하다 [향할 항(向)]

「むき(向き, 향하다) + あう(合う, 서로 …하다)」

「むきあう → むかう」

서로 향하다(→ 면하다, 대하다).

「むかう」: 향하다, 면하다, 대하다

☞ むく(向く) : 향하다 (457 참조)

738. 幸い(さいわい) : 다행, 행복 [다행 행(幸)]

본래 말은 「さきはい」

풀어 쓰면, 「さき(咲き, 피다) + はい(這い, 기다)」

「さきはい → さいはい → さいわい」

꽃이 피어 기어가듯이 하다(행복하다).

「さいわい」: 다행, 행복

☞ はう(這う) : 기다

　　어원은 「はら」(腹, 배), 배로 기다

　　「はら + う(동사・접미어)」→ はらう → はう(기다)

739. 香る (かおる) : 향기가 나다, 좋은 냄새가 풍기다 [향기 향(香)]

어원은「깨볶는 냄새」의「깨」

『깨 〉까오 〉かお』

「かお + る(동사를 만드는 접미어)」→ かおる

깨를 볶을 때 좋은 냄새가 난다.

「かおる」: 좋은 냄새가 풍기다, 향기가 나다

* 香り (かおり) : 향기

740. 響く (ひびく) : 울려 퍼지다 [울릴 향(響)]

어원은「히힝」(말이 우는 소리, 의성어)

『히힝 〉히히 〉ひひ』

「ひひ + く (동사를 만드는 접미어)」

「ひひく → ひびく」

(싸움터에서) 말 우는 소리가 울려 퍼지다.

「ひびく」: 울려 퍼지다

* ひひ : 말, 사슴 등이 우는 소리

　(고어사전에 실려 있으며, 현대어 사전에는「ひひん」으로 실려 있음)

741. 軒 (のき) : 처마 [집 헌(軒)]

「のび(伸び, 뻗음) + き(木, 나무)」→ のびき → のき

「처마」는 지붕을 받치는 나무가 도리 밖으로 뻗어서 내민 부분이다.

「のき」: 처마

742. 革(かわ) : 무두질한 가죽 [가죽 혁(革)]

어원은 살갗의 「갗」(가죽)

『갗 〉갈 〉가하 〉가와 〉かわ』

「かわ」: 무두질한 가죽

* つりかわ(吊り革) : 전철(電鉄) 가죽 손잡이

---

743. 穴, 孔(あな) : 구멍 [구멍 혈(穴)]

어원은 「안」

구멍은 물건의 안쪽에 있는 것에서

『안 〉아나 〉あな』

「あな」: 구멍

---

744. 嫌う(きらう) : 싫어하다, 좋아하지 않다 [싫어할 혐(嫌)]

어원은 「꺼리다」(어간은 꺼리)

「꺼리다」는 피하거나 싫어하다

『꺼리 〉끼리 〉끼라 〉きら』

「きら + う(동사를 만드는 접미어)」

「きらう」: 싫어하다, 좋아하지 않다

---

745. 叶う(かなう) : 희망대로 되다, 이루어지다 [맞을 협(叶)]

어원은 懇(간절할 간)의 우리 한자음 「간」

『간 〉가나 〉かな』

「かな + う」→ かなう

간절히 기도하면 이루어진다.

「かなう」: 희망대로 되다, 이루어지다

* 叶える(かなえる) : 이루어 주다, 들어주다

746. 挟む(はさむ) : 끼(우)다, 사이에 두다, 집다 [낄 협(挟)]

「はし(箸, 젓가락) + む(동사·접미어)」→ はしむ → はさむ
젓가락으로 음식물을 사이에 끼워서 먹다.
「はさむ」: 끼(우)다, 사이에 두다, 집다

* はさみ(鋏) : 가위

☞ はし(箸) : 젓가락
　어원은 「はし」(橋, 다리)
　음식물을 그릇에서 입까지 옮겨주는 다리 역할을 하기 때문에

747. 頬(ほお) : 뺨, 볼 [뺨 협(頬)]

어원은 「뺨」
『뺨〉뽐〉뽀〉뽀오〉호오〉ほお』[반탁음 ぼ(뽀) → 청음 ほ(호)]
「ほお」: 뺨, 볼

☞ ほほえむ(頬笑む, 微笑む) : 미소 짓다, 빵긋하다
　「ほおえむ」가 「ほほえむ」로 바뀐 말
　두 뺨을 위로 살짝 올려 「빵긋하다」

748. 型(かた) : 본, 골, 거푸집, 형식, 틀 [모형 형(型)]

어원은 「겉집」의 「겉」, 겉집은 거푸집을 의미한다
『겉〉같〉가타〉かた』
「かた」: 본, 골, 거푸집, 형식, 틀

749. 蛍(ほたる) : 반딧불이 [반딧불이 형(蛍)]

어원은「반디」(본래 말은「빤 + 뎅이」)
①「ほ」
　『빤〉빠〉뽀〉호〉ほ』
　(반탁음 ぽ가 청음 ほ로 바뀜)

②「たる」:『뎅이〉당이〉たる』

「ほたる」: 반딧불이

*「빤하다」: 어두운 가운데 밝은 빛이 비치어 조금 환하다

* 출처 : 岩波古語辞典(大野 晋)

---

750. 荒い(あらい) : 거칠다, 거칠고 사납다 [거칠 황(荒)]

어원은「알몸」의「알」
「알」은「드러내다」라는 뜻이다.
상의를 벗고 알몸으로 몸을 드러내고 싸우는 모습은「거칠고 사나운」모습이다.
『알〉아라〉あら』
「あら + い(형용사를 만드는 접미어)」→ あらい
「あらい」: 거칠다, 사납다

751. 黄色(きいろ) : 노란색 [누를 황(黄)]

黄色(きいろ)는 黄이라는 문자 뒤에 굳이 色이 붙는다. 어떤 물건이나 대상을
특정해서 노란색의 상징으로 사용한 것으로 사료된다(예, 국방색).
어원은「금」이다, 금은 노란색이다(황금)

『금 〉그 〉기, 고 〉き, こ』
「き + いろ(色, 색)」→ きいろ
「きいろ」: 노란색

* こがね(黄金) : 황금

☞ 黄(き) : 노랑
　黄色(きいろ) : 노란색(노랑)
　黄色い(きいろい) : 노랗다

---

752. 灰(はい) : 재 [재 회(灰)]

어원은「灰」의 우리 한자음「회」
『회 〉호이 〉하이 〉はい』
「はい」: 재

---

753. 悔む(くやむ) : 후회하다, 애석하게 여기다 [뉘우칠 회(悔)]

「く(苦. 괴로움, 근심) + やむ(病む. 병들다, 걱정하다)」
(괜한) 근심으로 병이 들어 후회하다.
「くやむ」: 후회하다, 애석하게 여기다

* くろう(苦労) : 노고, 고생, 애씀
　くやしい(悔しい) : 분하다, 원통하다

☞ やむ(病む) : 병들다, 걱정하다 (915 참조)

754. 嗅ぐ(かぐ) : 냄새 맡다 [맡을 후(嗅)]

어원은 「코」

『코 〉카 〉か』(모음교체 : ㅗ → ㅏ)

「か + ぐ (동사·접미어)」→ かぐ

코로 냄새를 맡다.

「かぐ」: 냄새 맡다

755. 後(のち) : 뒤, 후 [뒤 후(後)]

어원은 「늦다」(어간은 늦)

『늦 〉느지 〉노지 〉のち』

늦게 하다(뒤에 하다)

「のち」: 뒤, 후

* 晴れのち曇り : 맑은 후 흐림

756. 黒(くろ) : 검정 [검을 흑(黒)]

어원은 「검다」(어간은 검)

『검 〉거 〉구 〉く』

「く + いろ(色)」→ くいろ → くろ

「くろ」: 검정

☞ 거미 : クモ (蜘蛛)

　　거미는 검은 곤충이다. 『거미 〉구미 〉구모 〉く も』

☞ しろ(白) : 흰색

　　머리가 「시다」(세다의 방언), 머리가 시어 「흰색」이 되다.

　　「시 + いろ(色)」→ 시いろ → しいろ → しろ

757. 稀(まれ) : 드묾, 희소함 [드물 희(稀)]

어원은 「말」('큰'이라는 접두사. 말술, 말좆)

『말 〉마라 〉마래 〉まれ』

말술(술을 크게 마시는 사람)은 「드물다」

「まれ」: 드묾, 희소함

☞ 「말」은 영어의 「maga」(엄청나게 큰)와 동근(同根)일 가능성이 많다(메가 〉마하 〉말). 또, 많다의
   「많」과 같은 어근에 속한다고 볼 수 있다(많 〉만 〉말).

---

758. 詰める(つめる) : 채우다, (빈 곳을) 채워 넣다 [물을 힐(詰)]

어원은 「짬」(겨를, 틈)

『짬 〉짜매 〉쯔매 〉つめ』

「つめ + る(동사를 만드는 접미어)」→ つめる

벌어진 짬(틈)에 (모래와 시멘트로) 「채워 넣다」

「つめる」: 채우다, (빈 곳을) 채워 넣다

*詰まる(つまる) : 가득 차다, 막히다

1. おぼれる(溺れる) : 빠지다, 물에 빠지다, 탐닉하다   [빠질 닉(溺)]
    문어체는 「おぼる」(溺る)
    어원은 「어푸어푸」(물에 빠져 허우적거리는 모양)
    『어푸 〉 오푸 〉 오포 〉 오보 〉 おぼ』
    「おぼ + る(동사·접미어) → おぼる → おぼれる」(하1단화, 구어체)
    「おぼれる」: 빠지다, 물에 빠지다, 탐닉하다

2. いたる(至る) : 이르다, 미치다   [이를 지(至)]
    어원은, 「이르다」(어간은 이르)
    『이르 〉 일 〉 이다 〉 いた』
    「いた + る(동사를 만드는 접미어)」
    「いたる」: 이르다, 미치다

    ☞ 우리말 종성 「ㄹ」이 일본어로 바뀔 때, 자음이 「ㄱ, ㅁ, ㅅ, ㅈ, ㅊ, ㄷ」으로 바뀌며 모음(ㅣ, ㅡ, ㅏ
       등)이 붙는다. (「종성 ㄹ의 변화표」8쪽 참조)

3. すぎ(杉) : 삼나무   [삼나무 삼(杉)]
    어원은, 「삼(나무) + 기(남기의 기)」
    『삼기 〉 사기 〉 스기 〉 すぎ』
    「すぎ」: 삼나무

    *「남기」는 「나무」의 방언이다. 삼나무는 우리나라 남부지방에 서식

4. もむ(揉む) : 비비다, 문질러 비비대다   [주무를 유(揉)]
    어원은 「문지르다」의 「문」
    『문 〉 뭄 〉 무무 〉 모무 〉 もむ』
    「もむ」: 비비다, 문질러 비비대다

☞「ん」는「ㄴ, ㅁ, ㅇ」에 해당한다.

5. とうげ(峠) : 고개, 산마루 [고개 상(峠)]

  어원은「고개」

  「と (= ところ, 所, 장소) + 고개」

  『と + 고개 〉토고개 〉토오개 〉とうげ』

  「とうげ」: 고개, 산마루

6. はねる(撥ねる) : (물 따위를) 튀기다. 받아서 나가떨어지게 하다 [다스릴 발(撥)]

  어원은「反」의 음독「はん」

  「はん 〉はね 〉はね + る」

  (반발로) 튀기다

  「はねる」: 튀기다, 나가떨어지게 하다

7. みやこ(都, 京) : 서울, 수도 [도읍 도(都)]

  풀어 쓰면,

  「みや(宮, 궁성) + こ (곳, 장소)」→ みやこ

  궁이 있는 곳이 서울이다.

    * みや(宮, 궁성) : み(御, 존경의 뜻) + や(屋, 집)

8. にじ(虹) : 무지개 [무지개 홍(虹)]

  어원은,「にる(似る, 닮다) + はし(橋, 다리)」

  「にはし 〉にし 〉にじ」

  하늘에 있는 다리 비슷한 것에서

  「にじ」: 무지개

9. め(芽) : 싹 [싹 아(芽)]

　"새로 막 터져 돋아나려는 초목의「싹」을「눈」이라고 한다."

　이 말을 일본어에 대입하면,

　"새로 막 터져 돋아나려는 초목의「싹」을「め, 目, 눈」이라고 한다."

　「め(芽) : 싹

10. 疑う(うたがう) : 의심하다 [의심할 의(疑)]

　어원은「기웃」의「웃」

　『웃 〉 욷 〉 우타 〉 うた』

　「うた + がう(하다의 뜻)」→ うたがう

　우리 집을 기웃거려서 의심하다.

　「うたがう」: 의심하다

11. 絞る(しぼる) : 짜다, 물기를 빼다 [목맬 교(絞)]

　어원은「볼」(좁고 기름한 물건의 너비)

　『볼 〉 보루 〉 ぼる』

　「し(する의 연용형) + ぼる」→ しぼる

　(젖은 수건을) 돌돌 말아 좁고 길게 해서 두 손으로 비틀어 짜다.

　「しぼる」: 짜다, 물기를 빼다

12. からかう(揶揄う) : 놀리다, 조롱하다 [야유할 야(揶)]

　어원은「깔보다」의「깔」

　『깔 〉 까라 〉 から』

　「から + かう(동사를 만듦)」→ からかう

　약한 친구를 깔보며(얕잡아 보며) 놀리다.

　「からかう」: 놀리다, 조롱하다

13. はち(鉢) : 사발, 화분 [바리때 발(鉢)]
    어원은「바리때」의「바리」, 절에서 쓰는 승려의 공양 그릇
    『바리 〉 발 〉 바치 〉 하치 〉 はち』[탁음 바(ば) → 청음 하(は)]
    「はち」: 사발, 화분

    * うえきばち(植木鉢) : 화분

    ☞ 우리말 종성「ㄹ」이 일본어로 바뀔 때, 자음이「ㄱ, ㅁ, ㅅ, ㅈ, ㅊ, ㄷ」으로 바뀌며 모음(ㅣ, ㅡ,
       ㅏ 등)이 붙는다. (『종성 ㄹ의 변화표』8쪽 참조)

14. うちあわせ(打ち合わせ) : 미리 상의함, 협의
    어원은 아악(雅樂)에서 취주악기와 타악기(打ち物)의 호흡을 맞추기 위해 미리 상의하는 것에서
    「うちあわせ」: 미리 상의함, 협의

15. こぐ(漕ぐ) : (노)젓다, 이리저리 헤치며 가다   [배로 실어 나를 조(漕)]
    어원은「かじ」(楫, 노)의「か」
    「か 〉 こ」
    「こ + ぐ (동사·접미어)」
    「こぐ」: (노)젓다, 이리저리 헤치며 가다

16. すっきり : 산뜻한 모양, 세련된 모양, 말끔한 모양
    어원은「말쑥」의「쑥」
    『쑥 → 쑤기 → すき → すきり → すっきり』
    「すっきり」: 산뜻한 모양, 세련된 모양, 말끔한 모양

    ☞ 말쑥하다 : 말끔하고 깨끗하다. 세련되고 아담하다

17. みちる(満ちる, 充ちる) : 차다, 그득 차다 [찰 만(満)]

　　문어체는「みつ」(満つ)

　　어원은「密」(빽빽할 밀)의 우리 한자음「밀」

　　『밀 〉미츠 〉みつ』

　　빽빽하게 차다

　　「みつ → みちる」(상1단화, 구어체)

　　「みちる」: 차다, 그득 차다

　　☞ 우리말 종성「ㄹ」이 일본어로 바뀔 때, 자음이「ㄱ, ㅁ, ㅅ, ㅈ, ㅊ, ㄷ)」으로 바뀌며 모음(ㅣ, ㅡ,
　　　ㅏ 등)이 붙는다. (『종성 ㄹ의 변화표』8쪽 참조)

18. しかくい : 네모지다

　　어원은「しかく」(四角. 사각, 네모진 모양)

　　「しかく + い(형용사·접미어)」

　　「しかくい」: 네모지다

19. やがて : 얼마 안 있어, 머지않아, 곧, 이윽고

　　어원을 풀어 쓰면,

　　「や(矢, 화살) + が + て(手, 손)」

　　화살은 손을 떼면 곧 발사될 것임

　　「やがて」: 얼마 안 있어, 머지않아, 곧, 이윽고

20. わく(涌く, 湧く) : 솟다, 샘솟다 [물 솟을 용(涌)]

　　어원은「왈칵」(갑작스럽게 많이 쏟아지는 모양)

　　『왈칵 〉와카 〉와쿠 〉わく』

　　물이 갑자기 왈칵 솟다.

　　「わく」: 솟다, 샘솟다

21. もみじ(紅葉) : 단풍 [붉을 홍(紅)]

어원은「もみず」(紅葉づ, 黄葉づ)

「もみず → もみじ」

가을이 되어 초목의 잎이 붉은 색이나 노란색이 된 것

「もみじ」: 단풍(= こうよう, 紅葉)

☞ もみず(紅葉づ, 黄葉づ) : (가을이 되어) 잎이 붉은 색이나 노란색이 되다.

어원은「もみ」(籾, 벼, 뉘)

「もみ + ず(동사·접미어)」→「もみず」

가을이 되면 벼가 익어 누렇게 된다.

☞ もみ(籾) : 벼, 뉘

「모(벼의 싹) + み(実, 열매)」

'모'가 자라 열린 열매 → もみ(벼, 뉘)

「미소」〔味噌, みそ〕 이야기

미소가 일본에 전래된 것은 아스카(飛鳥), 나라(奈良) 시대이라고 한다. 미소(味噌) 의 あてじ(宛字)로 「高麗醤」, 「未醤」, 「美蘇」 등을 쓰고 있다. 미소(味噌)에는 조선계와 중국계가 있다고 하며, 일설에 의하면 「미소」는 고려 방언인 「밀조」(密祖)의 「あてじ」라고도 한다.

이이치현(愛知県) 출신의 「도쿠가와 이에야스」(德川家康)는 오채삼근(五菜三根)의 미소시루를 먹었다고 한다. 평균 수명 37-38세였던 시대에 75세라는 장수를 한 비결은 오채삼근(五菜三根)의 미소시루에 있었다고도 한다.

미소 만드는 공식은 아래와 같다.
「みそ＝大豆＋麹(こうじ, 누룩)＋塩＋水)×熟成」

그러면, 「みそ」(味噌)와 「麹」(こうじ)의 어원에 대하여 살펴보기로 하자.

① みそ(味噌)
　　어원은 「미조」(메주의 경남 방언)
　　『미조 〉미소 〉みそ』

② 麹(こうじ) : 누룩, 곡자(술을 빚는 데 쓰는 발효제)
　　어원은 「곡자」
　　『곡자 〉고자 〉고우자 〉고우지 〉こうじ』

☞ 「あてじ」(宛字) : 취음자(取音字), 차자(借字). 한자 본래의 뜻과는 관계없이 음(音)이나 훈(訓)을 빌려서 쓰는 한자(예 : アジア를 亜細亜로 표기)

고도의 문법, 한자 2,000자 정도, 어휘 10,000개 정도 습득

사회생활이 가능하고 대학에서 학습과 연구가 가능한 일본어 능력

일본어를 900시간 정도 학습한 수준. 구1급과 같지만 공식적으로 구1급보다 약간 더 어려운 수준

759. ぼやける : 희미해지다, 부예지다

어원은「보얗게」되다

『보얗게 〉 보야케 〉 ぼやける』

「ぼやける」: 희미해지다, 부예지다

☞ 보얗다 : 연기나 안개가 낀 것처럼 선명하지 못하고 조금 하얗다

---

760. ばれる : 발각되다, 탄로나다

어원은「바래다」

「바래다」는 외부환경(햇볕, 습기)에 의해 퇴색되어 본바탕이「드러나는」
것을 의미

「바래 + る(동사를 만드는 접미어)」→ ばれる

「ばれる」: 탄로나다, 발각되다

---

761. うねる : 꾸불꾸불하다, 물결치다

어원은「울다」

바느질한 것이 울다(우굴쭈굴해지다).

『울다 〉 우는 〉 우네 〉 うねる』

「うねる」: 꾸불꾸불하다, 물결치다

* うねうね : 구불구불(꾸불꾸불)

762. ゆとり : 여유

어원은 「유들유들」
「유들유들」은 살이 많이 찌고 번드르르하게 윤기가 있는 모양이다.
『유들 〉 유드리 〉 유도리 〉 ゆとり』
재산이 넉넉하여 잘 먹고 하면, 살도 찌고 얼굴에 윤기가 흘러 자연히 마음에 여유가 생긴다.
「ゆとり」 : 여유

763. もたらす : 가져오다, 초래하다

어원을 풀어 쓰면,
「もち(持ち, 가지다) + いたらす(至らす, 이르게 하다)」
「もちいたらす 〉 もたらす」
가지고 이르게 하다(초래하다).
「もたらす」 : 가져오다, 초래하다

☞ いたらす(至らす) : いたらせる의 文語

764. もどかしい : 안타깝다, 초조하다

어원은 「もどる」(戻る, 되돌아가다)
더 나아가지 못하고 되돌아가게 되어 안타깝다.
「もどかしい」 : 안타깝다, 초조하다

☞ もどる(戻る) : 되돌아가다 (164 참조)

765. 託つ(かこつ) : 핑계 삼다, 탓하다 [거짓 가(假)]

「たくつ」
とは読みません

託つ

「**かり**(仮, 진짜가 아님) + こと(言, 말)」
앞의 말을 합치면 「かこ」
「かこ + つ(동사를 만드는 접미어)」→ かこつ
진짜가 아닌 말로 핑계 삼다.
「かこつ」: 핑계 삼다, 탓하다

*託ける(かこつける) : 빙자하다, 구실 삼다

☞ **かり**(仮) : 진짜가 아님, 가짜
　어원은 「아리까리」의 「까리」
　「아리**까리**」는 그런 것 같기도 하고 「아닌 것 같기」도 한 모양을 말한다.

---

766. 家鴨(あひる) : 집오리 [집 가(家)]

어원은 「올히」(오리의 제주 방언)
『올히 〉 알히 〉 아히루 〉 あひる』
「あひる」: 집오리

☞ 일본 어원설
　「あし(足, 발) + ひろ(広, 넓음)」
　집오리는 발이 넓적한 것에서
　「あしひろ 〉 あひろ 〉 あひる」

767. 暇(いとま) : 틈, 짬, 쉼, 이혼함 [겨를 가(暇)]

어원은「틈」

『틈 〉 트마 〉 토마 〉 とま』

「い(접두사) + とま」→ いとま

시간의 한 틈(짬)

「いとま」: 틈, 짬, 쉼, 이혼함

* 부부 사이가 틈이 생겨「이혼함」이라는 뜻도 있다.

768. 嫁ぐ(とつぐ) : 시집가다, 출가하다 [시집갈 가(嫁)]

어원은「딸」

『딸 〉 똘 〉 또츠 〉 とつ』

「とつ + ぐ(동사·접미어)」

딸이 시집가다.

「とつぐ」: 시집가다, 출가하다

☞ 일본 어원설

　「と(戸, 문) + つぐ(継ぐ. 잇다, 계승하다)」

　문(집의 의미)을 계승하다.

　(남의 집에 시집가 자손을 낳아 가문을 잇다)

　「とつぐ」: 시집가다, 출가하다

☞ と(戸, 門) : 문

　어원은「돌쩌구」의「돌」(영어의 door와 同根), 북한은 문쩌구라 한다

　『돌 〉 도 〉 と』

☞ つぐ(継ぐ) : 잇다

　어원은「돌쩌구」의「쩌구」

　돌쩌구(돌쩌귀)는 문짝과 문설주를 이어주는 쇠붙이다(경첩).

769. 脚(あし) : 다리 [다리 각(脚)]

어원은「다리, 발」의 고어인「아리」

『아리 〉아시 〉あし』

「あし」: 다리

☞ あし(足) : 발

「다리」와「발」은 발음이 같고 한자가 다르다.

770. 殻(から) : 껍질, 허물 [껍질 각(殻)]

어원은「까다」의 활용「깔」

『깔 〉까라 〉から』

껍질을 까다.

「から」: 껍질, 허물

771. 肝(きも) : 간 [간 간(肝)]

어원은「간」

『간 〉감 〉가모 〉기모 〉きも』

「きも」: 간

☞「ん」의 발음은「ㄴ, ㅁ, ㅇ」

772. 竿(さお) : 가늘고 긴 막대기, 장대(長대, 긴 대나무) [낚싯대 간(竿)]

화살의 옛말이 「さ」(矢)이고, 이 말의 파생어이다.
화살처럼 가늘고 긴 것을 의미한다.
「さお」: 가늘고 긴 막대기, 장대

☞ や(矢) : 화살, 살
  어원은 「살」
  『살 〉 사 〉 さ 〉 や』
  「さ」는 「や」(矢, 화살)의 고어(古語)이다.

☞ 「상앗대」(삿대)로도 설명이 가능하다.
  어원은 「상앗대」의 「상아」
  『상아 〉 사아 〉 사오 〉 さお』

  * 상앗대 : 배질을 할 때 쓰는 긴 막대

---

773. 姦しい(かしましい) : 시끄럽다 [간사할 간(姦)]

본래 말은 「かしがましい」
어원은 「가물」(고함의 경상 방언)
『가물 〉 가무 〉 가마 〉 がま』
「がま + しい(…스럽다)」 → がましい

「**가시**나(여자의 방언) + がましい」 → かしがましい
「かしがましい → かしましい」(が 탈락)
여자 셋(姦 = 女 + 女 + 女)이 모이면 고함치듯 시끄럽다.
「かしましい」: 시끄럽다

774. 幹(みき) : 나무의 줄기, 사물의 주요 부분 [줄기 간(幹)]

어원을 풀어 쓰면,

「み(身, 몸) + き(木, 나무)」

몸통이 되는 나무의 부분

「みき」: 나무의 줄기, 사물의 주요 부분

775. 甘える(あまえる) : 응석부리다 [달 감(甘)]

「あまい(甘い, 달다) + える(동사를 만듦)」→ あまえる

행동을 달게 하다(응석부리다).

「あまえる」: 응석부리다

776. 嵌まる(はまる) : 꼭 끼이다, 꼭 맞다, 빠지다 [산골짜기 감(嵌)]

어원은 「함께」의 「함」

『함 〉 하마 〉 はま』

「はま + る(동사를 만드는 접미어)」→ はまる

함께 잘 어울려 꼭 맞다.

「はまる」: 꼭 끼이다, 꼭 맞다, 빠지다

＊ 当て嵌まる(あてはまる) : 꼭 들어맞다, 적합하다

　嵌める(はめる) : 끼우다, 빠뜨리다

777. 強い(こわい) : 질기다, 딱딱하다, 세다 [강할 강(強)]

어원은 「꼬다」의 활용 「꼬아」

『꼬아 〉 こわ』

「こわ + い(형용사를 만드는 접미어)」→ こわい

(줄을) 꼬아 질기게 하다.

「こわい」: 질기다, 딱딱하다, 세다

778. 強いる (しいる) : 강요하다 [강할 강(強)]

「し」는 する(하다)의 연용형(ます형)이고 「しい」는 「し」의 장음이다.
「し」를 「しい」로 길게 발음하면 강요한다는 느낌을 준다.
「しいる」: 강요하다

779. 糠 (ぬか) : 겨, 쌀겨 [겨 강(糠)]

껍질이 붙어 있는 벼 알갱이를 「뉘」라 하며, 방아를 찧고 남은 껍질을
「겨」라고 한다.
「뉘겨」가 「ぬか」로 바뀐 말이다.
『뉘겨 〉누갸 〉누가 〉ぬか』
「ぬか」: 쌀겨, 겨

* 겨 : 벼, 보리, 조 따위의 곡식을 찧어 벗겨 낸 껍질을 통틀어 이르는 말

780. 鎧 (よろい) : 갑옷 [갑옷 개(鎧)]

「종요로이」는 「없어서는 안 될 정도로 매우 긴요하게」라는 뜻으로, 특이
한 부사(副詞)다.
아무튼 전쟁터에서 장수에게 빠질 수 없는 게 「갑옷」이다.
「종요로이」에서 종을 빼면 「요로이」, 「よろい」가 「갑옷」이라는 뜻이다.

田을 두고 서로 다른 해석

전답(田畓)은 논과 밭을 말한다. 일본어로 밭은 「はた(畑)」, 논은 「た(田), すいでん(水田)」이라고 한다. 밭을 뜻하는 「田」이 일본에서는 「논」으로 사용하고 있다.

일본에서의 「밭(畑)」은 (畑 = 火 + 田)로서, 「불(火)이 있는 논(田)」이라는 의미다. 우리는 「논(畓)」이 (畓 = 水 + 田)로서, 「물(水)이 있는 밭(田)」이라는 의미다.

즉, 일본에서는 「불논」이 「밭」이고, 한국에서는 「물밭」이 「논」인 셈이다.

본론으로 돌아와서, 일본어로 「들」이 「の(野)」이다. 서울 한강 남쪽에 「노들」이라는 지명이 있다. 「노들」의 「노」가 「들」을 의미하는 것인지는 확실하지 않다.

일본에서는 「밭」이 「불논」이다. 밭을 만들려면 들에 불을 질러 잡목을 태우고 나서 만든다. 따라서 「불지른 들 = 불논」 등식이 성립하고, 「들 = 논」이 된다. 이렇게 보면, 「들」을 의미하는 「の(野)」의 어원이 「논」이라고 볼 수 있지 않을까. [논 〉 노 〉 の]

781. 据える(すえる) : 설치하다 [근거 거(据)]

어원은 「씨줄」의 「씨」(세로 줄은 날줄)

「씨줄」은 「피륙이나 그물을 짤 때, 가로 방향으로 놓인 실」이다. 가로 방향은 「수평 방향」을 말한다.

『씨 〉 쓰 〉 스으 〉 스에 〉 すえ』

「すえ + る(동사・접미어)」→ すえる

기계 설비를 수평으로 하다. 「설치하는」 것을 의미한다.

「すえる」: 설치하다

* すわる(座る) : 앉다

---

782. 裾(すそ) : 옷자락, 산기슭 [자락 거(裾)]

어원은 「옷섶」의 「섶」

『섶 〉 섯 〉 서소 〉 스소 〉 すそ』

「すそ」: 옷자락, 산기슭

* 옷섶 : 저고리나 두루마기 따위의 깃 아래쪽에 달린 길쭉한 헝겊

---

783. 健やか(すこやか) : 튼튼함, 건강함 [튼튼할 건(健)]

본래 말은 「すくやか」

「すく (쑥쑥 자라는 모양) + やか(그러한 느낌을 주는 모양)」

「すくやか」가 「すこやか」로 바뀜

아기가 쑥쑥 자라서 「튼튼하다」

「すこやか」: 튼튼함, 건강함

☞ すくすく : 쑥쑥, 무럭무럭

　　어원은 「쑥쑥」

　　『쑥쑥 〉 쑤꾸쑤꾸 〉 すくすく』

784. 倹しい(つましい) : 검소하다, 알뜰하다 [검소할 검(倹)]

어원은「짜다」의 명사형「짬」,「짜다」는 인색하다의 뜻도 있다

『짬 〉 짜마 〉 쯔마 〉 つま』

つま + しい(…하다, …스럽다)

「つましい」: 검소하다, 알뜰하다

☞ つま(妻) : 마누라, 아내

『짝 〉 짜 〉 쯔 〉 つ』,

「つ + み(身, 몸) 〉 つみ 〉 つま」

짝몸이 마누라.

※ 마누라(つま, 妻)는 알뜰하다 → つましい(알뜰하다)

---

785. 怯える, 脅える(おびえる) : 겁내다, 무서워하다 [겁낼 겁(怯)]

어원은 감탄사「어비」

「어비」는「아이들에게 무서운 것이라는 뜻으로 내는 소리」

『어비 〉 오비 〉 おび』

「おび + える(동사를 만듦)」→ おびえる

「おびえる」: 겁내다, 무서워하다

* 脅かす(おびやかす) : 위협하다

---

786. 掲げる(かかげる) : 내걸다, 게양하다 [높이 들 게(掲)]

어원을 풀어 쓰면,

「かか(어세를 강조) + あげる(上げる, 올리다)」

「かかあげる → かかげる」

「かかげる」: 내걸다, 게양하다

787. いこう(憩う) : 푹 쉬다, 휴식하다 [쉴 게(憩)]

어원을 풀어 쓰면,

「いき(息, 숨) + う(동사·접미어)」→ いきう → いこう

활동은 하지 않고 숨만 쉬다(즉, 푹 쉬다).

「いこう」: 푹 쉬다, 휴식하다

* いき(息) : 숨 (620 참조)

788. 抉る(えぐる) : 에다, 도려내다 [도려낼 결(抉)]

풀어 쓰면,

「える(彫る. 에다, 도려내다) + くる(刳る, 속을 도려내다)」

「えくる → えぐる」

「えぐる」: 에다, 도려내다

① える(彫る) : 에다(도려내듯 베다)

《에 + 다(동사 어미) = え + る(일본어 동사 어미)》

② くる(刳る) : 속을 도려내다

어원은 「끌」을 동사화한 말이다.

『끌 〉 끄루 〉 꾸루 〉 くる』

789. 潔い(いさぎよい) : 미련 없이 깨끗하다 [깨끗할 결(潔)]

풀어 쓰면,

「いさ(いさむ, 勇む의 いさ로 어세를 강조) + きよい(清い, 깨끗하다)」

「いさきよい 〉 いさぎよい」

「いさぎよい」: 미련 없이 깨끗하다

* いさむ(勇む) : 용기가 용솟음치다 (1028 참조)

790. 結う(ゆう) : 매다, 묶다, 엮다 [맺을 결(結)]

어원은 「엮다」(어간은 엮)

『엮 〉여 〉유 〉ゆ』

「ゆ + う(동사를 만드는 접미어)」

「ゆう」: 매다, 묶다, 엮다

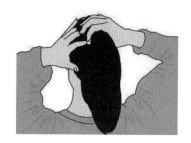

* ゆわえる(結わえる) : 매다, 묶다

791. 脛(すね) : 정강이(무릎 아래에서 앞 뼈가 있는 부분) [정강이 경(脛)]

어원을 풀어 쓰면,

「すぐ(直ぐ. 곧음, 똑바름) + ほね(骨, 뼈)」→ すね

몸에서 똑바른 뼈가 정강이다.

「すね」: 정강이

792. 競る(せる) : 다투다, 경쟁하다 [겨룰 경(競)]

어원은 우리말 「쎄리다」

「쎄리다」는 「때리다, 다투다」라는 뜻의 경상, 전라 방언이다.

『쎄리 〉세루 〉せる』

「せる」: 다투다, 경쟁하다

* 競り売り(せりうり) : 경매

793. 傾ぐ(かしぐ) : 기울다, 기울어지다 [기울 경(傾)]

어원은 「갓길」의 「갓」

『갓 〉 가시 〉 かし』

「かし + ぐ(동사를 만드는 접미어)」→ かしぐ

한쪽 가로 쏠리다(→ 기울다)

「かしぐ」: 기울다, 기울어지다

* 傾げる(かしげる) : 기울이다, 갸웃하다

---

794. 鯨(くじら) : 고래 [고래 경(鯨)]

본래 말은 「くししら」

어원은 「크다」(어간은 크)

『크 〉 쿠 〉 く』

「く(크다) + しし(獣, 짐승) + ら(접미어)」

「くししら → くしら → くじら」

지구상에서 제일 큰 짐승이 고래다.

「くじら」: 고래

* いのしし(猪) : 멧돼지(しし가 짐승이라는 뜻)

※ 복권이 宝くじ(たからくじ)인데, 고래(くじら)같이 큰 상품이 당첨되면 얼마나 좋을까. 고래는 정말 「크지라」(전라 방언).

795. 戒める(いましめる) : 경고하다, 경계를 강화하다 [경계할 계(戒)]

문어체는「いましむ」

「いま(忌ま, 꺼리다) + しむ(조동사)」

「いましむ → いましめる」(구어체, 하1단화)

(행동 등을) 꺼리도록 하다(→ 경고하다).

「いましめる」: 경고하다, 경계를 강화하다

☞ いむ(忌む) : 꺼리다, 미워하고 싫어하다

어원은「밉다」

『밉 〉미이 〉이 〉い』(ㅂ 탈락)

「い + む (동사·접미어)」

「いむ」: 꺼리다, 미워하고 싫어하다

796. 繋ぐ(つなぐ) : 매다, 잇다, 연결하다 [맬 계(繋)]

「つな(綱, 밧줄) + ぐ(동사·접미어)」→ つなぐ

「つなぐ」: (밧줄로) 매다, 잇다, 연결하다

* 繋がる(つながる) : 연결되다

☞ つな(綱) : 밧줄

「つよい(強い, 강하다) + なわ(縄, 새끼, 줄)」→ つな

797. 告げる(つげる) : 고하다, 알리다 [알릴 고(告)]

어원은「적」(어떤 때), 된말은「쩍」

(떠날) 적(쩍)에「고하다」

『쩍 〉쩌게 〉つげ』

「つげ + る(동사·접미어)」

「つげる」: 알리다, 고하다

798. 刳る(くる) : 후벼 파다, 속을 도려내다 [가를 고(刳)]

어원은「끌」

「끌」을 동사화한 말이다(끌로 파내다).

『끌 〉 끄루 〉 꾸루 〉 くる』

「くる」: 후벼 파다, 속을 도려내다

---

799. 跨る·股がる(またがる) : 두 다리를 벌리고 올라타다, 걸치다 [걸터앉을 고(跨)]

풀어 쓰면,

「また(股, 가랑이) + がる(걸치다의 뜻)」

「걸(치다)」: 걸 〉 갈 〉 가루 〉 がる

「またがる」: (가랑이) 걸치다, 두 다리를 벌리고 올라타다

* またぐ(跨ぐ) : 가랑이를 벌리고 서다(넘다)

☞ また(股) : 가랑이, 샅(두 다리의 사이)

　「ま(間, 사이, 간격)+다리」

　『まだ 〉 마다 〉 また』

　「また」: 가랑이, 샅

800. 藁(わら) : 짚 [짚 고(藁)]

어원은 「나락」(벼)

나락을 수확해서 타작하면 「짚」이 된다.

『나락 〉 나라 〉 와라 〉 わら』

「わら」: 짚

☞ 타작하고 난 「나락」(벼)으로 꼰 것이 「새끼」, なわ(縄)이다.
- 縄張り(なわばり) : 새끼줄을 쳐서 경계를 정함
- 沖縄(おきなわ) : 지명(地名)

801. 曲る(くねる) : 구부러지다 [굽을 곡(曲)]

くねくね : 꾸불꾸불(구부러진 모양)

「くねる」는 「くねくね」를 동사화한 말이다.

「くねる」: 구부러지다

☞ くねくね : 꾸불꾸불(구부러진 모양)

어원은 「꾸불꾸불」

『꾸 〉 구네 〉 くね』

802. 公(おおやけ) : 공, 정부 [공평할 공(公)]

「おお(大, 큰) + や(屋, 집) + け(家, 집)」

큰 집이 정부다.

「おおやけ」: 공, 정부

☞ ほんけ(本家) : 본가, 종가

そうけ(宗家) : 종가, 본가

803. 空しい, 虚しい(むなしい) : 덧없다, 허무하다 [빌 공(空)]

풀어 쓰면,

「む(몸) + なし(無し, 없음) + い(형용사·접미어)」

여기서「む」는 み(身, 몸)의 옛말이다.

몸이 없어지니(죽으니), 인생이「덧없다」

「むなしい」: 덧없다, 허무하다

☞ み(身, 몸)의 어원은「몸」

　『몸 〉모 〉무 〉む 〉み』

"파도가 센 바다를 달래다", "느닷없이"

「심청전」에 보면 파도가 심한 인당수 해역의 용왕님을 달래기 위해 인신공양으로 심청을 사서 바쳤다는 얘기가 있다. 인당수 해역이 바로「灘(なだ)」(파도가 센 바다)인 셈이다.

「宥める(なだめる)」라는 말이 있는데「달래다」라는 뜻이다. 파도가 거세어 사고가 많이 나는「灘(なだ)」를 달래기 위해「용왕제(龍王祭)」라도 지내야 한다는 뜻이 담겨 있는 말이라고 볼 수도 있겠다.

「느닷없이」라는 말이 있다. 의미는「나타나는 모양이 아주 뜻밖이고 갑작스럽게」라는 뜻이다.「어처구니없이, 터무니없이, 난데없이」라는 말은「없이」가 없는「어처구니, 터무니, 난데」라는 말이 사전에 실려 있는데,「느닷없이」의「느닷」은 사전에 실려 있지 않다. 그래서「느닷없이」의 반대적 의미로 유추해 보면「느닷」은「안정적이고 느긋한 모양」이라는 의미가 될 것이다.

(1)『느닷 〉 느다 〉 나다 〉 なだ』
　「なだ + らか(…와 같은 상태)」→ なだらか(완만한 모양, 온화한 모양)
(2)『느닷 〉 느다 〉 노다 〉 노도 〉 のど』
　「のど + か(상태, 성질을 나타냄)」→ のどか(長閑, 편안하고 한가로운 모양)

804. 控える(ひかえる) : 잡아끌다, 대기하다, 삼가다 [당길 공(控)]

문어체는「ひかう」(控う)

「ひく」(引く, 당기다)가「ひかう」로 바뀜

「ひかう → ひかえる」(하1단화, 구어체)

(계속) 당기다의 의미가 확장되어 대기하다, 삼가다의 뜻

「ひかえる」: 잡아끌다, 대기하다, 삼가다

---

805. 瓜(うり) : 오이, 참외 등 박과 식물의 총칭 [오이 과(瓜)]

어원은「물이」

「물이」는 오이의 경상 방언이다.

『물이 〉무리 〉우리 〉うり』

「うり」: 오이, 참외 등 박과 식물의 총칭

---

806. 果てる(はてる) : 끝나다, 목숨이 다하다 [실과 과(果)]

어원은「はて」(果て, 끝, 끝장)

「はてる」: 끝나다, 목숨이 다하다

* はて(果て) : 끝, 끝장

「はた」(端, 끝)가「はて」로 바뀐 말

☞ はた(端) : 끝, 가 (524 참조)

807. 誇る(ほこる) : 뽐내다, 뻐기다, 자랑하다 [자랑할 과(誇)]

어원은 「뻐기다」

『뻐기 〉 뽀기 〉 뽀고 〉 호고 〉 호고』[반탁음 뽀(뽀) → 청음 호(호)]

「호고 + る(동사를 만드는 접미어)」

「호고る」: 뽐내다, 뻐기다, 자랑하다

808. 夥しい(おびただしい) : (수량이) 매우 많다 [많을 과(夥)]

「おび(겁나다의 뜻) + たた(多多, 수가 많은 모양) + しい(…스럽다)」→ おびたたしい

「おびたたしい 〉 おびただしい」

겁나게 많다(매우 많다).

「おびただしい」: (수량이) 매우 많다

なんて読む？

夥しい

☞ おび : 겁나다의 뜻

「어비」는 「아이들에게 무서운 것이라는 뜻으로 내는 소리」

『어비 〉 오비 〉 おび』

「おび」: 겁나다의 뜻

809. 貫く(つらぬく) : 꿰뚫다, 관통하다 [꿸 관(貫)]

어원은 「뚫는다」

『뚫는 〉 뚜라느 〉 뜨라누 〉 쯔라누 〉 つらぬ』

「つらぬ + く(동사·접미어)」→ つらぬく

「つらぬく」: 꿰뚫다, 관통하다

810. 括る(くくる) : 묶다, 매다 [묶을 괄(括)]

어원은 「꾸리다」(어간은 꾸리)

『꾸리 〉꾸루 〉구구루 〉くくる』

「くくる」: 묶다, 매다

* 꾸리다 : 짐이나 물건 따위를 싸서 묶다

811. 空(から) : 빔, 허공   [빌 공(空)]

어원은 「から」(殼, 껍질)

쭉짜(쭉정이)의 경우, 껍질(から)만 있고 「속이 비어 있다」

「から」: 빔, 허공

☞ から(殼) : 껍질 (770 참조)

812. 轟く(とどろく) : 울려 퍼지다 [울릴 굉(轟)]

어원은 「とどろ」(울려 퍼지는 소리)

울려 퍼지는 소리로 대표적인 것은 북소리인 「퉁퉁, 퉁퉁」을 들 수 있다.

『퉁퉁 〉퉁~ 〉토동 〉토도옹 〉토도로~ 〉とどろ』

「とどろ + く (동사를 만드는 접미어)」→ とどろく

「とどろく」: 울려 퍼지다

813. 交える(まじえる) : 섞다 [사귈 교(交)]

어원은 「맞」(서로의 뜻)

『맞 〉마지 〉まじ』

まじ(서로의 뜻) + える(동사를 만듦) → まじえる

서로 하다, 즉 「섞다」라는 뜻이다.

「まじえる」: 섞다

* 交じる(まじる) : 섞이다(= 交ざる)

 交ぜる(まぜる) : 섞다(= まじえる)

 交わる(まじわる) : 사귀다, 교제하다

---

814. 巧む(たくむ) : 꾸미다, 고안하다, 꾀하다 [공교할 교(巧)]

어원은,

た(手, 손) + くむ(組む, 짜다)」

손으로 잘 짜다(→ 꾸미다, 고안하다)

「たくむ」: 꾸미다, 고안하다, 꾀하다

* たくみ(巧み) : 교묘함, 솜씨가 좋음

☞ たくみ(工, 匠) : 장인(匠人)

 「た(手, 손) + 빠꾸미(달인, 전문가의 경상 방언)」

 (손으로) 하는 일의 전문가

 「た빠꾸미 〉た꾸미 〉たくみ」

815. 鮫(さめ) : 상어 [상어 교(鮫)]

어원은 「상어」

『상 〉사 〉さ』

「さ + め(물고기를 뜻함)」→ さめ

「さめ」: 상어

* ひらめ(鮃) : 광어(물고기를 뜻하는 め가 붙음)

☞ 「복어」는 「복魚」라고 쓰는데, 「상어」를 「상魚」라고 쓰지 않는 이유는, 복어는 지칭하는 한자(漢字)가 없고, 상어는 지칭하는 한자 鮫(교)가 있기 때문이다.

---

816. 噛む(かむ) : 물다, 맞물다 [깨물 교(噛)]

어원은 「깨물다」

『깨물 〉깨무 〉까무 〉かむ』

「かむ」: 물다, 맞물다

* 噛み締める(かみしめる) : 꽉 깨물다, 음미하다

---

817. しがみつく (しがみ付く) : 달라붙다, 매달리다 [깨물 교(噛)]

풀어 쓰면,

「しがみ(噛み, 꽉 깨물다) + つく (付く, 붙다, 달라붙다)」

「しがみつく」: 달라붙다, 매달리다

☞ しがむ(噛む) : 꽉 깨물다, 몇 번이고(여러 번) 씹다.

　「しっかり(確り, 단단히, 꼭) + かむ(噛む, 물다)」

　　→ しかむ → しがむ

818. 拘る(こだわる) : 구애되다, 작은 일에 트집을 잡다 [잡을 구(拘)]

어원을 풀어 쓰면,

「こ(小, 작은) + さわる(障る, 방해가 되다, 지장이 있다)」→ こさわる

「こさわる」가 발음 편의상 「こだわる」로 바뀜

작은 것에 지장을 받다.

「こだわる」: 구애되다, 작은 일에 트집을 잡다

* さわる(障る) : 방해가 되다, 지장이 있다 (1054 참조)

819. 咎める(とがめる) : 책망하다, 비난하다 [허물 구(咎)]

「톡」은 「말을 야멸치게 쏘아붙이는 모양」이다.

『톡 〉 토가 〉 とが』

「とが + める(동사를 만듦)」→ とがめる

야멸차게 쏘아붙이듯이 말하다(즉, 책망하다).

「とがめる」: 책망하다, 비난하다

820. 駒(こま) : 망아지 [망아지 구(駒)]

이 말을 풀어 쓰면, 「こ(小, 작은) + うま(馬)」

「こうま 〉 こま」

「こま」: 망아지

☞ 「꼬마」말(馬)이 「こま」이다.

821. 鴎(かもめ) : 갈매기 [갈매기 구(鴎)]

어원은「갈매기」(어근은 갈매)

『갈매 〉 가매 〉 가모 〉 かも』

「かも + め(새를 뜻함)」→ かもめ

「かもめ」: 갈매기

822. 溝(みぞ) : 도랑, 개천 [도랑 구(溝)]

「みず(水, 물) + そそぎ(注ぎ, 흘러 들어가다)」

「みそ → みぞ」

물이 흘러 들어가는 곳.

「みぞ」: 도랑, 개천

☞ そそぐ(注ぐ) : 흘러 들어가다 (424 참조)

823. 掬う(すくう) : 떠내다, 건져 올리다 [움킬 국(掬)]

어원은「쑥」,「쑥」은 뽑아내는 모양을 말한다

『쑥 〉 쑤구 〉 すく』

「すく + う(동사를 만드는 접미어)」→ すくう

쑥 뽑아서 건져 올리다.

「すくう」: 떠내다, 건져 올리다

☞ 救う(すくう) : 구하다 (420 참조)

824. 屈む(かがむ) : 구부러지다, 굽다 [굽힐 굴(屈)]

어원은 「꺾다」(어간은 꺾)

「꺾다」는 구부리다, 끊어지게 하다.

『꺾 〉깎 〉깍 〉까가 〉かが』

「かが + む(동사를 만드는 접미어)」→ かがむ

「かがむ」 : 구부러지다, 굽다

* 屈める(かがめる) : 구부리다, 굽히다

825. 拳(こぶし) : 주먹 [주먹 권(拳)]

「ご(五. 오, 다섯) + ふし(節, 마디)」

「ごふし 〉こふし 〉こぶし」

주먹을 쥐면 손에 다섯 마디가 된다.

「こぶし」 : 주먹

☞ ふし(節) : 마디 (677 참고)

826. 弓(ゆみ) : 활 [활 궁(弓)]

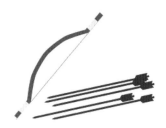

어원은 「휘다」의 명사형 「휨」

『휨 〉휘미 〉휴미 〉유미 〉ゆみ』

활은 나무나 쇠의 휘는 성질을 이용한 것이다.

「ゆみ」 : 활

827. 鬼(おに) : 귀신　[귀신 귀(鬼)]

귀신은 「은밀(隱密)」하게 온다고 하는 데서 유래
隱密(おんみつ)에서 隱의 한자음 「おん」은 오음(吳音)이다. 귀신은 은밀하게
오고 가기 때문에 「おん」이 변해서 된 말이다.
「おん 〉 おに」
「おに」 : 귀신

☞ 오음(吳音)은 한반도를 거쳐 일본에서 정착한 한자음으로 우리의 한자음과 유사한 면이 많다.

---

828. 亀(かめ) : 거북　[거북 귀(亀)]

어원은 「거북」
『거북 〉 가북 〉 가부 〉 가배 〉 가매 〉 かめ』
「かめ」 : 거북

☞ 「늪」의 발음 변화와 유사하다.
　『늪 〉 눕 〉 누바 〉 누마 〉 ぬま』(ㅂ → ㅁ)

---

829. 均す(ならす) : 고르게 하다, 고르다　[고를 균(均)]

어원은 「나라」(奈良)
일본 奈良(なら) 지방은 땅이 평평하기 때문에, 나라처럼 땅을 평평하게
하다.
「ならす」 : 고르게 하다, 고르다

* ならし(均し) : 고르게 함, 평균

☞ 奈良(なら) 지명은 우리말 「나라」(國)에서 유래되었다.

830. 菌, 茸(きのこ) : 버섯 [버섯 균(菌)]

「き(木, 나무) の こ(子, 아들)」
버섯은 나무의 아들이다.
「きのこ」: 버섯

☞ き(木) : 나무
　어원은 나무의 방언「남기」의「기」

☞ しいたけ(椎茸) : 표고버섯
　まつたけ(松茸) : 송이버섯

　* たけ(茸)의 어원은「たけ」(竹, 대나무)
　　버섯은 죽순(竹の子)처럼 쑥 올라오는 것에서

일본 사전이 잘못되었나!

일본 동경에 있는 종합출판사 小学館(しょうがくかん)에서 발행하고 있는 「디지털 대말샘」에서 「얼음 氷」을 찾아보았는데 아래와 같다.

ひょう [氷]

음독 ヒョウ (呉) (漢)

훈독 こおり ひ こおる

〈デジタル大辞泉(小学館)〉

氷(빙)의 훈독이 「こおり, ひ, こおる」로 3개가 있다. 이 중 「ひ」는 음독(音讀) 자리에 가야 맞을 것 같은데 훈독 자리에 있다(종이 사전을 찾아봐도 위와 같다).

『해도 ひ(日), 불도 ひ(火), 얼음도 ひ(氷)이다』 뜨거운 것 찬 것 가리지 않고 전부 훈독이 「ひ」다 보니 헷갈려서 일본고어 사전을 찾아보니, 현재는 「ひ(氷)」 한자만을 사용하지 않고, ひさめ(氷雨, 진눈깨비), ひむろ(氷室, 빙고), たるひ(垂氷, 고드름 = つらら) 등 복합어의 형태로만 쓰이고 있다고 한다.

추측컨대, 예전에 「氷」(얼음 빙)의 훈독이 한때 「ひ」로 쓰인 시절이 있었던 것 같다. 그리고 「빙」이라는 우리 한자음이 순수 일본어로 바뀐 것도 특이하다. [빙 〉비 〉히 〉ひ]

한자는 다르지만 차가운 것을 나타내는 말로 다음과 같은 것이 있다.
「ひえる」(冷える, 식다), 「ひやひや」(冷や冷や, 차가운 모양)

831. 槿(むくげ) : 무궁화 [무궁화 근(槿)]

어원은 「무궁화」
무궁화(ムグンファ)에서 「むくげ」가 되었다.

832. 錦(にしき) : 비단 [비단 금(錦)]

어원은 「にしき」(二色, 두 색)
비단은 보통 붉은 색과 황색의 두 가지를 섞어 짜는 것에서
「にしき」: 비단

* 二(に), 色(しき)는 모두 오음(吳音)

833. 林檎(りんご) : 사과 [능금나무 금(檎)]

사과를 예전에는 「임금」(林檎)이라고 불렀는데 임금(王)과
발음이 비슷하여 「능금」으로 불리게 되었다고 한다.
「林檎」(リンゴン)에서 「檎」의 음독은 「ゴン」으로 오음(吳音)이다.
「リンゴン」이 「リンゴ」로 바뀌었다.
「りんご」: 사과

834. 及ぶ(およぶ) : 미치다, 달하다, 이르다 [미칠 급(及)]

어원은 「およぐ」(泳ぐ, 헤엄치다)
헤엄을 쳐서 (강 건너에) 이르다.
「およぶ」: 미치다, 달하다, 이르다

* 及ぼす(およぼす) : 미치게 하다

☞ 泳ぐ(およぐ) : 헤엄치다 (N5 추가 단어 19 참조)

835. 欺く(あざむく) : 속이다, 착각시키다 [속일 기(欺)]

어원을 풀어 쓰면,

「あざ(痣, 점, 반점) + むく(剥く, 벗기다)」

원래 있던 점을 벗기어 속이다.

「あざむく」: 속이다, 착각시키다

* あざ(痣) : 점, 반점 (1096 참조)

836. 耐える(たえる) : 견디다, 참다 [견딜 내(耐)]

어원은「참다」(어간은 참)

『참 〉창 〉차에 〉ちゃ에 〉た에 〉たえ』

(1)「ん」음은「ㄴ, ㅁ, ㅇ」(참 ≒ 창 ≒ 찬)

(2) 요음「ちゃ」가 직음화로 비슷한 음인「た」로 바뀜

「たえ + る(동사·접미어)」

「たえる」: 참다, 견디다

☞ 직음(直音, ちょくおん) : 요음(拗音, きゃ), 촉음(促音, きっ), 발음(撥音, ん) 이외의 가나(仮名) 한 자로 표시되는 음

837. 企てる(くわだてる) : 기도하다, 계획하다 [꾀할 기(企)]

「くわしい(詳しい, 상세하다) + たてる(立てる, 세우다)」

「くわたてる 〉くわだてる」

상세하게 세우다.

「くわだてる」: 기도하다, 계획하다

☞ くわしい(詳しい) : 상세하다 (368 참조)

838. 記す(しるす) : 적다, 쓰다 [기록할 기(記)]

어원은「씨다」의 활용「씰」(쓰다의 경남 방언)

『씰 〉 씨루 〉 しる』

「しる + す(동사를 만드는 접미어)」

「しるす」: 적다, 쓰다

☞ 고대 한국어 중 일본에 가장 먼저 건너간 말은「가야어」라고 한다.

839. 嗜む(たしなむ) : 즐기다, 취미를 붙이다 [즐길 기(嗜)]

어원은「입맛을 다시다」의「다시다」

『다시 〉 たし』

「たし + なむ(= なう, 동작을 나타내는 접미어)」

어떤 일에 입맛을 다시다(→ 즐기다).

「たしなむ」: 즐기다, 취미를 붙이다

840. 漏れる, 洩れる(もれる) : 새다, 누설되다 [샐 누(漏)]

어원은「몰래」(남이 모르게 살짝)

『몰래 〉 모래 〉 もれ』

「もれ + る(동사를 만드는 접미어)」→ もれる

몰래 (비밀이) 새다.

「もれる」: 누설되다, 새다

* 漏らす(もらす) : 새게 하다, 누설하다

841. 鍛える(きたえる) : 단련하다, 맹렬히 훈련하다 [쇠 불릴 단(鍛)]

어원은「굳다」(어간은 굳)

「굳다」는「단단하게 되다, 힘이나 뜻이 강하다」

『굳 〉 구다 〉 기다 〉 きた』

「きた + える(동사를 만듦)」→ きたえる

몸을 단단하게 하다.

「きたえる」: 단련하다, 맹렬히 훈련하다

842. 担う(になう) : 짊어지다, 메다 [멜 담(担)]

어원을 풀어 쓰면,

「に(荷, 짐) + なう(동작을 나타내는 접미어)」

「になう」: 짊어지다, 메다

☞ に(荷) : 짐

　어원은「니다」(이다의 옛말)

　「짐」을 머리에 **니**다(예전에 여성은 짐을 머리에 이고 다녔다).

843. 担ぐ(かつぐ) : 메다, 짊어지다 [멜 담(担)]

「かた(肩, 어깨) + ぐ(동사를 만드는 접미어)」→ かたぐ

어깨에 짐을 메다.

「かたぐ」가「かつぐ」로 바뀜

「かつぐ」: 메다, 짊어지다

☞ かた(肩) : 어깨

　「어깨」는 신체 중에서 단단한(**か**たい, 堅い) 부분이라는 뜻에서

　「かた」가 어깨라는 뜻이 되었다.

844. 挑む(いどむ) : 도전하다, 덤벼들다　[돋울 도(挑)]

풀어 쓰면,

「い(意, 마음) + どむ(덤비다의 뜻)」→ いどむ

마음을 가지고 덤비다. 즉 「도전하다, 덤벼들다」

「いどむ」: 도전하다, 덤벼들다

☞ どむ : 덤비다의 뜻

　「덤비다」에서 어근은 「덤」

　『덤 〉더무 〉도무 〉どむ』

845. 逃れる(のがれる) : 달아나다, 도망치다, 벗어나다　[도망할 도(逃)]

「のが」는「にげ」의 모음교체형

① に → の(ㅣ→ㅗ) : き(木)가 こ(木)로 바뀐 것과 동일

② げ → が(ㅔ→ㅏ) : いね(稲)가 いな(稲)로 바뀐 것과 동일

「にげる(도망치다)」⇒「のがれる(도망치다, 달아나다)」

* のがす(逃す) : 놓치다

☞ にげる(逃げる) : 도망치다 (157 참조)

846. 倒ける, 転ける(こける) : 넘어지다　[넘어질 도(倒)]

문어체는「こく」(倒く)

어원은「꼬꾸라지다」(어근은 꼬꾸), 앞으로 넘어지다

『꼬꾸 〉こく』

「こく → こける」(하1단화, 구어체)

「こける」: 넘어지다

847. 塗す(まぶす) : (가루 따위를) 온통 처바르다, 묻히다   [칠할 도(塗)]

어원은 「맞부비다」의 「맞부」

『맞부 〉마부 〉まぶ』

「まぶ + す(동사를 만드는 접미어)」

(튀길 것을 튀김 가루와) 맞부비어 묻히다.

「まぶす」: (가루 따위를) 온통 처바르다, 묻히다

* 맞부비다 : 서로 맞대어 여러 번 마찰시키다

---

848. 綯う(なう) : (새끼 등) 꼬다   [새끼 꼴 도(綯)]

어원은 「나락」(벼)의 「나」

타작하고 난 나락(짚)으로 새끼를 꼬다

『나 〉な』

「な + う(동사·접미어)」→ なう

「なう」: (새끼 등) 꼬다

---

849. 洞(ほら) : 굴, 동굴   [골 동(洞)]

어원을 풀어 쓰면,

「ほり(掘り, 파다) + あな(穴, 구멍)」

「ほりあ → ほら」

파 들어간 구멍(→ 굴)

「ほら」: 굴, 동굴

☞ ほる(掘る) : 파다 (514 참조)

850. 凍てる(いてる) : 얼다, 얼어붙다 [얼 동(凍)]

어원은 「얼다」(어간은 얼)

『얼 〉일 〉이태 〉いて』

「いて + る(동사를 만드는 접미어)」

「いてる」: 얼다, 얼어붙다

☞ 우리말 종성 「ㄹ」이 일본어로 바뀔 때, 자음이 「ㄱ, ㅁ, ㅅ, ㅈ, ㅊ, ㄷ(ㅌ)」으로 바뀌며 모음(ㅣ, ㅡ, ㅏ, ㅐ 등)이 붙는다. (「종성 ㄹ의 변화표」8쪽 참조)

851. 兜(かぶと) : 투구   [투구 두(兜)]

어원은 「갑옷」

『갑옷 〉가부옷 〉가부올 〉가부오토 〉가부토 〉かぶと』

갑옷과 투구는 한 세트로 되어 있는 것에서

「かぶと」: 투구

* よろい(鎧) : 갑옷 (780 참조)

* 출처 : 岩波古語辞典

852. 絡む(からむ) : 휘감기다, 얽히다 [이을 락(絡)]

어원은 「갋다」(어간은 갋)

「갋다」는 「맞서서 견주다, 함께 나란히 하다」라는 뜻의 경상 방언이다.

『갋 〉갈 〉가라 〉から』

「から + む(동사·접미어)」 → からむ

함께 해서 서로 얽히다.

「からむ」: 휘감기다, 얽히다

* からめる(絡める) : 휘감다, 관련시키다, 관계를 맺게 하다

「설」의 어원

설의 어원으로 여러 설(說) 있다.

① 낯설다에서 유래되었다는 설이 있다. 한해를 맞이할 때 낯설게 느낀다고 하여 생긴 주장이다(설은 날 〉 설날).
② 서럽다, 섧다에서 유래되었다는 설이 있다. 나이를 먹는 것이 서러워 붙여진 이름이라고 한다.
③ 나이를 뜻하는 「살」의 옛말인 「설」에서 유래되었다는 설이 있다. 설이 되면 한 살을 더 먹기 때문에 나온 설(說)이다.
④ 서다(立)에서 유래되었다는 설이 있다. 설은 한해의 기운이 새롭게 서는 날이기 때문이다[예, 입춘(立春)을 설 立으로 표기].

이상은 민간의 「설」에 대한 유래이고 학문적으로 연구한 것에 의하면 다음과 같다.
『설이 원단(元旦, 설날 아침)과 나이(歲) 두 뜻을 가지고 있다. 「설」의 본뜻은 태양의 뜻을 지닌다고 하겠다. 「햇살」의 「살」이 바로 태양을 의미하는 것이다. 일본어 「さらす(晒す)」는 햇볕에 쬐다라는 뜻인데, 사라(さら)가 태양을 의미한다. 소라(そら, 宎, sola)는 하늘이라는 뜻인데, 어근 「sol」이 태양의 뜻을 가지는 같은 어원에서 나온 말이다.』〈서정범 국어어원사전〉

위 설명에서 「설, 살(사라), 솔」은 태양을 의미한다는 것을 알았다. 영어에서 「solar」는 「해의」라는 뜻이고, 따라서 「sol」은 태양을 가리킨다. 우리말 중에도 사람의 생존과 밀접한 말은 지구상의 주요 언어와 뿌리를 같이한다는 사실을 알 수 있고 그 수도 꽤 있을 것으로 생각한다. 예로부터 최대 명절로 쇠고 있는 「설」은 새로운 해를 맞이한다는 마음의 각오이고, 태양의 고마움을 표하는 태양절이라고 할 수 있다.

음력으로 1월을 정월(正月)이라고 하는데, 음력 1월은 설(구정)이 있는 달이기 때문에 음력 1월은 「설달」이라고 부르는 것이 바람직하다. 「설날」을 일본어로는 元旦(がんたん), 元日(がんじつ)라고 한다.

853. 乱れる(みだれる) : 어지러워지다, 흐트러지다   [어지러울 란(乱)]

문어체는「みだる」(乱る)

「み(水, 물) + だる(동사를 만드는 접미어)」

(물을 쏟으면 바닥이) 어지러워진다.

「みだれる」: 어지러워지다, 흐트러지다

* 乱す(みだす) : 어지럽히다, 흩뜨리다

854. 嵐(あらし) : 폭풍, 폭풍우   [남기 람(嵐)]

「あら(荒, 거친) + し(바람을 의미)」

거친 바람이 폭풍이다.

「あらし」: 폭풍, 폭풍우

☞ あら(荒) : 거친

　　어원은「알몸」의「알」

　　옷을 벗어던지고 알몸으로 싸우는 모습은「거친」모습이다.

　　『알 〉아라 〉あら』

855. 糧(かて) : 양식, 식량   [양식 량(糧)]

본래 말은「かりて」

풀어 쓰면, 「かり(仮, 임시) + 때(끼니, 땟거리)」

「かり때 〉かりて 〉かて」

「かて」: 양식, 식량

*「かて」는 원래 여행 등의 휴대 양식을 의미했다.

☞「たべる」(食べる, 먹다)의「た」도「때」가 변한 말이다(때 〉따 〉た).

856. 励む(はげむ) : 힘쓰다 [힘쓸 려(励)]

어원은 「빡시다」의 「빡」

『빡 〉빠게 〉하게 〉はげ』[반탁음 빠(ぱ) → 청음 하(は)]

「はげ + む(동사·접미어)」

빡시게 하다(힘쓰다).

「はげむ」 : 힘쓰다

* 励ます(はげます) : 격려하다

☞ はげしい(激しい) : 세차다, 격심하다 (319 참조)

857. 麗らか(うららか) : 화창한 모양, 명랑한 모양 [고울 려(麗)]

「うらうら(햇빛이 밝고 화창한 모양) + か(상태, 성질을 나타내는 접미어)」

「うらうらか 〉うららか」

「うららか」 : 화창한 모양, 명랑한 모양

☞ うらうら : 햇빛이 밝고 화창한 모양

　어원은 「울창」의 「울」

　『울 〉우라 〉うら 〉うらうら』

　햇빛이 울창하다.

858. 連なる (つらなる) : 줄지어 있다 [잇닿을 련(連)]

이 말을 풀어 쓰면,

「つら(連, 줄) + なる(자동사를 만듦)」→ つらなる

「つらなる」: 줄지어 있다

* つらねる(連ねる) : 줄지어 세우다

☞ つら(連) : 줄, 열(列), 늘어선 것

　　어원은 「줄」

　　『줄 〉주라 〉즈라 〉つら』

---

859. 裂く (さく) : 찢다, 쪼개다 [찢을 렬(裂)]

어원은 의성어 「삭」

「삭」은 종이 등을 칼이나 가위로 단번에 가르는(베는) 소리

『삭 〉사구 〉さく 』

「さく」: 찢다, 쪼개다, 가르다

* さける(裂ける) : 찢어지다

---

860. 逞しい (たくましい) : 늠름하다, 씩씩하다 [쾌할 령(逞)]

「た(어조 강조) + くま(熊, 곰) + しい(…듯하다, …스럽다)」

곰처럼 씩씩하다.

「たくましい」: 늠름하다, 씩씩하다

861. 老いる(おいる) : 늙다, 노쇠하다 [늙을 로(老)]

어원은「옹」(翁), 노인을 뜻함

『옹 〉오이 〉おい』

「おい + る(동사·접미어) → おいる」

「おいる」: 늙다, 노쇠하다

☞ おきな(翁) : 영감, 노인의 존경어

「おいる(늙다) + な(사람을 뜻함)」

「おいるな 〉おいな 〉おきな」

862. 労る(いたわる) : 친절하게 돌보다, 위로하다 [일할 로(労)]

「いたみ(痛み, 아픔) + わる(割る, 나누다)」

「いたみわる → いたわる」

아픔을 같이 나누다(위로하다).

「いたわる」: 친절하게 돌보다, 위로하다

☞ いたみ(痛み) : 아픔 (107 참조)

863. 露(つゆ) : 이슬 [이슬 로(露)]

어원은「이슬」의「슬」

『슬 〉스을 〉스유 〉즈유 〉つゆ』

「つゆ」: 이슬

864. 弄る(いじる) : 주무르다, 만지작거리다   [희롱할 롱(弄)]

어원은 「만지다」(어간은 만지)

『만지 〉마지 〉아지 〉이지 〉いじ』(ㅁ 탈락)

「いじ + る(동사·접미어)」→ いじる

「いじる」: 주무르다, 만지작거리다

---

865. 籠る(こもる) : 틀어박히다   [대바구니 롱(籠)]

어원은 「꼼짝」의 「꼼」

『꼼 〉꼬모 〉こも』

「こも + る(동사를 만드는 접미어)」

꼼짝 집에 틀어박히다.

「こもる」: 틀어박히다

* とじこもる(閉じ籠る) : 틀어박혀 나오지 않다, 두문불출하다
* こもり(子守) : 아이를 봄

☞ 꼼짝 : 몸을 거의 움직이지 않는 모양(조금만 움직이는 모양)

---

866. 朧(おぼろ) : 몽롱한 모양, 희미한 모양   [흐릿할 롱(朧)]

어원은 「おぼおぼ」(어렴풋이, 멍하니)

「おぼ + ろ(상태를 나타내는 접미어)」→ おぼろ

「おぼろ」: 몽롱한 모양, 희미한 모양

☞ おぼおぼ : 어렴풋이, 멍하니

　　어원은 「어벙」(멍청한 모양)

　『어벙 〉어버 〉오보 〉おぼ』

　　멍청해서 매사가 멍하다.

867. 瀬(せ) : 여울 [여울 뢰(瀬)]

어원은「시내」

「시내」는 골짜기나 평지에서 흐르는 자그마한 내(川)를 말함

『시내 〉세 〉せ』

「せ」: 여울

* 여울 : 강, 바다에서 바닥이 얕거나 폭이 좁아 물살이 빠르게 흐르는 곳

868. 蕾(つぼみ) : 꽃봉오리 [꽃봉오리 뢰(蕾)]

어원은「つぼ」(壺, 항아리)처럼 둥근 모양이라서

「つぼみ」: 꽃봉오리

☞ つぼ(壺) : 항아리 (708뒤 〈쉬어 가는 곳〉 참조)

869. 瘤(こぶ) : 혹 [혹 류(瘤)]

어원은「곱사」의「곱」

『곱 〉고부 〉こぶ』

곱사의「등뼈가 굽어 큰 혹같이 불거진 등」의 모습에서

「こぶ」: 혹

☞ 일본 어원설

　어원은「こぶし」(拳, 주먹)

　주먹을 쥐면 혹처럼 불룩해지는 것에서

　「こぶ」: 혹

870. 梨(なし) : 배 [배나무 리(梨)]

풀어 쓰면, 「なか(中, 안, 속) + しろ(白, 흰색)」

「なかしろ」가 축약되어 「なし」가 되었다.

「배」는 속이 흰 과일이다.

「なし」 : 배

☞ しろ(白) : 흰색

머리가 「시다」(세다). 머리가 시면 흰색(백발)이 된다.

「시 + いろ(色, 색)」 → しいろ → しろ

871. 隣る(となる) : 이웃하다 [이웃 린(隣)]

풀어 쓰면 「と(門, 문) + なる(되다)」

문을 서로 같이하게 되다(→ 이웃하다).

「となる」 : 이웃하다

* 隣り(となり) : 이웃

☞ と(門, 문)의 어원

「돌쩌귀」의 「돌」(북한은 門쩌귀라 함)

『돌〉도〉と』

☞ 「돌」은 영어 door와 동근(同根)일 가능성이 매우 높다. 북한에서는 「돌쩌귀」의 「돌」에서 영어 냄새가 난다고 말을 바꾼 것일까.

872. 鱗(うろこ) : 비늘 [비늘 린(鱗)]

어원을 풀어 쓰면,

「うお(魚, 물고기) + こ(작은 것)」→ うおこ

「うおこ」가「うろこ」로 바뀜

물고기 껍질에 있는 작은 것(비늘)

「うろこ」: 비늘

☞ うお(魚) : 물고기

　어원은 물고기「어」(魚)

　『어〉우〉우오〉うお』

---

873. 臨む(のぞむ) : 면하다(정면으로 향하다), 향하다, 당면하다 [임할 림(臨)]

어원은「낮」

『낮〉낮〉나조〉노조〉のぞ』

「のぞ + む(동사를 만드는 접미어)」→ のぞむ

낮을 정면에서 대하다(→ 면하다)

「のぞむ」: 면하다, 향하다, 당면하다

---

874. 摩る, 擦る(さする) : 가볍게 문지르다 [문지를 마(麻)]

어원은「쓸다」(어간은 쓸)

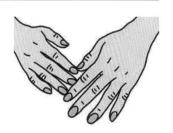

「쓸다」는 가볍게 쓰다듬거나 문지르다.

『쓸〉쓰루〉する』

「さ(접두사) + する」

「さする」: 가볍게 문지르다

875. 麻(あさ) : 삼, 모시 등의 총칭 [삼 마(麻)]

어원은 「삼」

『삼 〉 사 〉 さ』

「あ(접두사) + さ」→ あさ

「あさ」: 삼, 모시 등의 총칭

쉬어 가는 곳 - 「이불」의 불은 진짜 불[火]이다

「이불」에서 「이」는 「잠」을 뜻하고, 「불」은 「불[火]」을 뜻한다. 수렵채집의 시대에는 덮을 만한 것이 없어 가장 따뜻한 보온 수단은 바로 불[火]이었다. 동굴이나 움막 등에서 잠을 잘 때 옆에 불을 피워 놓고 잤다.

즉, 잘 때 피우는 것이 바로 「이 + 불」이다. 그리고 모닥불로 이불을 피워 놓고 자면 맹수의 습격도 막아 준다. 그래서 날씨가 더운 여름에도 안전을 위해 주변에 불을 피워놓고 잠을 잤던 것이다. 여기에다 귀 밝은 이누(犬, いぬ, 개)와 함께하면 보초를 세우는 셈이다.

지금도 「이불 피고 자자」라는 말을 사용하고 있는데, 「피고」를 「펴고」로 많은 사람들이 해석하고 있다. 그러나 이 글을 보신 분들은 「피고」는 「피우고」를 뜻한다는 것을 아셨을 것이다. 지금의 이불은 문명화된 불 없는 이불이라 방 안에서도 사용할 수 있고 종류도 많다. 솜이불, 명주솜 이불, 거위털 이불 등등….

그리고, 그 시절 옛날이 그리워서 하는 이벤트가 캠프파이어(campfire)가 아닐까….

※ 「요」는 밤에 잘 때 바닥에 까는 침구이고, 「요강」은 밤에 방에 두고 오줌을 누는 그릇을 말한다. 일본어로 밤(夜)을 「よ, よる」라고 하는데 「요, 요강」과 관련이 있는 것으로 생각된다.

876. 万(よろず) : 만, 수가 매우 많음, 모두 [일만 만(万)]

풀어 쓰면,

「よろ(여러의 의미) + かず(数, 수)」

「よろかず → よろず」

「よろず」: 만, 수가 매우 많음, 모두

☞ よろ : 여러(수가 많은)를 뜻함

『여러 〉요로 〉よろ』

☞ 예전에는 만(萬)이 매우 큰 수였음. 천자(天子)를 만승지존(萬乘之尊)이라고 했다.

877. 蔓(つる) : 덩굴, 넝쿨 [덩굴 만(蔓)]

어원은「칡넝쿨」의「칡」

『칡 〉칠 〉치루 〉츠루 〉つる』

「つる」: 넝쿨, 덩굴

☞ 綱(つな) : 밧줄

넝쿨인 蔓(つる)에서 파생된 말이다. 옛날에는 칡넝쿨로 밧줄을 만들어 사용했다.

「つる(넝쿨) + なわ(縄, 줄) → つな」

※ 밧줄을「つょ(強よ, 강하다) + なわ(縄, 줄)」로 풀이하기도 한다.

☞ 横綱(よこづな) : 스모(相撲, すもう)에서 최고의 씨름꾼

878. 蔓延る(はびこる) : 만연하다, 널리 퍼지다 [덩굴 만(蔓)]

어원을 풀어 쓰면,

「바삐(빠르게) + 끓다(많아지다)」

『바삐 〉하삐 〉하비 〉はび』

『끓 〉끌 〉꼴 〉꼬루 〉こる』

「はび + こる」→ はびこる

빠르게 많아지다.

「はびこる」: 만연하다, 널리 퍼지다

☞ 「쥐끓다」는 쥐가 많아지다.

879. 鰻(うなぎ) : 뱀장어, 장어   [장어 만(鰻)]

어원은 고어(古語)인 「むなが(身長)」

장어는 몸이 긴 물고기다.

「むなが 〉むなぎ 〉うなぎ」

「うなぎ」: 뱀장어, 장어

☞ 몸 : 『몸 〉모 〉무·む(身) 〉み(身)』

　　む(身)는 み(身, 몸)의 옛말이다.

880. 忙しい(せわしい) : 바쁘다, 틈이 없다 [바쁠 망(忙)]

어원은「새우다」(한숨도 자지 아니하고 밤을 지내다)

『새우 〉새와 〉せわ』

「せわ + しい(…하다, …스럽다)」→ せわしい

(주문 쇄도로) 너무 바빠 밤새워 일하다.

「せわしい」: 바쁘다, 틈이 없다

* せわしない(忙しない) : せわしい(바쁘다)의 힘줌말

　　　　　　　　　　「ない」는 정도가 심하다의 뜻

881. 埋める(うずめる) : 묻다, 매장하다, 메우다 [묻을 매(埋)]

문어체는「うずむ(= うづむ, 埋む)」

「うえ(上, 위) + つむ(積む, 쌓다)」

「うつむ → うづむ → うずむ → うずめる」

(하1단화, 구어체)

위에 흙을 쌓아 묻다.

「うずめる」: 묻다, 매장하다, 메우다

* 埋まる(うずまる) : 파묻히다

　埋もる(うずもる) : 파묻히다(문어체)

　埋もれる(うずもれる) : 파묻히다(うずもる의 하1단화, 구어체)

882. 罵る(ののしる) : 욕을 퍼부으며 떠들다, 떠들어 대다 [꾸짖을 매(罵)]

어원은「노노하다」(구차한 말로 자꾸 지껄이다, 呶 : 지껄일 노)

『노노 〉のの』

「のの + する(하다)」→ ののする → ののしる

「ののしる」: 욕을 퍼부으며 떠들다, 떠들어 대다

883. 魅する(みする) : 매혹하다, 반하게 하다 [매혹할 매(魅)]

「魅」의 음독은 「み」로 오음(吳音)이다.

「みする」: 매혹하다, 반하게 하다

* 魅せられる(みせられる) : 매혹되다

　魅力(みりょく) : 매력

☞ 오음(吳音)은 한반도를 거쳐 일본에서 정착한 한자음으로 우리의 한자음과 유사한 면이 많다.

884. 面(つら) : 얼굴, 낯짝, 표면 [낯 면(面)]

어원은 「낯짝」의 「짝」

『짝 〉 짜 〉 쯔 〉 つ』

「つ + ら(접미어)」 → つら

「つら」 : 얼굴, 낯짝, 표면

885. 蔑む(さげすむ) : 깔보다, 업신여기다 [업신여길 멸(蔑)]

「さげる(下げる, 내리다) + すみなわ(墨縄, 먹줄)」

목수가 먹줄에 추를 달아 내려서 기둥의 경사도 등을 측정하는 것을 「さげすみ」라 하고, 이것을 동사화한 것이 「さげすむ」이다.

「さげすむ」가 업신여기다의 뜻으로 바뀌었다.

☞ さげる(下げる) : 내리다

　값을 **싸게** 하다(내리다) → さげる(내리다)

886. 滅びる(ほろびる) : 멸망하다, 없어지다 [꺼질 멸(滅)]

문어체는 「ほろぶ」(滅ぶ)

어원은 「ほろほろ」(사람들이 뿔뿔이 헤어지는 모양)

「ほろ + ぶ(동사·접미어)」

「ほろぶ → ほろびる」(구어체, 상1단화)

회사가 망하면 직원들이 뿔뿔이 흩어진다.

「ほろびる」: 멸망하다, 없어지다.

☞ ほろほろ : 사람들이 뿔뿔이 헤어지는 모양

　어원은 「뿔뿔이」

　『뿔뿔 〉 뿌로뿌로 〉 뽀로뽀로 〉 호로호로 〉 ほろほろ』

---

887. 瞑る(つぶる) : 눈을 감다(=つむる) [감을 명(瞑)]

어원은 「다물다」

「다물 〉 다무루 〉 따무루 〉 뜨무루 〉 쯔무루 〉 つむる」

눈을 다물다(눈을 감다)

「つむる」: 눈을 감다(=つぶる)

---

888. 侮る(あなどる) : 깔보다, 경시하다 [업신여길 모(侮)]

어원을 풀어 쓰면,

「あな(穴, 구멍) + とる(取る, 잡다)」

「あなとる → あなどる」

남의 약점의 구멍을 잡아내어 깔보다.

「あなどる」: 깔보다, 경시하다

☞ あな(穴) : 구멍 (743 참조)

889. 募る(つのる) : 점점 심해지다, 모집하다 [모을 모(募)]

① 뿔(つの, 角)이 나듯이 점점 심해지다

「つのる」: 점점 심해지다

② 「つよく(強く, 강하게) + のる(宣る. 선언하다, 말하다)」

　→ つのる

널리 강하게 말하다(→ 모집하다)

「つのる」: 모집하다

---

890. 慕う(したう) : 따르다, 사모하다, 연모하다 [그릴 모(慕)]

어원을 풀어 쓰면,

「した(下, 밑, 아래) + おう(追う, 좇다, 따르다)」

「したおう → したう」

밑에서 따르다.

「したう」: 따르다, 사모하다, 연모하다

☞ おう(追う) : 좇다, 따르다 (435 참조)

---

891. 牧(まき) : 목장 [칠 목(牧)]

어원은 「마구(간)」

마구는 말과 소를 기르는 곳이다.

『마구 〉마기 〉まき』

「まき」: 목장

* 牧場(ぼくじょう) : 목장

☞ 獣(けだもの, けもの) : 짐승

　「け(毛, 털) + だ(の의 뜻) + もの(物)」

　털이 있는 것이 「짐승」이다.

892. 睦む(むつむ) : 화목하게 지내다 [화목할 목(睦)]

어원은「뭇 사람」의「뭇」

『뭇 〉뭊 〉무츠 〉むつ 〉むつ + む』

뭇 사람(여러 사람)과 화목하게 지내다.

「むつむ」: 화목하게 지내다

* むつまじい(睦まじい) : 정답다, 화목하다

893. 儚い(はかない) : 덧없다, 무상하다 [어두울 몽(儚)]

「はか(墓, 무덤) + ない(…정도가 심하다)」

죽으면 무덤에 가는 것이니, 인생은 덧없다.

「はかない」: 덧없다, 무상하다

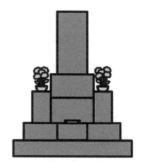

☞ はか(墓) : 무덤

생(生)과 사(死)는 아득히(はるか, 遥か) 먼 것이라서

「はるか」→「はか」(무덤)

894. 文(ふみ) : 서한, 문서 [글월 문(文)]

어원은 文의 음독「ぶん」

「ぶん 〉ぶみ 〉ふみ」

「ふみ」: 서한, 문서

* 文書(ぶんしょ) : 문서

☞「ん」(撥音)은「ㄴ, ㅁ, ㅇ」의 소릿값을 가진다.

895. 苗(なえ) : 모종, 볏모 [모 묘(苗)]

어원은「닢」(잎의 옛말)

『닢 〉니파 〉니하 〉나하 〉나에 〉なえ』

[반탁음 파(ぱ) → 청음 하(は)]

모종은 아직 잎(닢)만 있는 상태다.

「なえ」: 모종, 특히 볏모

896. 尾(お) : 꼬리 [꼬리 미(尾)]

동물 몸의 작은(お, こ) 부분을 가리킴

「お」: 꼬리

☞ 小 (お, こ) : 작은

897. 眉(まゆ) : 눈썹 [눈썹 미(眉)]

「ま(目, 눈) + うえ(上, 위)」

「まうえ 〉まう 〉まゆ」

눈 위에 있는 것(눈썹)

「まゆ」: 눈썹

898. 媚びる(こびる) : 아양 떨다, 교태 부리다 [아첨할 미(媚)]

「こい(恋, 사랑) + ぶる(振る, …인 체하다)」

사랑이 있는 것처럼 하다.

「こいぶる 〉こぶる 〉こびる」

「こびる」: 아양 떨다, 교태 부리다

899. 靡く (なびく) : 옆으로 휘어지다, 나부끼다 [쓰러질 미(靡)]

어원은 「나부끼다」의 「나부」

『나부〉나비〉なび』

「なび + く (동사를 만드는 접미어)」

「なびく」: 나부끼다, 옆으로 휘어지다

900. 民 (たみ) : 백성 [백성 민(民)]

「た(田, 논) + み(身, 몸)」

논에서 일하는 몸이 백성이다.

「たみ」: 백성

* みたみ(御民) : 천황의 백성

901. 罠 (わな) : 올가미, 올무, 덫 [낚싯줄 민(罠)]

「わ(輪, 고리, 원형) + なわ(縄, 새끼, 줄)」

「わなわ〉わな」

「올가미」는 줄 등을 고리로 둥글게 만든다.

「わな」: 올가미, 올무, 덫

☞ なわ(縄) : 새끼, 줄

　　새끼는 「나락」을 타작하고 난 짚으로 꼰다.

　　『나락〉나라〉나와〉なわ』

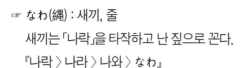

902. 密か(ひそか) : 가만히 몰래 함 [빽빽할 밀(密)]

어원은 「ひそひそ」(소곤소곤)

「ひそ + か(성질, 상태를 나타냄)」→ ひそか

「ひそか」: 가만히 몰래 함

☞ ひそひそ : 소곤소곤

히, 소리 내지 말고 "소곤소곤" 말해

히소히소(ひそひそ) : 소곤소곤

903. 剥ぐ(はぐ) : 벗기다 [벗길 박(剥)]

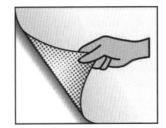

어원은 「벗다」(어간은 벗)

『벗 〉버 〉바 〉하 〉は』[탁음 ば(바) → 청음 は(하)]

「は + ぐ (동사·접미어))」→ はぐ

「はぐ」: 벗기다

* 剥げる(はげる) : 벗겨지다
* 禿げる(はげる) : 머리가 벗어지다

※ 禿(はげ) : 대머리

「박박」은 「반들반들해지도록 깎은 모양」을 말한다.

『박 〉바게 〉하게 〉はげ』「はげ」: 대머리

904. 絆(きずな) : 끊기 어려운 정, 인연 [얽어 맬 반(絆)]

어원을 풀어 쓰면, 「ひき(引き, 당기다) + つな(綱, 밧줄)」

「きつな 〉きづな 〉きずな」

밧줄을 당기듯이 서로 당기는 정

「きずな」: 끊기 어려운 정, 인연

905. 絆す(ほだす) : 붙들어 매다, 얽매다, 붙어다니다 [얽어맬 반(絆)]

어원은「얽매다」의「얽」

『얽 〉얼 〉올 〉오다 〉호다 〉ほだ』

「ほだ + す(동사를 만드는 접미어)」

「ほだす」: 붙들어 매다, 얽매다, 붙어다니다

☞ 우리말 종성「ㄹ」이 일본어로 바뀔 때, 자음이「ㄱ, ㅁ, ㅅ, ㅈ, ㅊ, ㄷ」으로 바뀌며 모음(ㅣ, ㅡ, ㅏ 등)이 붙는다. (『종성 ㄹ의 변화표』8쪽 참조)

도리이〔とりい, 鳥居〕

「도리이」(とりい, 鳥居)는 신사(神社)에서 신역(神域)과 인간이 사는 속세(俗世)를 구분하는 것으로 「신사(神社) 입구에 세운 기둥문」을 말한다. 「도리이」는 일반적으로 신사를 상징하는 것이지만, 불교사원에서도 볼 수 있다. 반면에 「도리이」가 없는 신사도 있다고 한다. 그리고 신사의 구획정리로 경내에서 떨어진 곳에서도 「도리이」를 가끔 볼 수 있다.

「도리이」의 기원으로 여러 설이 있지만 우리와 관련된 설은 두 가지가 있다.
첫째, 「솟대」설이다. 솟대는 신성한 장소, 경계의 상징, 또는 마을의 수호신으로 세우는 신목(神木)이다. 삼한(三韓)시대에 신을 모시던 장소인 소도(蘇塗)에서 유래한 것이라고 한다. 솟대는 긴 나무 끝에 새가 앉아 있는 모습인데 그 새는 청동오리나 기러기라고 한다.
둘째, 「홍살문」설이다. 홍살문은 궁전, 관아, 능, 묘, 원(園), 충신·열녀·효자를 배출한 마을 앞에 세우던 붉은 색을 칠한 나무문이다. 신라시대에 처음 만들어졌으며 고려시대를 거쳐 조선시대에 많이 만들어진 나무 건축물로 출입의 기능보다 상징성이 더 중요시되었던 문이다.

도리이(とりい, 鳥居)의 일본 어원설을 살펴보면 크게 두 가지가 있다. 첫째는 새(鳥)와 관련된 설이고, 둘째는 문을 지나가는 뜻의 통행(通り入る, とおりいる)과 관련된 설이다.

새와 관련된 설은 「도리이」의 기원의 하나인 「솟대」와 연관성이 있다. 통행과 관련된 설은 「문」(門)을 뜻하는 「돌쩌귀」의 「돌」(door)과 관련이 있다〔돌이 변해서 "도리이"의 도리가 됨. 「돌 〉도리 〉とり」〕.

906. 訪れる(おとずれる) : 방문하다, (계절이) 찾아오다 [찾을 방(訪)]

본래 말은「おとづれる」(訪れる)

풀어 쓰면,「おと(音, 소리) + つれる(連れる. 데리고 가다)」

(옛날에는) 남의 집을 방문할 때, 방문 사실을 소리로 알릴 하인을
데리고 갔다.

「おとつれる > おとづれる > おとずれる」

「おとずれる」: 방문하다, (계절이) 찾아오다

☞ つれる(連れる) : 데리고 가다, 동반하다 (165 참조)

907. 謗る(そしる) : 비난하다, 비방하다 [헐뜯을 방(謗)]

어원은「쏠다」(어간은 쏠)

「쏠다」는 쥐 등이 잘게 물어뜯다, 뒤에서 헐뜯다라는 뜻이다.

『쏠 > 쏘시 > 소시 > そし』

「そし + る(동사를 만드는 접미어)」→ そしる

「そしる」: 비난하다, 비방하다

☞ 우리말 종성「ㄹ」이 일본어로 바뀔 때, 자음이「ㄱ, ㅁ, ㅅ, ㅈ, ㅊ, ㄷ」으로 바뀌며 모음(ㅣ, ㅡ, ㅏ 등)
　이 붙는다. (『종성 ㄹ의 변화표』8쪽 참조)

908. 背く(そむく) : 등지다, 등을 돌리다 [등 배(背)]

「せ(背, 등) + むく(向く, 향하다)」

등(쪽)을 향하다(→ 등지다).

「せむく」가「そむく」로 바뀜

「そむく」: 등지다, 등을 돌리다

909. 白げる, 精げる(しらげる) : 쓿다, 정미하다 [흰 백(白)]

문어체는「しらぐ」(白ぐ)

어원은「쓿다」(어간은 쓿)

「쓿다」는 거친 쌀, 조 등 곡식을 찧어 속꺼풀을 벗기고 깨끗하게 하다

『쓿 〉쓸 〉쓰라 〉씨라 〉しら』

「しら + ぐ(동사・접미어)」

「しらぐ → しらげる」(하1단화, 구어체)

「しらげる」: 쓿다, 정미하다

---

910. 煩う(わずらう) : 고민하다, 걱정하다 [번거로울 번(煩)]

「わ(감탄사) + つらい(辛い, 괴롭다)」→ わつらい

「わつらい」를 동사화한 말이「わずらう」

「わつらい 〉わづらい 〉わづらう 〉わずらう」

「わずらう」: 고민하다, 걱정하다

* 煩わしい(わずらわしい) : 번거롭다, 성가시다

---

911. 番(つがい) : 한 쌍(짝) [차례 번(番)]

어원은「짝」

『짝 〉쯕 〉쯔가 〉쯔가이 〉つがい』

「つがい」: 한 쌍(짝)

* 番う(つがう) : 짝이 되다

　番える(つがえる) : (화살) 시위에 메기다

912. 翻る(ひるがえる) : 갑자기 바뀌다, 뒤집히다 [날 번(翻)]

풀어 쓰면,

「ひらひら(팔랑팔랑) + かえる(変える, 바꾸다)」

팔랑팔랑 바람이 불어 갑자기「뒤집히다」

「ひらかえる → ひらがえる → ひるがえる」

「ひるがえる」: 갑자기 바뀌다, 뒤집히다

☞ ひらひら : 팔랑팔랑, 바람에 나부끼는 모양

　「팔랑팔랑 〉파라파라 〉피라피라 〉히라히라 〉ひらひら」

913. 帆(ほ) : 돛 [돛 범(帆)]

어원은「돛」

『돛 〉돍 〉도호 〉호 〉ほ』

「ほ」: 돛

* 帆舟(ほぶね) : 돛배

　帆船(はんせん) : 범선

914. 僻む(ひがむ) : 비뚤어지게 생각하다, 곡해하다 [궁벽할 벽(僻)]

「ひが-(僻, 비뚤어진) + む(동사·접미어)」→ ひがむ

「ひがむ」: 비뚤어지게 생각하다, 곡해하다

☞ ひが-(僻) : 비뚤어진

　어원은「삐끼다」(어간은 삐끼)

　「삐끼다」는「삐뚤어지다」라는 뜻이다.

　『삐끼 〉히끼 〉히기 〉히가 〉ひが』(반탁음 ぴ → 청음 ひ)

　「ひが-」: 비뚤어진

915. 病む(やむ) : 앓다, 병들다 [병 병(病)]

어원은 「앓다」(어간은 앓)

『앓 〉 아알 〉 아아 〉 야 〉 や』

「や + む(동사를 만드는 접미어)」→ やむ

「やむ」: 앓다, 병들다

* やまい(病) : 병, 나쁜 버릇

916. 歩む(あゆむ) : (한 보 한 보) 나아가다, 걷다 [걸음 보(歩)]

「한 보 한 보 발걸음을 떼는 것」을 말한다.

「아유(あふ, あゆ), 힘이 드니 천천히 나아갑시다.」

감탄사 「아유(あゆ)」를 동사화한 말이다.

「あゆむ」: 나아가다, 걷다

917. 普く(あまねく) : 널리, 빠짐없이 [넓을 보(普)]

어원은 「많다」의 「많(만)」

「あ(접두사) + 많(만 → **마네**)」→ あまねく

많게 해서 「널리, 빠짐없이」라는 뜻이다.

「あまねく」: 널리, 빠짐없이

918. 粘る(ねばる) : 잘 달라붙다, 끈덕지게 버티다 [붙을 점(粘)]

어원을 풀어 쓰면,

「ねり(練り, 이기다, 반죽하다) + はる(張る, 뻗다)」

「ねりはる → ねはる → ねばる」

(밀가루를) 반죽하면 글루텐 성분이 뻗어 잘 달라붙는다.

「ねばる」: 잘 달라붙다, 끈덕지게 버티다

* 粘り強い(ねばりづよい) : 끈기 있다, 끈질기다

☞ ねる : 이기다, 반죽하다 (958뒤 참조)

919. はかどる(捗る, 果取る) : 일이 순조롭게 되어 가다 [거둘 보(捗)]

「はか(果, 모심기・벼 베기 때의 분담구역) + とる(取る, 잡다, 쥐다)」

「はかとる 〉はかどる」

업무분담이 잘되어 진척이 있다.

「はかどる」: 일이 순조롭게 되어 가다

☞ はか(果) : 모심기와 벼 베기 때의 분담구역

　　어원은 「はかる」(量る, 測る, 재다, 측정하다)

　　측정하여 구역을 분담하다.

920. 鴇(とき) : 따오기 [능에 보(鴇)]

어원은 「따오기」

『따오기 〉또기 〉とき』

「とき」: 따오기

☞ 따오기는 천년기념물로 지정된 조류이며, 경남 창녕군 우포늪 인근에 따오기 복원센터가 건립되어, 2008년 중국에서 도입된 한 쌍의 따오기(양저우, 룽팅)가 복원센터에서 인공번식 중이다. 따오기를 복원하는 목적은 우포늪으로 날려 보내는 것이다.

921. 覆る(くつがえる) : 뒤집히다   [뒤집힐 복(覆)]

「くつ(靴, 구두) + かえる(反る, 뒤집히다)」
벗은 구두가 뒤집히다.
「くつかえる」가「くつがえる」로 바뀜
「くつがえる」: 뒤집히다

☞「かえる」는 여러 가지 뜻이 있다.
　かえる(帰る) : 돌아가다, 돌아오다
　かえる(変える) : 바꾸다
　かえる(替える・換える) : 바꾸다, 교환하다
　かえる(代える) : 대신하다
　かえる(蛙) : 개구리

922. 峰(みね) : 봉우리, 정상, 산마루   [봉우리 봉(峰)]

어원은「만디」(산마루의 경상 방언)
「만디」에서「만」은 봉우리, 정상을 의미한다.
『만 〉마네 〉미네 〉みね』
「みね」: 봉우리, 정상, 산마루

*「만디」의 정확한 발음은「만디~」라고 해야 한다. 형을 뜻하는「싱」을「시이~」라고 발음하는 것과 같다.

☞「만디」와 영어 mountain(산)은 동근(同根)일 가능성이 높다.

923. 捧げる(ささげる) : 바치다, 받들어 올리다 [받들 봉(捧)]

어원은「손」

『손 〉소 〉사 〉さ』

「さ + さ + あげる(上げる, 올리다)」

「ささあげる 〉ささげる」

두 손으로 올려 바치다.

「ささげる」: 바치다, 받들어 올리다.

924. 負ぶう(おぶう) : (아기를) 업다 [질 부(負)]

어원은「어부바하다」의「어부」

『어부 〉오부 〉おぶ』

「おぶ + う(동사를 만드는 접미어)」→ おぶう

「おぶう」: (아기를) 업다

925. 負う(おう) : 지다, 짊어지다, 업다 [질 부(負)]

어원은「업다」(어간은 업)

『업 〉어 〉오 〉お』

「お + う(동사·접미어)」→ おう

「おう」: 업다, 지다, 짊어지다

926. 赴く, 趣く(おもむく) : 향하여 가다 [나아갈 부(赴)]

「おも(面, 얼굴) + むく(向く, 향하다)」

얼굴을 향하다(→ 향하여 가다)

「おもむく」: 향하여 가다

☞ 面(おも) : 얼굴

　고향에 계신 어머니(おも, 母, 어머니의 옛말)의「얼굴」을 떠올리다.

☞ おも(母) : 어머니, 어미의 옛말

　어원은「어미」

　「어미 〉오모 〉おも」

「물」이야기

「미음」은 입쌀이나 좁쌀에 물을 충분히 붓고 푹 끓여 체에 걸러 낸 걸쭉한 음식이다. 미음을 米飮으로 한자 표기를 하는데, 아마 쌀을 주재료로 하기 때문에 그런 것 같다.

그런데, 여기서 「미음」의 「미」가 쌀을 의미하는 米가 맞는가 하는 점이다. 음식의 성격을 보면 죽보다도 물이 훨씬 많이 들어가는 물음식, 곡물 주스라 할 수 있다.

「미나리」는 밭에서 자라는 채소가 아니라 물이 있는 무논에서 자란다. 「미끌미끌」도 물과 관계있는 말이다. 비가 와서 땅이 물러지면 미끄럽다. 특히 진흙이 많은 땅은 물이 고여 더욱 미끄럽다. 따라서 「미」는 물을 의미한다고 봐도 무리는 아닐 것이다.

참고로, 고구려어는 지금은 사어(死語)가 되었지만 「미」가 「물」이란 뜻으로 광범위하게 쓰였다는 기록이 있다.

일본어에서 「い(井)」는 샘 또는 흐르는 물에서 물을 긷는 곳을 의미한다. 어원으로 물을 뜻하는 「みず(水)」의 「み」가 「い」로 바뀌었다는 설도 있다(미 〉 미이 〉 이 〉 い). 「いけ」(池)는 물이 있는 곳으로 못을 의미한다(いこ 〉 いけ).

「이」 발음을 가진 우리말로 「오이」의 경상 방언 「이」('물이'라고도 함)가 있는데, 「이」는 물이 많은 열매라는 것을 의미하는 것으로 보인다. 영어에서 물을 뜻하는 말로 「아쿠아(aqua, '물의')」가 있고, 유명한 폭포인 「이구아수(이과수) 폭포」에서 「이」는 물을 뜻하고, 구아스(guasu)는 크다는 뜻이라고 한다.

Wonder Works

927. 富(とみ) : 부, 재산 [부유할 부(富)]

어원은「더미」

「더미」는「많은 물건이 한데 모여 쌓인 것」을 말한다.

『더미 〉도미 〉とみ』

「とみ」: 부, 재산

* 富む(とむ) : 재산이 많다, 풍부하다

☞ 재물을 산더미같이 긁어모으다.

---

928. 紛れる(まぎれる) : 헷갈리다, 분간 못 하다 [어지러울 분(紛)]

문어체는「まぎる」(紛る)

「ま(目, 눈) + きる(霧る, 안개가 끼다)」

「まきる → まぎる → まぎれる」(하1단화, 구어체)

눈앞에 안개가 끼어 헷갈리다.

「まぎれる」: 헷갈리다, 분간 못 하다

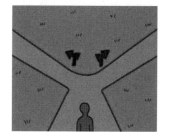

* 紛らわしい(まぎらわしい) : 헷갈리기 쉽다

☞ きる(霧る) : 안개가 끼다 (559 참조)

---

929. 噴く(ふく) : 뿜어 나오다, 내뿜다 [뿜을 분(噴)]

어원은「뿜다」(어간은 뿜)

『뿜 〉뿌 〉후 〉ふ』(반탁음 ぷ → 청음 ふ)

「ふ + く (동사를 만드는 접미어)」→ ふく

「ふく」: 뿜어 나오다, 내뿜다

* 噴き出す(ふきだす) : 내뿜다, 분출하다

930. 憤る(いきどおる) : 분개하다, 성내다 [분할 분(憤)]

어원을 풀어 쓰면,

「いかり(怒り, 분노) + とおる(通る, 통하다)」

「いかりとおる 〉いきとおる 〉いきどおる」

분노가 통하다

「いきどおる」: 분개하다, 성내다

☞ いかり(怒り) : 분노 (152 참조)

931. 庇う(かばう) : 감싸다, 비호하다 [덮을 비(庇)]

일본 포털사이트에서 庇う(かばう)의 어원으로 「cover(카바, 덮개)」를 들고 있는데 이것은 잘못된 설명이다.

차라리, 「カッパ」(비옷, 포르투갈어 capa)를 어원으로 들면 어떨지 모르겠다.

우리말 어원으로는 「갑옷」의 「갑」이다(갑 : 단단한 물질로 된 껍데기).

『갑 〉가바 〉かば 〉かばう』

932. 秘める(ひめる) : 숨기다 [숨길 비(秘)]

어원은 秘의 음독 「ひ」

「ひ + める(동사를 만듦)」→ ひめる

「ひめる」: 숨기다

＊秘密(ひみつ) : 비밀

933. 卑しい(いやしい) : 천하다 [낮을 비(卑)]

「いや(否. 싫어, 아냐) + しい(…스럽다)」
천한 것은 싫어.
「いやしい」: 천하다

☞ いな(否, 아니)의 어원은 우리말 「안」이다.
  『안 〉 아나 〉 이나 〉 いな』
  いや(否, 싫어)는 いな(否)에서 파생된 말이다.

---

934. 費える(ついえる) : 줄다, 적어지다, 허비되다 [쓸 비(費)]

어원은 「줄다」(어간은 줄)
『줄 〉 주: 〉 즈: 〉 つい』
「つい + える(동사를 만듦)」→ ついえる
「ついえる」: 줄다, 적어지다, 허비되다

* 費やす(ついやす) : 써 없애다, 낭비하다

---

935. 扉(とびら) : 문, 문짝 [사립문 비(扉)]

어원을 풀어 쓰면,
「と(門, 문) + ひらく(開く, 열리다)」→ とひら → とびら
잘 열리도록 만든 문
「とびら」: 문, 문짝

☞ 지하철 문을 「とびら」라 한다.

936. 篦(へら) : 주걱　[빗치개 비(篦)]

어원은 「빗」(머리 빗는 빗, 참빗)

『빗 〉비 〉히 〉해 〉へ』

「へ + ら(사물, 방향, 장소를 나타냄)」

참빗과 생긴 모양이 비슷한 것에서

「へら」: 주걱

* 출처 : 岩波古語辞典(大野 晋)

---

937. 氷柱(つらら) : 고드름　[얼음 빙(氷)]

어원은 「주르르하다」(어근은 주르르)

처마 밑의 고드름이 주르르 달려 있는 모습에서

『주르르 〉즈라라 〉つらら』

「つらら」: 고드름

* 주르르 : 여럿이 한 줄로 고르게 잇따라 있는 모양

☞ 일본 어원설에 「つらなる」(連なる, 나란히 줄지어 있다) 설이 있다.

---

938. 鉈(なた) : 일종의 손도끼(장작 따위를 쪼개는 데 쓰는, 짤막하고 두꺼우며 폭이 넓은 날이 있는 연장)
[짧은 창 사(鉈)]

어원은 「낫」

『낫 〉날 〉나다 〉なた』

* 도끼 : おの(斧), よき(斧)

* かま(鎌) : 낫

939. 嗄れる(かれる) : 목이 쉬다 [잠길 사(嗄)]

어원은「칼칼하다」(어근은 칼칼)

「칼칼하다」는 목이 말라서 목소리가 쉰 듯하다.

『칼 〉카라 〉카래 〉かれ』

「かれ + る(동사를 만드는 접미어)」→ かれる

「かれる」: 목이 쉬다

* 枯れる(かれる) : (초목이) 마르다, 시들다

940. 滲む(にじむ) : 번지다, 스미다, 배다 [스며들 삼(滲)]

풀어 쓰면,

「に(…에, …으로) + しむ(染む, 스며들다, 배다)」→ にしむ

「にしむ」가「にじむ」로 바뀜

「にじむ」: 번지다, 스미다, 배다

☞ しむ(染む)는 しみる(染みる)의 문어체

941. 渋い(しぶい) : 떫다, 떠름하다 [떫을 삽(渋)]

어원은「씹다」(쓰다의 방언)

『씹 〉씨부 〉시부 〉しぶ』

しぶ + い(형용사를 만드는 접미어) → しぶい

「しぶい」: 떫다, 떠름하다

☞ 떫다와 씹다는 맛이 다르지만, 모두 좋지 않은 맛이다.

942. 桑(くわ) : 뽕나무 [뽕나무 상(桑)]

어원은 「뽕」

『뽕 〉 뿡 〉 뿌아 〉 꾸아 〉 꾸와 〉 くわ』

「くわ」: 뽕나무

☞ 「くじく」(挫く, 삐다)의 음변화와 유사하다.

　(뿌직 〉 꾸직 〉 꾸지구)

☞ 鍬(くわ) : 괭이(땅을 파거나 흙을 고르는 데 쓰는 농기구)

　어원은 「괭이」(어근은 괭)

　『괭 〉 괘 〉 고와 〉 구와 〉 くわ』

943. 償う(つぐなう) : 갚다, 보상하다, 죄나 잘못을 씻다 [갚을 상(償)]

어원은 「속바치다」의 「속」

「속바치다」는 죄를 면하기 위하여 돈을 바치다.

『속 〉 소구 〉 스구 〉 즈구 〉 つぐ』

「つぐ + なう(동작을 나타내는 접미어)」→ つぐなう

「つぐなう」: 갚다, 보상하다, 죄나 잘못을 씻다

944. 嘗める(なめる) : 핥다, 맛보다, 불태우다 [맛볼 상(嘗)]

어원은 「날름」

① 혀를 날쌔게 내밀었다 들이는 모양

② 불길이 밖으로 날쌔게 나왔다 들어가는 모양

『날름 〉 나름 〉 나르매 〉 나매 〉 なめ』

「なめ + る(동사·접미어)」→ なめる

혀를 날름거리며 핥다

「なめる」: 핥다, 맛보다, 불태우다

945. 商う(あきなう) : 장사하다 [장사 상(商)]

「あき(秋, 가을) + なう(동작을 나타내는 접미어)」
가을에는 수확한 농산물을 판매하는 것에서
「あきなう」: 장사하다

* あきない(商い) : 장사, 상업
　あきんど(商人) : 상인(あきひと → あきんど). = しょうにん(商人, 상인)

946. きび(黍, 稷) : 기장, 수수   [기장 서(黍)]

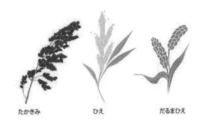

たかきみ　　ひえ　　だるまひえ

어원을 풀어 쓰면,
「き(黃, 노랑) + み(実, 열매)」→ きみ → きび
기장은 노란 열매의 곡식이다.
「きび」: 기장, 수수

☞ き(黃) : 노랑
　어원은 「금」
　금은 노란색이다.
　『금 〉 그 〉 기 〉 き』

947. 宣る(のる) : 선언하다, 말하다   [베풀 선(宣)]

어원은 「뇌다」(어간은 뇌)
「뇌다」는 한 번 한 말을 여러 번 거듭 말하다.
『뇌 〉 내 〉 の』
「の + る(동사를 만드는 접미어)」→ のる
「のる」: 선언하다, 말하다

☞ 노가리 : '거짓말'을 속되게 이르는 말
　「뇌다 + 아가리(입의 속된 말)」→ 뇌가리 → 노가리
　거짓말을 버릇처럼 하는 입은 입이라 할 수 없고 「아가리」라 한다.

948. 鮮やか(あざやか) : 선명함, 또렷함 [고울 선(鮮)]

풀어 쓰면,

「あざ(痣, 피부의 반점) + やか(그러한 느낌을 주는 모양)」→ あざや

か

피부의 반점이 또렷하게 드러나서 「선명함, 또렷함」

「あざやか」: 선명함, 또렷함

☞ あざ(痣) : 피부의 반점

　　あ(접두사) + ざ(점이 변해서 된 말임) → あざ

　　『점 〉 저 〉 자 〉 ざ』

949. 蟬(せみ) : 매미 [매미 선(蟬)]

어원은 매미의 우는 소리 「샘」

『샘 〉 새미 〉 せみ』

「せみ」: 매미

☞ 우리나라의 매미는 「맴맴」하고 울지만, 일본의 매미는 「샘~」하고 운다.

지명 이야기 「시미즈」〔清水, しみず〕

시즈오카(静岡)현 후지산이 보이는 곳에 「清水」라고 쓰고 「시미즈」라고 읽는 도시가 있다. 예부터 풍부한 물이 인근 공단을 키우고 시미즈의 자랑인 녹차를 기른다. 이곳은 아주 옛날부터 수많은 상선들과 선원이 드나드는 흥청대던 항구였다. 무엇보다 기나긴 항로에 필요한 물을 이곳 시미즈에서 조달했다.

「清水」에서 「水」는 「미즈」다. 문제는 맑을 「清」을 왜 「し」라고 읽는가 하는 점이다. 어느 기록을 봐도 清을 「し」로 읽는 것은 없다. 시미즈에는 3개의 강이 흐르고 있지만 오염이 너무 심해 식수로는 사용할 수 없다고 한다.

시미즈 시청에 의하면 시미즈라는 지명은 1,000년 전 이곳의 주민들과 선원들이 식수로 사용한 샘물이 있었고 그 샘물에서 지명이 유래되었다는 기록이 남아 있다.

「清水」를 「きよみず」로 읽지 않고 「しみず」로 읽는 이유는 이 지명의 유래가 「샘물」이기 때문이다. 샘(새미)은 「せみ」, 물은 「みず」로 합치면 「せみみず」 이 말이 「しみず」로 바뀌었다. 〔せみみず〉せみず〉しみず〕

시미즈에는 오늘날까지 그 샘터가 남아 있다는 센소사(禪叢寺, せんそうじ)라는 절이 있고, 지금도 구멍을 뚫으면 물이 나온다고 한다. 그리고, 센소사(禪叢寺)라는 절의 이름도 「샘솟다」에서 유래된 것으로 보인다. 〔샘솟〉샌소〉せんそう〕

950. 繕う(つくろう) : 고치다, 수선하다 [기울 선(繕)]

풀어 쓰면,

「つくり(作り, 만들다) + あう(合う, 서로 …하다)」

서로 보완하면서 만들다.

「つくりあう」가「つくろう」로 바뀜

「つくろう」: 고치다, 수선하다

951. 選(える) : 고르다, 뽑다 [가릴 선(選)]

어원은「얼굴」의「얼」

「얼굴」은「얼」과「굴」의 합성어이다.

『얼 〉어루 〉애루 〉える』

얼굴을 보고 뽑다.

「える」: 고르다, 뽑다

952. 誠(まこと) : 진실, 진심 [정성 성(誠)]

「ま(真, 진실) + こと(事. 일, 것)」

「まこと」: 진실, 진심

☞ ま(真) : 진실

　진실은「맘」에 있는 것이다. (맘 〉마 〉ま)

953. 沼(ぬま) : 늪 [못 소(沼)]

어원은「늪」

『늪 〉눕 〉누바 〉누마 〉ぬま』

「ぬま」: 늪

954. 宵(よい) : 초저녁, 저녁, 밤 [밤 소(宵)]

어원은「저녁」의「녁」

『녁〉녹〉욕〉요오〉요이〉よい』

「よい」: 초저녁, 저녁, 밤

* こよい(今宵) : 오늘 밤, 오늘 저녁

955. 疎い(うとい) : 친하지 않다, (사정에) 어둡다 [성길 소(疎)]

어원은「어둡다」

『어둡〉어두〉우두〉우도〉うと』

「うと + い(형용사를 만드는 접미어)」

「うとい」: (사정에) 어둡다

(또한, 서로의 관계가 밝지 않고 어두워)

친하지 않다.

* うとましい(疎ましい) : 싫다, 지겹다

956. 掻く(かく) : 긁다 [긁을 소(掻)]

어원은「까꾸리」(갈퀴의 경상 방언)

까꾸리로 낙엽을 긁어모으다 → かく

「かく」: 긁다

☞「긁다」에서 어간「긁」으로도 설명이 가능하다.

『긁〉극〉각〉가구〉かく』

「かく」: 긁다

957. 疎ら(まばら) : 뜸, 성김 [성길 소(疎)]

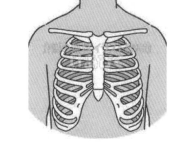

어원을 풀어 쓰면,

「ま(間. 사이, 간격) + あばら(荒ら. 틈새가 많은 모양)」

「まあばら → まばら」

「まばら」: 뜸, 성김

☞ あばら(荒ら) : 틈새가 많은 모양

　어원은 「벌어지다」의 「벌어」

　『벌어 〉버러 〉바라 〉ばら』

　「あ(접두사) + ばら」→ あばら(틈새가 많은 모양)

☞ 「あばらぼね」(あばら骨, 肋骨)가 갈빗대인데, 갈빗대는 뼈와 뼈 사이에 틈새가 많다.

---

958. 疎か(おろそか) : 소홀함 [성길 소(疎)]

「おろか」(愚か, 어리석음)에서 파생한 말

「おろ + そ(첨가어) + か(상태, 성질을 나타냄)」→ おろそか

어리석은 사람은 일을 소홀히 한다.

「おろそか」: 소홀함

☞ おろか(愚か) : 어리석음 (1031 참조)

959. 蘇る(よみがえる) : 소생하다 [되살아날 소(蘇)]

풀어 쓰면, 「よみ(黃泉, 황천) + かえる(帰る, 돌아오다)」
황천에서 돌아오다(→ 소생한다).
「よみかえる」가 「よみがえる」로 바뀜
「よみがえる」: 소생하다

☞ 「よみ(黃泉, 황천)」의 어원은 「염하다」의 「염」

『염 〉욤 〉요미 〉よみ』

염하다는 「시신을 수의로 갈아입힌 다음, 베나 이불 따위로 싸다」라는 뜻이다. 죽어서 「황천」으로 보낼 때 염을 해서 보낸다.

※ 주의사항

よみかえる(読み替える) : 하나의 한자를 다른 음으로 읽다

960. 束(つか) : 약간, 조금(네 손가락으로 쥔 정도의 길이) [묶을 속(束)]

어원은 「쪼께」(조금의 경남·전라 방언)
『쪼께 〉쯔께 〉쯔까 〉つか』
「つか」: 약간, 조금(네 손가락으로 쥔 정도의 길이)

☞ つか(柄) : 손잡이, 칼자루
어원은 「つか」(束, 약간, 네 손가락으로 쥔 정도의 길이)
손잡이(자루)는 보통, 「네 손가락으로 쥔 정도의 길이」로 만든다.

961. 速やか(すみやか) : 빠름, 신속 [빠를 속(速)]

풀어 쓰면,

「すすみ(進み, 나아가다) + やか(그러한 느낌을 주는 모양)」

「すすみやか 〉すみやか」

나아가는 모습이 「신속한 모양」을 말한다.

「すみやか」: 빠름, 신속

* 速やかに(すみやかに) : 신속히

☞ 進む(すすむ) : 나아가다 (260 참조)

962. 損なう(そこなう) : 손상하다, 파손하다 [덜 손(損)]

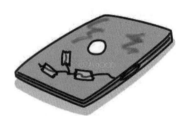

「そん(損, 손상) + おこなう(行なう. 하다, 행하다)」

「そんおこなう 〉そおこなう 〉そこなう」

「そこなう」: 손상하다, 파손하다

* そん(損)은 오음(吳音)

963. 衰える(おとろえる) : 쇠하다, 쇠퇴하다 [쇠할 쇠(衰)]

「おとる(劣る, 뒤떨어지다) + う(계속, 반복을 나타냄)」

「おとるう 〉おとろう 〉おとろえる」

뒤떨어지는 것이 계속되다(→ 쇠퇴하다).

「おとろえる」: 쇠하다, 쇠퇴하다

☞ おとる(劣る) : 뒤떨어지다 (542 참조)

964. 粋(いき) : 세련되고 운치와 매력이 있음 [순수할 수(粋)]

어원은「끼」

「끼」는 연예에 대한 재능이나 소질을 속되게 이르는 말이다.

『끼 〉 き』

「い(접두사) + き」→ いき

「いき」: 세련되고 운치와 매력이 있음

965. 垂れる(たれる) : 늘어지다, 드리워지다, 늘어뜨리다, 드리우다 [드리울 수(垂)]

어원은「타래」

『타래 〉 たれ』

「たれ + る(동사를 만드는 접미어)」→ たれる

(시래기를) 타래로 엮어 드리우다.

「たれる」: 늘어지다, 드리워지다, 늘어뜨리다, 드리우다

＊垂らす(たらす) : 늘어뜨리다, 드리우다

☞ 타래 : 사리어 뭉쳐 놓은 실이나 또는 그런 모양으로 된 것

966. 穂(ほ) : 이삭, 이삭 모양의 것 [이삭 수(穂)]

어원은「벼」(byə)

『벼 〉 뵤 〉 보 〉 호 〉 ほ』[탁음 ぼ(보) → 청음 ほ(호)]

벼가 팬 모습에서「ほ」는 일반적으로「이삭」을 뜻한다.

「ほ」: 이삭, 이삭 모양의 것

☞ ほこ(矛, 창)는 끝이 이삭 모양(ほ)의 **꼬챙**이다.

967. 遂げる(とげる) : 이루다, 성취하다   [이를 수(遂)]

문어체는「遂ぐ(とぐ)」

「と(所. 곳, 장소) + ぐ(동사를 만드는 접미어)」

「とぐ → とげる」(하1단화, 구어체)

(목표로 정한) 곳에 이르다(→ 성취하다)

「とげる」: 이루다, 성취하다

* なしとげる(成し遂げる) : 완수하다

968. 微睡む(まどろむ) : 졸다, 겉잠들다   [졸음 수(睡)]

「ま(目, 눈) + どろむ(자다의 뜻)」→ まどろむ

잠깐 눈을 붙이고「겉잠들다」

「まどろむ」: 졸다, 겉잠들다

☞ どろむ : 자다의 뜻

　어원은「드렁드렁」(짧고 요란하게 코를 고는 소리)

　『드렁 〉드러 〉도로 〉どろ』

　「どろ + む(동사를 만드는 접미어)」

　「どろむ」는「코를 골며 드렁드렁 자다」의 뜻이다.

969. 夙に(つとに) : 아침 일찍, 일찍   [이를 숙(夙)]

어원은「첫닭이 울 때」

「はつ(初, 첫) + とり(鳥, 닭)」

「はつとり 〉はっと 〉つと 〉つとに」

「つとに」: 아침 일찍, 일찍

☞ 勤める(つとめる) : 일하다, 근무하다

　「つとに(아침 일찍) + める(동사를 만듦)」→ つとめる

　(첫닭이 우는) 아침 일찍 일어나「일하다」

970. 熟す(こなす) : 잘게 부수다, 소화시키다, 익숙하게 다루다 [익을 숙(熟)]

풀어 쓰면,

「こな(粉, 가루) + す(동사 · 접미어)」

가루로 만들다.

「こなす」: 잘게 부수다, 소화시키다, 익숙하게 다루다

☞ こな(粉) : 가루, 분말, 밀가루

　어원은 「간 것」의 「간」

　『간 〉가나 〉고나 〉こな』

971. 淑やか(しとやか) : 정숙함 [맑을 숙(淑)]

어원은 「쉿」

『쉿 〉쉳 〉쉬도 〉시도 〉しと』

「しと + やか(그러한 느낌을 주는 모양)」

「しとやか」: 정숙함

* 「쉿」은 소리를 내지 말라는 뜻으로 급하게 내는 소리

　(정숙한 공간에서 말을 하지 말라는 뜻이다)

대마도(つしま, 対馬) 이야기

「つしま」(対馬)를 예전에 우리는 「짝섬」(또는 두섬)이라고 불렀다. 대마도는 섬이 상도, 하도의 2개의 섬으로 구성되어 있다[실제는 북쪽의 상도(上島, かみしま), 남쪽의 하도(下島, しもしま)가 가늘게 연결되어 있어 하나의 섬이라 할 수 있다[그리고 뒤에 이곳에 운하를 건설].
짝섬의 음이 변화하여 つしま로 변했는데 한자로는 「対馬」로 표기하고 있다.

짝 :「짝 〉 짜 〉 쯔 〉 つ」
섬 :「섬 〉 서마 〉 시마 〉 しま」

「対馬」의 본래 한자는 「対島」인데 「対馬」로 바뀐 것에는 에피소드가 있다. 그 이유는 「島」와 「馬」의 한자가 닮아서 잘못 기록해서 그렇다는 이야기가 있다. 「対馬」를 한자 훈독으로 읽으면 「つま」가 맞지만 「つしま」라고 읽는 것은 지명에 있어서는 그 유래나 배경을 감안해서 읽는 경우가 많기 때문이다(다른 여러 지명에서도 볼 수 있는 현상임).

쓰시마는 부산에서 50㎞ 정도밖에 안 되는 가까운 거리의 섬이지만 우리나라가 이 섬을 방치한 것은 쓰시마는 대부분이 산악지형이라 농사를 지을 만한 땅이 없는 것에 큰 이유가 있다. 농사짓기 좋은 평지가 많은 섬이었다면 벌써 옛날에 우리나라 사람들이 짝섬에 건너가 농사를 짓고 살았을 것이다. 농경시대에서는 농사를 지을 수 없는 땅은 조정이나 백성이나 모두 관심 밖의 일이었을 것이다.

972. 熟れる(うれる) : 익다, 여물다 [익을 숙(熟)]

어원은「올밤」의「올」(일찍 익는 밤)

「올」은 일찍 익는다는 뜻이다.

『올 〉오래 〉우래 〉うれ 〉うれる』

「うれる」: 익다, 여물다

973. 馴染む(なじむ) : 친숙해지다 [길들일 순(馴)]

「なれる(馴れる, 친숙해지다) + しむ(染む, 스미게 하다)」

「なしむ → なじむ」

친숙함이 스며들다.

「なじむ」: 친숙해지다

☞ 馴れる(なれる) : 친숙해지다

어원은「날이 가다」의「날」

날이 지나면서 사람들이 서로 친숙해지다.

『날 〉나래 〉なれ 〉なれる』

974. 崇める(あがめる) : 숭상하다, 우러러 받들다 [높을 숭(崇)]

어원을 풀어 쓰면,

「あがる(上がる, 올라가다) + め(目, 눈) + る」

눈을 올려다보다(우러러보다).

「あがめる」: 숭상하다, 우러러 받들다

975. 嵩張る(かさばる) : 부피가 커지다 [높은 산 숭(嵩)]

「かさ(嵩, 부피) + はる(張る, 뻗다)」

「かさはる → かさばる」

「かさばる」: 부피가 커지다

☞ かさ(嵩) : 부피

　우산(かさ, 傘)을 펴면 부피가 커진다.

976. 升(ます) : 곡물, 액체의 양을 되는 그릇(되, 말) [되 승(升)]

어원은 「말」(10되, 약 18리터)

『말 〉마스 〉ます』

「ます」: 되, 말

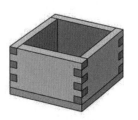

☞ 우리말 종성 「ㄹ」이 일본어로 바뀔 때, 자음이 「ㄱ, ㅁ, ㅅ, ㅈ, ㅊ, ㄷ」으로 바뀌며 모음(ㅣ, ㅡ, ㅏ 등)
　이 붙는다. (「종성 ㄹ의 변화표」 8쪽 참조)

977. 勝る, 優る(まさる) : 낫다, 우수하다 [이길 승(勝)]

어원은 「맏」(제일 서열이 높은, 손위)

『맏 〉맛 〉마사 〉まさ 〉まさる』

제일 손위인 맏형이 제일 「낫다」

「まさる」: 낫다, 우수하다

978. 蠅(はえ) : 파리 [파리 승(蠅)]

어원은 「파리」

『파리 〉 ぱり 〉 はり 〉 はえ』(반탁음 ぱ → 청음 は)

「はえ」: 파리

☞ 蚊(か) : 모기

　모기가 물다(かむ, 噛む)

　모기에게 물리면 가렵다(痒い, かゆい)

979. 矢(や) : 화살 [화살 시(矢)]

어원은 「화살」의 「살」

『살 〉 사 〉 さ 〉 や』

「や」: 화살

* 矢印(やじるし) : 화살표

　화살촉 : やじり(矢じり, 矢尻), やさき(矢先)

☞ さ(矢)는 や(矢, 화살)의 옛말이고, 어원은 「살」이다.

980. 侍(さむらい) : 무사 [모실 시(侍)]

어원을 풀어 쓰면,

「쌈(싸움) + 라기(사람을 뜻함)」

『쌈라기 〉 싸무라기 〉 싸무라이 〉 さむらい』

「さむらい」: 무사

☞ 라기 : 사람을 낮추어 하는 말(조무라기, 나부라기)

981. 柿(かき) : 감, 감나무 [감 시(柿)]

「か(감을 뜻함) + き(木, 나무)」→ かき

「かき」: 감, 감나무

☞ か : 감을 뜻함

『감 〉가 〉か』

※ 카키색(khaki色)과 카키색(かきいろ, 柿色)

① khaki色은 탁한 황갈색(주로 군복에 쓰임)

② 카키색(かきいろ, 柿色) 은「감빛, 적갈색, 암갈색, 고동색」이다.

발음은 같아도 서로 다른 색을 가리키는 것으로 보임

---

982. 施す(ほどこす) : 베풀다, (계획) 세우다, 채색하다 [베풀 시(施)]

「ほどく (解く,풀다) + こす(越す, 넘기다)」→ ほどこす

풀어서(뜯어서) 넘기는 것이 베푸는 행위다.

「ほどこす」: 베풀다, (계획) 세우다, 채색하다

☞ 베풀다 외에,「(계획) 세우다, 채색하다」의 뜻도 있음에 유의!

☞ ほどく (解く) : 풀다 (1175 참조)

---

983. 呻く (うめく) : 신음하다 [읊조릴 신(呻)]

어원은「음메」(소가 우는 소리)

『음메 〉으메 〉우메 〉うめ 〉うめく』

소가 신음하듯이 "음메" 하고 울다.

「うめく」: 신음하다

984. 辛うじて(かろうじて) : 겨우, 간신히 [매울 신(辛)]

과로(かろう, 過労)로 몸살이 났지만, 간신히 하던 일을 마무리하다.

「かろうじて」: 겨우, 간신히

---

985. 新(にい) : (명사 앞에 와서) 새… [새 신(新)]

어원은 「나다」(어간은 나)

「나다」는 (길, 통로 등이) 새로 생기다.

『나 〉 니아 〉 니이 〉 にい』

「にい」: (명사 앞에 와서) 새…

* にいがた(新潟) : 현(県) 이름

　にいづま(新妻) : 새댁, 갓맞은 아내

☞ にわか(俄) : 갑자기, 돌연 (988 참조)

---

986. 慎む(つつしむ) : 삼가다, 조심하다 [삼갈 신(慎)]

「つつむ」(包む. 싸다, 포장하다)와 같은 어원이다.

자기 자신을 스스로 감싸서 삼가다.

「つつしむ」: 삼가다, 조심하다

* つつむ(包む) : 싸다, 포장하다 (291 참조)

※ 「쯧쯧」: 마음에 못마땅하여 자꾸 가볍게 혀를 차는 소리

　『쯧쯧 〉 쯔쯔시 〉 つつし 〉 つつし + む』

　어른(특히, 시어른)이 「쯧쯧」 가볍게 혀를 차는 소리를 내자, 새며느리가 언행을 조심하다.

987. 室(むろ) : 방, 산허리에 판 암실(岩室) [집 실(室)]

어원은 「움」

『움 〉 뭄 〉 무로 〉 むろ』

「むろ」 : 방, 산허리에 판 암실(岩室)

988. 俄(にわか) : 갑작스러운 모양 [아까 아(俄)]

어원은 「にい」(新, 새…)

「にい(새…) + か(상태, 성질을 나타냄)」 → にいか → にわか

갑자기 새로 나타나는 것을 말함

「にわか」 : 갑작스러운 모양

* にわかあめ(にわか雨) : 소나기

☞ にい(新) : 새… (985 참조)

989. 雁(かり) : 기러기 [기러기 안(雁)]

어원은 「기러기」(어근은 기러)

「기러 〉 기리 〉 가리 〉 かり」

「かり」 : 기러기

990. 軋む(きしむ) : 삐걱거리다 [삐걱거릴 알(軋)]

어원은 의성어 「삐꺽」의 「꺽」, 삐걱의 센말

『꺽 〉 껏 〉 꺼시 〉 끼시 〉 きし 〉 きしむ』

「きしむ」 : 삐걱거리다

991. 闇, 暗(やみ) : 어둠, 암거래, 사리분별이 없음 [숨을 암(闇)]

「や(夜, 밤) + みえる(見える, 보이다)」→ やみ

밤에 보이는 것이「어둠」이다.

「やみ」: 어둠, 암거래, 사려분별이 없음

* 夜의 음독은「ヤ」로 오음(呉音)이다.

* むやみ(無闇, 無暗) : 앞뒤를 생각하지 않고 하는 모양

지명(地名) 이야기 : あびこ(我孫子)

지바(千葉) 현(縣) 북서부에 있는 「아비꼬(我孫子)」라는 시가 있다. 아비꼬(我孫子)라는 지명은 매우 난해한 지명으로 알려져 있다. 그래서 예전에 일본국철 채용시험에 자주 출제가 되었다고도 한다.

이 지역에 살지 않는 일본인에게 「我孫子」를 읽어 보게 한 TV프로그램이 있었는데, 「아손시, 가손시」라고 읽었다고 한다. 그러면 이러한 이유는 무엇일까. 지명의 유래가 우리말에 있기 때문이다. 그러면, 아비꼬(我孫子)의 유래는 무엇일까. 「아비꼬」에서 「아비」는 결혼하여 자식을 둔 아들을 이르는 말 또는 시부모가 며느리에게 남편인 아들을 이르는 말이다. 그리고 꼬(子)는 자식을 말한다.

일본의 지명 유래사전에서는 「我」는 접두어, 「孫子」는 국가적인 성씨의 임의적인 표기라고 풀이하고 있다. 지명에 접두사가 들어가는 이유도 그렇고, 손자와 국가적인 성씨에 무슨 관계가 있는지 설명이 없다.

아비꼬 시사편찬위원회의 관계자에 따르면, 관동지역은 도래인 또는 귀화인이라고 부르는 사람들이 한반도에서 많이 건너와 살았던 곳이다. 아비꼬 고분군이 있어 거기에서 많은 유물이 출토되었는데, 그중 특히 기와들을 보면 여러 무늬들이 새겨져 있는데 그것들은 대부분 한반도로부터 건너온 것이다. 백제식 기와문양을 사용한 그들은 우리말을 쓴 왕족이었다. 「아비꼬(我孫子)」라는 지명은 「아비의 자식」 즉 「손자」를 가리키는 말에서 유래된 것이다.

992. 仰ぐ(あおぐ) : 우러러보다, 치켜들다 [우러를 앙(仰)]

어원은 「仰」의 우리 한자음 「우러를 앙」

『앙 〉아오 〉あお 〉あおぐ』

「あおぐ」: 우러러보다, 치켜들다

---

993. 崖(がけ) : 절벽   [벼랑 애(崖)]

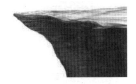

어원은 「깎아지른 절벽」에서 「깎아」(어간 깎)

『깎 〉까께 〉가께 〉がけ』

「がけ」: 절벽

---

994. 愛しい(いとしい) : 사랑스럽다, 귀엽다 [사랑 애(愛)]

어원은 「애틋하다」(어근은 애틋)

「애틋하다」는 「안타까워 애가 타는 듯하다, 정답고 사랑스럽다」는 의미다.

『애틋 〉애톳 〉애토시 〉이토시 〉いとし 〉いとしい』

「いとしい」: 사랑스럽다, 귀엽다

☞ 「애틋」의 「틋」은 고어 「돗다」(사랑하다)의 「돗」이 변한 말이다.

995. 羊(ひつじ) : 양 [양 양(羊)]

어원을 풀어 쓰면,

「ひげ(髭, 수염) +つ(조사)+し(=うし, 牛, 소)」

「양」은 수염이 있는 소 같다.

「ひげつし 〉ひつし 〉ひつじ」

「ひつじ」 : 양

☞ ひげ(髭) : 수염

　「ひ(우리말 「입」에서 유래) + け(毛, 털)」

　입 주변의 털이 「수염」이다.

　「ひけ 〉ひげ」

* 입 : 『입 〉 이이 〉 히 〉 ひ』

---

996. 醸す(かもす) : 빚다, 양조하다 [빚을 양(醸)]

어원은 「곰팡이」의 「곰」

『곰 〉 고미 〉 가미 〉 가모 〉 かも』

「かも + す(동사·접미어) → かもす

누룩곰팡이로 술을 빚는다.

「かもす」 : 빚다, 양조하다

☞ かび : 곰팡이 [곰 + 팡이(벌레)]

　어원은 「곰팡이」의 「곰」

　『곰 〉 고미 〉 가미 〉 가비 〉 かび』

　* 「뱀」의 발음 변화와 유사 : 『뱀 〉 배미 〉 해미 〉 해비 〉 へび』(ㅁ → ㅂ)

☞ 「ぬま」(늪) : 『늪 〉 눕 〉 누바 〉 누마 〉 ぬま(沼)』(ㅂ → ㅁ)

　일본어에서 「ㅁ」과 「ㅂ」은 서로 왕래한다.

997. 柳, 楊(やなぎ) : 버드나무 [버들 양(楊), 버들 류(柳)]

어원 2개를 소개한다.

① 어원은, 「や(矢, 화살) の き(木, 나무)」

　버드나무는 화살을 만드는 재료였기 때문에, 이 말이 변해서 버드나무가 되었다.

　『やのき 〉 やなき 〉 やなぎ』

　「やなぎ」: 버드나무

② 어원은, 「楊」의 우리 한자음 「양」

　『양 〉 얀 〉 야노 〉 やの』

　「やの + き(木, 나무)」 → やのき → やなき → やなぎ

　「やなぎ」: 버드나무

---

998. 厳めしい(いかめしい) : 위엄이 있다, 엄중하다 [엄할 엄(厳)]

어원은 「얼」(정신의 줏대)

『얼 〉 일 〉 이가 〉 いか』

「いか + みえ(見え, 보이다) + しい(…하다, …스럽다)」

「いかみえしい 〉 いかめしい」(みえ 축약 → め)

정신이 굳건하여 위엄이 있다.

「いかめしい」: 위엄이 있다, 엄중하다

☞ 우리말 종성 「ㄹ」이 일본어로 바뀔 때, 자음이 「ㄱ, ㅁ, ㅅ, ㅈ, ㅊ, ㄷ」으로 바뀌며 모음(l , ㅡ, ㅏ 등)
　이 붙는다. (『종성 ㄹ의 변화표』8쪽 참조)

999. 漁る(すなどる) : 물고기나 조개를 잡다 [고기 잡을 어(漁)]

풀어 쓰면,

「すな(沙, 모래) + とる(取る, 잡다)」

강의 모래가 있는 물에서 물고기를 잡다.

「すなとる > すなどる」

「すなどる」: 물고기나 조개를 잡다

☞ すな(沙) : 모래 (188 참조)

1000. 如し(ごとし) : 같다, 비슷하다 [같을 여(如)]

어원은 「같다」(어간은 같)

『같 > 가타 > 고토 > ごと』

「ごと + しい(…하다, …스럽다)」→ ごとしい → ごとし

「ごとし」: 같다, 비슷하다

* ごとく(如く) : …와 같이

1001. 沿う(そう) : 따르다 [따를 연(沿)]

어원은 「소」(牛)

『소 〉 そ』

「そ + う(동사를 만드는 접미어)」→ そう

소를 몰고 갈 때 소 뒤를 따르다.

「そう」: 따르다

* 소는 뿔이 있어 앞에서 끌고 가는 것은 위험하기 때문에 뒤에서 몰고 간다.

☞ 소와 관련된 일본어

① うし(牛) : 소

「우(牛) + 소」→ うそ → うし

② おそい(遅い) : 늦다, 느리다

「お(감탄사) + 소(牛) + い」→ おそい

오, 소걸음같이 느리다

※ 자꾸 거짓말을 하면 「우」(牛)가 「소」라고 해도 믿지 않는다.

うそ(嘘) : 거짓말

1002. 鉛(なまり) : 납 [납 연(鉛)]

어원은 「납」

『납 〉 나바 〉 나마 〉 나마리 〉 なまり』

「なまり」: 납

☞ 「늪」의 발음 변화와 유사하다. [늪 〉 눕 〉 누바 〉 누마 〉 ぬま]

1003. 研ぐ, 磨ぐ(とぐ) : 갈다 [갈 연(研), 갈 마(磨)]

풀어 쓰면,
「と(砥, 숫돌) + ぐ(동사를 만드는 접미어)」
숫돌에 갈다.
「とぐ」: 갈다

☞ と(砥) : 숫돌
   어원은「돌」이다.『돌 〉도 〉と』

1004. 淵(ふち) : 강물의 깊은 곳, 깊은 못, 소(沼) [못 연(淵)]

풀어 쓰면,
「ふかい(深い, 깊다) + ち(地, 땅)」→ ふち
수심이 깊은 땅이 소(沼)이다.
「ふち」: 강물의 깊은 곳, 깊은 못, 소(沼)

☞ ふかい(深い) : 깊다
   땅이「푹」꺼져「깊다」
   『푹 〉푸가 〉후가 〉ふか』
   「ふか + い」→ ふかい(깊다)

1005. 咽ぶ(むせぶ) : 목메어 울다 [목멜 열(咽)]

어원은「목쉬다」의「목쉬」
『목쉬 〉모쉬 〉무쉬 〉무세 〉むせ』
「むせ + ぶ(동사·접미어)」→ むせぶ
목쉬도록 목메어 울다.
「むせぶ」: 목메어 울다

1006. 染みる(しみる) : 스며들다, 배다 [물들 염(染)]

어원은「스미다」(액체가 배어들다)

『스미 〉 시미 〉 しみ』

「しみ + る(동사·접미어)」→ しみる

「しみる」: 스며들다, 배다

☞ 우리말은 동사를 만드는 접미어가 「다」이지만, 일본어는 동사를 만드는 접미어가 「う단」(うくすつ
ぬふむる)이다.

1007. 艶やか(あでやか) : 품위 있게 고운 모양 [고울 염(艶)]

풀어 쓰면,

「あて(貴, 고상함) + やか(그러한 느낌을 주는 모양)」

「あてやか → あでやか」

「あでやか」: 품위 있게 고운 모양

☞ あて(貴) : 고상함
    어원은「때깔」의「때」,「때깔」은 맵시나 빛깔을 뜻한다.
    「あ(접두사) + 때」→ あて(고상함)

1008. 染める(そめる) : 물들이다, 염색하다 [물들일 염(染)]

어원은「(염료를) 스미게 하다」의「스미」

『스미 〉 소미 〉 소매 〉 そめ』

「そめ + る(동사를 만드는 접미어)」

「そめる」: 물들이다, 염색하다

1009. 厭う(いとう) : 싫어하다 [싫어할 염(厭)]

어원은「いと」(지극히, 몹시)

나는 거짓말 하는 사람을 몹시 싫어한다.

「いとう」: 싫어하다

伊藤博文
長州藩士、初代内閣総理大臣

☞ いと : 지극히, 몹시

　어원은「이토록」(이러한 정도로까지, 몹시)의「이토」

☞ 伊藤博文(いとうひろぶみ, 1841~1909)

　1909年(明治42年)韓国統監を辞職した後、ハルビン駅において韓国の独立運動家「安重根」に狙撃

　されて死亡した.

1010. 栄える(さかえる) : 번영하다 [영화 영(栄)]

이 말을 풀어 쓰면,

「さき (咲き, 꽃이 피다) + える (동사를 만듦)」

「さきえる → さかえる」

꽃이 피듯이「번영하다」

「さかえる」: 번영하다

* 盛ん(さかん) : 번영함, 번창함

☞ 咲く(さく) : 꽃이 피다/벚꽃(さくら, 桜)이 피다

1011. 営む(いとなむ) : 일하다, 경영하다 [경영할 영(営)]

어원은「일하다」의「일」

『일 〉이도 〉いと』

「いと + なむ(= なう, 동작을 나타내는 접미어) → いとなむ

일을 (계속) 하다(→ 경영하다의 뜻)

「いとなむ」: 일하다, 경영하다

☞ 우리말 종성「ㄹ」이 일본어로 바뀔 때, 자음이「ㄱ, ㅁ, ㅅ, ㅈ, ㅊ, ㄷ」으로 바뀌며 모음(ㅣ, ㅡ, ㅏ 등)
이 붙는다. (「종성 ㄹ의 변화표」8쪽 참조)

1012. 予め(あらかじめ) : 미리, 사전에 [미리 예(予)]

풀어 쓰면,

「あら(下. した의 뜻) + はじめ(始め, 시작)」

「あらはじめ → あらかじめ」

した(下)는 다른 말 앞에 붙어「미리 준비함」이라는 뜻이다.

「あらかじめ」: 미리, 사전에

* 下相談(したそうだん) : 미리 해 두는 의논(예비상담)

☞ あら(した의 뜻) : 미리 준비함의 뜻
   어원 :「아래」(下).『아래 〉아라 〉あら』

1013. 誉れ(ほまれ) : 명예 [기릴 예(誉)]

어원은「ほめられる」(誉められる, 칭찬받다)

「ほめられ 〉ほまれ」(호메라래 〉호마래)

「ほまれ」: 명예

☞ ほめる(褒める, 誉める) : 칭찬하다 (292 참조)

오오이타(大分, おおいた), 돌대가리

온천으로 유명한 「벳부(別府)」가 있는 곳이 큐슈(九州)의 「大分현」이다. 온천 이야기가 아니고 「大分」라는 지명의 이름이다. 「오오이타」라고 발음하는 것에 대한 내력을 보면 다음과 같다.

원래는 「大段(おおきた)」라 불리었다. 「きた」는 '자르다'라는 뜻의 「段(きだ)」이다. 뒤에 '자르다'라는 의미의 「分」으로 바뀌었다고 한다. 한자도 「大段」에서 「大分」으로, 발음도 「오오키타」에서 「오오이타」로 특이하게 바뀌었다고 한다. 「자르다」라는 뜻의 「段·分」 모두 우리말 「켜다」의 방언 「키다」에서 유래된 것이라 할 수 있다.

다음은 「돌대가리」 이야기다. 이 말은 자주 듣는 말이고, 많은 사람들이 둔한 머리 즉 돌머리(石頭)라고 생각하고 있다. 시대와 더불어 말의 의미도 바뀐다고 한다. 도리(都吏)는 관아의 아전들의 우두머리를 가리킨다. 그러면 돌대가리는 石頭(いしあたま)만을 가리키는 것일까. 원래 말에 여러 뜻이 있어도 한 방향으로만 사용하면 그 방향으로 의미가 굳어지기 마련이다.

어린아이와 같이 놀아줄 때 「도리도리」 놀이가 있다. 어린아이가 머리를 좌우로 흔드는 동작을 말한다. 「도리(돌)」는 머리를 의미한다. 「돌대가리」에서 돌은 머리를 가리키는 말이다.

일본어에서 「頭(머리 두) + 도리」를 「とうどり」(頭取)라고 해서 우두머리, 대표자, 은행장을 의미한다. 머리를 의미하는 글자가 중첩되어 있어 속된 말로 하면 「대가리쟁이」라고나 할까.

1014. 睨む(にらむ) : 노려보다, 곁눈질하다, 의심을 두다 [곁눈질할 예(睨)]

어원은 「노려보다」의 「노려」

『노려 〉 노라 〉 니라 〉 にら』

「にら + む」→ にらむ

「にらむ」: 노려보다, 곁눈질하다

1015. 悟る・覚る(さとる) : 깨닫다, 터득하다 [깨달을 오(悟)]

풀어 쓰면,

「さ(矢, 화살의 옛말) + とる(取る, 잡다)」

화살과 같이 빠르게 의미하는 바를 잡다(→ 깨닫다).

「さとる」: 깨닫다, 터득하다

1016. 誤る(あやまる) : 잘못하다, 실수하다 [그르칠 오(誤)]

어원은 감탄사 「아야(あ-や)」

「아야(あ-や)」는 「일이 잘못되었거나 놀랐을 때 내는 소리」를 말한다.

「아야(あ-や) + まる(동사를 만듦)」→ あやまる

「あやまる」: 잘못하다, 실수하다

☞ 謝る(あやまる) : 사과하다(잘못해서 사과하다)

1017. 温い(ぬくい) : 따뜻하다, 따스하다 [따실 온(温)]

어원은「누구러지다」의「누구」

『누구 〉ぬく』

「ぬく + い(형용사를 만드는 접미어)」

급격한 열기가 아니고 누구러진(완화된) 따뜻함을 말한다.

「ぬくい」: 따뜻하다, 따스하다

* ぬくもる(温もる) : 따뜻해지다(= ぬくまる, 温まる)

　ぬくもり(温もり) : 온기, 따뜻함

1018. 渦(うず) : 소용돌이 [소용돌이 와(渦)]

어원은「돌다」(어간은 돌)

『돌 〉도올 〉올 〉오즈 〉우즈 〉うず』(ㄷ 탈락)

물이 빙빙 도는 현상

「うず」: 소용돌이

☞ 우리말 종성「ㄹ」이 일본어로 바뀔 때, 자음이「ㄱ, ㅁ, ㅅ, ㅈ, ㅊ, ㄷ」으로 바뀌며 모음(ㅣ, ㅡ, ㅏ 등)
　이 붙는다. (『종성 ㄹ의 변화표』8쪽 참조)

☞ うす(臼) : 맷돌
　소용돌이(うず)처럼 빙빙 도는 물건(うず → うす)

1019. 蛙(かえる) : 개구리 [개구리 와(蛙)]

어원은「개굴개굴」(우는 소리)

『개굴 〉가에굴 〉가에구루 〉가에루 〉かえる』

「かえる」: 개구리

1020. 窪(くぼ) : 움푹 팸, 구덩이 [웅덩이 와(窪)]

어원은 「구멍」

『구멍 〉 구모 〉 구보 〉 くぼ』

「くぼ」 : 움푹 팸, 구덩이

* 窪む(くぼむ) : 움푹 들어가다

☞ 「뱀」(蛇)의 발음 변화와 유사하다.

　『뱀 〉 배미 〉 해미 〉 해비 〉 へび』(ㅁ → ㅂ)

1021. 宛てる(あてる) : 앞으로 보내다 [완연할 완(宛)]

어원은 「앞」

『앞 〉 앝 〉 아테 〉 あて』

「あて + る」 → あてる

「あてる」 : 앞으로 보내다

* あて(宛) : …앞

1022. いわく(曰く) : 가라사대, 왈 [가로 왈(曰)]

어원은 「이바구」(이야기의 경상 방언)

『이바구 〉 이하구 〉 이와구 〉 いわく』

[탁음 바(ば) → 청음 하(は) → 여린소리 와]

이바구를 말하다.

「いわく」 : 가라사대, 왈

1023. くまなく(隈無く) : 구석구석까지, 빠짐없이 [굽이 외(隈)]

「くま(隈, 구석지고 으슥한 곳) + なく(無く)」

구석도 빼지 않고

「くまなく」: 구석구석까지, 빠짐없이

☞ くま(隈) : 구석지고 으슥한 곳

　　곰(くま, 熊)은 구석지고 으슥한 곳에서 동면(冬眠)을 한다.

1024. 歪む(ゆがむ) : 비뚤어지다, 일그러지다 [기울 왜(歪)]

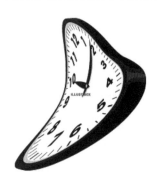

어원은 「일그러지다」의 「일그」

『일그 〉일가 〉이가 〉유가 〉ゆが』

「ゆが + む」→ ゆがむ

「ゆがむ」: 비뚤어지다, 일그러지다

☞ いく(行く)가 ゆく(行く)로 바뀌는 것과 유사 [이 → 유]

1025. 拗れる(こじれる) : 악화되다, 뒤틀리다 [우길 요(拗)]

어원은 「꼬집다」(어간은 꼬집)

『꼬집 〉꼬지 〉こじ』

「こじ + れる(동사를 만듦)」→ こじれる

꼬집어서 사태가 「악화되다」

「こじれる」: 악화되다, 뒤틀리다

* 拗らせる(こじらせる) : 악화시키다, 꼬이게 만들다

1026. 遥か(はるか) : 아득하게 먼 모양, 아득히, 몹시 차이가 있는 모양(훨씬) [멀 요(遥)]

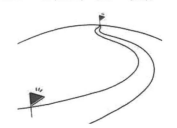

어원은 고어(古語) 「하다」의 활용형 「할」

「하다」는 「많다, 크다, 높다」의 옛말

『할 〉 하루 〉 はる』

「はる + か(상태, 성질을 나타냄)」→ はるか

(하늘이) 하도 높아 아득하게 멀게 느껴지다.

「はるか」: 아득하게 먼 모양, 아득히, 몹시 차이가 있는 모양

1027. 窯(かま) : 가마(도자기 등을 구워내는 시설) [가마 요(窯)]

발음이나 뜻이 우리말 「가마」와 똑같다.

☞ かま(釜) : 솥

1028. 勇む(いさむ) : 용기가 용솟음치다, 기운이 솟다 [날쌜 용(勇)]

어원을 풀어 쓰면,

「いる(射る, 쏘다) + さ(矢, 화살의 옛말) + む(동사·접미어)」→「いさむ」

화살을 쏘면서 돌격하다(용기가 있다).

「いさむ」: 용기가 용솟음치다, 기운이 솟다

* 勇ましい(いさましい) : 용감하다

☞ さ(矢) : 화살(や)의 옛말

『살 〉 사 〉 さ 〉 や』

1029. 聳える(そびえる) : 솟다, 우뚝 솟다 [솟을 용(聳)]

어원은「솝뜨다」의「솝」, 솟구쳐 오르다

『솝 〉소비 〉そび』

「そび + える(동사를 만듦)」→ そびえる

「そびえる」: 솟다, 우뚝 솟다

1030. 時雨(しぐれ) : (늦가을부터 초겨울에 걸쳐 오는) 한 차례 지나가는 비 [비 우(雨)]

어원은「くれる」(暮れる, 저물다)

「し(비를 의미) + くれ(저묾, 계절의 마지막)」

「しぐれ」: (늦가을부터 초겨울에 걸쳐 오는)
　　　　　한 차례 지나가는 비

*「し」는「あらし」(嵐, 폭풍우)의「し」

☞ くれる(暮れる) : 저물다 (173 참조)

1031. 愚か(おろか) : 어리석음, 바보스러움, 모자람 [어리석을 우(愚)]

어원은「얼-」('덜된, 모자라는'의 접두사)

『얼 〉올 〉오로 〉おろ』

「おろ + か(상태, 성질을 나타냄)」→ おろか

「おろか」: 어리석음, 바보스러움, 모자람

* おろか(疎か) : 소홀함, …은 말할 것도 없고, 서투름

☞ おこ(烏滸) : 바보
　어원은 얼간이(어근은 얼간)
　『얼간 〉올간 〉올가 〉오가 〉오고 〉おこ』

1032. 熊(くま) : 곰 [곰 웅(熊)]

어원은「곰」

『곰 〉고마 〉구마 〉くま』

「くま」: 곰

☞ 隈(くま) : 구석지고 으슥한 곳

　곰(くま)은「구석지고 으슥한 곳」에서 겨울잠을 잔다.

　* くまなく(隈無く) : 구석구석까지, 빠짐없이, 철저히

1033. 円ら(つぶら) : 둥근 모양 [둥글 원(円)]

어원은「つぶ」(粒, 둥글고 작은 것)

「つぶ + ら(접미어)」→ つぶら(둥근 모양)

☞ つぶ(粒) : 낱알, 둥글고 작은 것

　덩어리를 **쳐부**수어「낱알」로 만든다.

1034. 委ねる(ゆだねる) : 맡기다, 위임하다 [맡길 위(委)]

어원은「옜다」

「옜다」는 가까이 있는 사람에게 무엇을 주면서 하는 말

『옜다 〉예다 〉유다 〉ゆだ』

「ゆだ + ねる(동사를 만듦)」

(권한을) 주다(→ 위임하다)

「ゆだねる」: 맡기다, 위임하다

1035. 萎える(なえる) : 쇠약해지다, 시들다　[마를 위(萎)]

어원은「나」(나이)

「나 + える(동사를 만듦)」→ なえる

나이를 먹으면「쇠약해진다」

「なえる」: 쇠약해지다, 시들다

「さと」는 시골 마을

고향에 대한 그리움이나 애정은 사람이나 동물이나 다 가지고 있는 감정이다. 수구초심(首丘初心)이라는 말이 있는데 「여우가 죽을 때에 머리를 자기가 살던 굴 쪽으로 둔다」는 뜻으로, 고향을 그리워하는 마음을 이르는 말이다.

고향을 일본어로 「ふるさと(古里, 故鄕)」라고 한다. 여기서 さと(里)는 마을이라는 뜻인데, 일본에서도 어원을 충분히 설명하지 못하고 있다. 상고(上古, 아주 오랜 옛날) 시대부터 사용한 말이라 어원을 제대로 밝히기 어려운 것 같다.

우리말에 「사투리」(방언)가 있다. 「사」는 「흙, 땅, 시골」을 의미하는 것이고, 「투리」는 「넋두리」의 「두리」가 「투리」로 바뀐 것으로 「말」을 뜻한다. 따라서 사투리는 시골말을 의미한다. 「시골」의 「시」도 흙, 땅(土, 地)을 가리키는 것이다(서정범, 국어어원사전). 그리고 「웃땀」은 「윗마을」의 경남 방언인데, 「땀」은 마을이라는 뜻이다.

「땀 〉따 〉た 〉と」 → 「땀 〉따 〉た 〉と」 と(마을을 뜻함).

「さと」(里)의 어원을 풀이하면 아래와 같다.
「さ(시골을 뜻함) + と(마을을 뜻함)」 「さと」는 「시골 마을」을 가리키는 것임을 알 수 있다.

1036. 萎れる(しおれる) : 시들다, 풀이 죽다 [시들 위(萎)]

어원은 「쇠하다」(어근은 쇠)

「쇠하다」는 힘이나 세력이 점점 줄어서 약해지다.

(→ 시들다)

『쇠 〉 시오 〉 しお』

「しお + れる(동사를 만듦)」→ しおれる

「しおれる」: 시들다, 풀이 죽다

1037. 違う(たがう) : 틀리다, 어긋나다 [어긋날 위(違)]

어원은 「틀리다」의 「틀」

『틀 〉 트가 〉 타가 〉 たが 〉 たが + う』

「たがう」: 틀리다, 어긋나다

☞ 우리말 종성 「ㄹ」이 일본어로 바뀔 때, 자음이 「ㄱ, ㅁ, ㅅ, ㅈ, ㅊ, ㄷ」으
로 바뀌며 모음(ㅣ, ㅡ, ㅏ 등)이 붙는다. (「종성 ㄹ의 변화표」8쪽 참조)

1038. 偽る(いつわる) : 거짓말하다, 속이다 [거짓 위(偽)]

본래 말은 「いつはる」(偽る)

어원은 「엇나다」(어근은 엇)

『엇 〉 잊 〉 어츠 〉 이츠 〉 いつ』

「いつ + はる(하다의 뜻)」→ いつはる → いつわる

사실과 엇나게 말하다(거짓말하다).

「いつわる」: 거짓말하다, 속이다

1039. 誘う(いざなう) : 꾀다, 권하다 [꾈 유(誘)]

이 말을 풀어 쓰면,
① 「いざ」는 행동을 재촉하는 말로 「자, 어서」라는 뜻의 감탄사이다.
② 「なう」는 「동작을 나타내는 접미어」
　정리하면 「자, 어서 하자」라는 취지로, 「いざなう」는 「꾀다, 권하다」라는 뜻이다.

1040. 幽か(かすか) : 희미함, 어렴풋함 [그윽할 유(幽)]

어원은 「갓가스로」의 「갓가」. 가까스로의 옛말
『갓가 〉 가스가 〉 かすか』
갓가스로(가까스로, 겨우) 보이는 것
「かすか」: 희미함, 어렴풋함

☞ かすみ(霞) : 안개
　안개가 끼면 희미하게(かすか) 보이는(みえる, 見える) 것에서

1041. 育む(はぐくむ) : 기르다, 새끼를 품어 기르다 [기를 육(育)]

이 말을 풀어 쓰면,
「は(羽, 날개) + くくむ(含む, 머금다)」 → はくくむ → はぐくむ
날개로 머금고 품어 기르다.
「はぐくむ」: 기르다, 새끼를 품어 기르다

☞ くくむ(含む) : (입에) 머금다
　『ㅁ(ク, 입) + ㅁ(ク, 입) + む(동사·접미어)』
　「입에 머금다」라는 뜻이다.

　* ㅁ의 음독 : 오음(吳音)은 ク, 한음(漢音)은 コウ

1042. 潤む（うるむ）：물기를 띠다, 물기가 어리다　[불을 윤(潤)]

어원은「물기가 어리다」의「어리다」

『어리 〉우루 〉うる』

「うる＋む(동사·접미어)」→ うるむ

「うるむ」：물기를 띠다, 물기가 어리다

☞ 潤う（うるおう）：① 습기를 띠다, 축축해지다 ② 윤택해지다

　　(1) 어원은「물기가 어리다」의「어리다」

　　　『어리 〉우루 〉うる』

　　　「うる＋おう(동사를 만듦)」→ うるおう(습기를 띠다)

　　(2) 어원은 潤의 우리 한자음「윤택할 윤」

　　　『윤 〉유누 〉유루 〉우루 〉うる』

　　　「うる＋おう(동사를 만듦)」→ うるおう(윤택해지다)

＊ 潤い（うるおい）：습기, 물기를 머금음, 정취, 혜택

1043. 凝る（こる）：엉기다, 응고하다, 열중하다　[엉길 응(凝)]

어원은「고다」(어간은 고)

「고다」는 졸아서 진하게 엉기도록 끓이다.

『고 〉こ』

「こ＋る」→ こる

「こる」：엉기다, 응고하다, 열중하다

＊ 肩凝り（かたこり）：어깨가 걸림

1044. 弛む(たゆむ) : 방심하다 [늦출 이(弛)]

어원을 풀어 쓰면,

「た(手, 손) + ゆるむ(緩む, 느슨해지다)」

「たゆるむ〉たゆむ」

손이 느슨해지다(→ 방심하다)

「たゆむ」: 방심하다

☞ ゆるむ(緩む) : 느슨해지다 (N1 추가 단어 10 참조)

1045. 弛む(たるむ) : 느슨해지다, (밑으로) 늘어지다   [늦출 이(弛)]

어원은「떨어지다」의「떨어」

「떨어지다」는 위에서 아래로 내려지다.

『떨어〉떠러〉따러〉따루〉たる』

「たる + む」→ たるむ

「たるむ」: 느슨해지다, (밑으로) 늘어지다

1046. 忍ぶ(しのぶ) : ① 참다, 견디다 ② 남의 눈에 띄지 않게 하다, 남이 모르게 하다
   [참을 인(忍)]

어원은「心」의 음독「しん」(吳音)

「しん + ぶ」→ しんぶ → しのぶ

칼날과 같은「마음」으로 참고 견디다.

「しのぶ」: 참다, 견디다, 남의 눈에 띄지 않게 하다

* 忍 = 刃(칼날 인) + 心(마음 심)」

* しのび恋(しのびこい) : 몰래 하는 사랑

1047. ひなた(日向) : 양지, 양달 [날 일(日)]

「ひ(日, 해) + な(= の) + かた(方. 쪽, 방향)」

「ひなかた 〉 ひなた」

해의 쪽이 양지다.

「ひなた」: 양지, 양달

☞ ひ(日, 해)는 우리말「해」에서 유래됨

1048. 逸れる(はぐれる) : 일행과 떨어지다, 놓치다 [편안할 일(逸)]

어원은「뿔뿔이」의「뿔」

『뿔 〉 뿌구 〉 빠구 〉 하구 〉 はぐ』

「はぐ + れる(동사를 만듦)」

혼자 뿔뿔이(따로 떨어짐) 되다.

「はぐれる」: 일행과 떨어지다, 놓치다

1049. 妊む(はらむ) : 임신하다, 품다 [임신할 임(妊)]

배가「はら(腹)」인데 이것을 동사화한 말이다.

「はらむ」: 임신하다

☞ はら(腹) : 배

　　사람의 신체에서 벌판(はら, 原)같이 너른 곳이「배」다.

☞ はら(原) : 벌, 벌판 (647 참조)

1050. 自ら(おのずから) : 저절로, 자연히, 스스로 [스스로 자(自)]

「おの(己, 자신) + ずから(…에 의해서, 그 사람 스스로의)」

그 자신 스스로

「おのずから」: 저절로, 자연히, 스스로

☞ おの(己) : 자신, 자기

   吾(나 **오**) + の → おの(자신, 자기)

1051. 刺(とげ) : 가시   [찌를 자(刺)]

어원은 「돋다」의 활용 「돋을」

『돋을〉돌〉도개〉とげ』

가시가 돋다.

「とげ」: 가시

* とげとげしい(刺々しい) : 가시 돋치다

☞ 우리말 종성 「ㄹ」이 일본어로 바뀔 때, 자음이 「ㄱ, ㅁ, ㅅ, ㅈ, ㅊ, ㄷ」으로 바뀌며 모음(ㅣ, ㅡ, ㅏ, ㅐ
   등)이 붙는다. (『종성 ㄹ의 변화표』 8쪽 참조)

1052. 蚕(かいこ) : 누에   [누에 잠(蚕)]

어원을 풀어 쓰면,

「かい(飼い, 기르다) + こ(子, 자식)」

집에서 자식처럼 기르는 것이 누에다.

「かいこ」: 누에

1053. 装う(よそおう) : 치장하다, 옷차림을 하다, 가장하다 [꾸밀 장(装)]

어원은「옷」

『옷〉오소〉요소〉よそ』

「よそ＋おう(동사를 만듦)」→ よそおう

옷을 입고 치장하다.

「よそおう」: 치장하다, 옷차림을 하다, 가장하다

＊装い(よそおい) : 치장, 단장

1054. 障る(さわる) : 방해가 되다 [막을 장(障)]

어원은 고어「さはる」(障る)

「さき(先, 앞) + はる(張る, 뻗다)」

「さはる → さわる」

앞에 (나뭇가지가) 뻗어 있어 방해가 되다.

「さわる」: 방해가 되다

☞ さわる(触る) : 닿다, 손을 대다 (271 참조)

1055. 葬る(ほうむる) : 묻다, 매장하다 [장사지낼 장(葬)]

어원은「뼈 묻다」

① 뼈 :「ほね(骨)」

　『뼈〉뾰〉뽀네〉호네〉ほね』

　[반탁음 ぽ(뽀) → 청음 ほ(호)]

② 뼈 묻다

　『호네묻다〉호네무따〉호:무따〉호:무루〉ほうむる』

　(우리말 동사 어미「다」가「る」로 바뀜)

「ほうむる」: 묻다, 매장하다

1056. 滓(かす) : 앙금, 찌꺼기 [찌꺼기 재(滓)]

어원은 「깔리다」의 「깔」

「앙금」은 녹말 따위의 아주 잘고 부드러운 가루가 바닥에 깔린 것을 말한다.

『깔 〉 까스 〉 かす』

「かす」: 앙금, 찌꺼기

☞ 우리말 종성 「ㄹ」이 일본어로 바뀔 때, 자음이 「ㄱ, ㅁ, ㅅ, ㅈ, ㅊ, ㄷ」으로 바뀌며 모음(ㅣ, ㅡ, ㅏ 등)
이 붙는다. (「종성 ㄹ의 변화표」 8쪽 참조)

1057. 裁く(さばく) : 재판하다, 중재하다 [마를 재(裁)]

어원은 「사바」(娑婆, 괴로움이 많은 인간 세계)

석가모니가 사바세계를 심판(재판)하다.

「さばく」: 재판하다, 중재하다

1058. 佇む(たたずむ) : 잠시 멈추어 서다, 배회하다 [우두커니 설 저(佇)]

풀어 쓰면,

「たた(= 立た, 立つ의 미연형) + やすむ(休む, 쉬다)」

「たたやすむ 〉 たたすむ 〉 たたずむ」

잠시 서서 쉬다(쉬며 서성거리다).

「たたずむ」: 잠시 멈추어 서다, 서성거리다, 배회하다

☞ やすむ(休む) : 쉬다 (121 참조)

1059. 著しい(いちじるしい) : 현저하다, 두드러지다 [나타날 저(著)]

「いち(一, 하나) + しるし(印. 표, 표지) + い(형용사·접미어)」

「いちしるしい > いちじるしい」

하나의 표지가 두드러지다

「いちじるしい」 : 현저하다, 두드러지다

☞ しるす(記す) : 적다, 쓰다 (838 참조)

　しるす(印す) : 표하다, 표시하다

　しるし(印) : 표, 표지

1060. 的(まと) : 과녁, 표적, 목표 [과녁 적(的)]

어원은 「맞다」(어간은 맞)

맞는 표적이 「과녁」이다.

『맞 > 맡 > 마토 > まと』

「まと」 : 과녁, 표적, 목표

* まとめる(纏める) : 하나로 정리하다, 모으다, 통합하다

　과녁(まと)을 목표로 화살이 모이듯이 하나로 모으다.

　→ まとめる(모으다, 정리하다, 통합하다)

1061. 滴(しずく) : 물방울 [물방울 적(滴)]

어원을 풀어 쓰면,

「すい(水, 물) + つく(着く, 닿다, 접촉하다)」

「すいつく → しつく → しづく → しずく」 [수이 > 쉬 > 시]

물이 나뭇잎 등에 접촉하여 생기는 것

「しずく」 : 물방울

☞ つく(着く) : 닿다, 도착하다, 접촉하다 (263 참조)

연상암기

1. **情け**(な さ け) : 정
   나, 술(**さ け**) 사께(살게) → 「정」이 있음

2. **鞭**(む ち) : 채찍 중복
   무치(**む ち**, 無知)한 자는 「채찍」으로 때려서라도 깨우치게 해야 한다.

3. **肝**(き も) : 간, 간장
   에스**키모**(Eskimo)인은 날 생선의 「간」도 잘 먹는다.

4. **滅びる**(ほ ろ び る) : 망하다
   호로자식은 망해서 빌어 처먹는다.

   * ほろぼす(滅ぼす, 亡ぼす) : 멸망시키다

5. 遥**か**(は る か) : 아득히
   「**は る**(春, 봄) + **까**마득하다」 → 봄이 오려면 까마득하게 남아 아득하다.

6. 恵**む**(め ぐ む) : 은혜를 베풀다
   매구(천년 묵은 여우)를 없애 마을에 「은혜를 베풀다」

7. **わざ**(技, 術) : 기법, 기술, 기량, 재주
   와, **자**로 잰 듯이 기술적으로 썰었다.

8. **被る**(こ う む る) : 받다, 입다
   (개가) **코**(를) **물어** 상처를 입다.

1062. 摘む(つむ) : 뜯다, 따다 [딸 적(摘)]

어원은「뜯다」(어간은 뜯)

『뜯 〉 뜨 〉 쯔 〉 つ』

「つ + む(동사를 만드는 접미어)」→ つむ(뜯다, 따다)

* つまむ(摘まむ) : 집다, 집어먹다, 발췌하다

1063. 全うする(まっとうする) : 완수하다, 다하다 [온전할 전(全)]

어원은「맡다」(어간은 맡)

『맡 〉 마토 〉 まっとう』

「まっとう + する(하다)」→ まっとうする

일을 맡아 완수하다.

「まっとうする」 : 완수하다, 다하다

1064. 殿(との) : 아내가 남편을 부르는 말, 영주, 귀인에 대한 높임말 [전각 전(殿)]

「と(戸, 문) + な(名, 이름)」

어떤 가문을 나타내는 이름

「とな → との」

「との」 : 아내가 남편을 부르는 말, 영주·귀인에 대한 높임말

1065. 戦(いくさ) : 전쟁 [싸울 전(戦)]

어원을 풀어 쓰면, 「いかう(射交う) + さ(화살)」

(1) いかう : いる(射る, 쏘다) + かう(交う, 서로 …하다)

　→ いるかう → いかう(서로 쏘다)

(2) さ : 화살의 옛말

『いかう + さ → いかうさ → いくさ』(활을 서로 쏘다)

활을 서로 쏘는 것이 전쟁이다.

「いくさ」: 전쟁

☞ いる(射る) : 쏘다

　어원은 「일그리다」의 「일」

　『일 〉 이루 〉 いる』

　화살을 쏠 때 한쪽 눈은 표적을 보고, 한쪽 눈은 일그려 감으면서 쏜다.

　「いる」: 쏘다

※ 어원 설명이 좀 길어 쉽게 설명하면,

　가다(いく, 行く), 화살(さ) 메고 싸우러 → いくさ(전쟁)

1066. 囀る(さえずる) : 지저귀다, 재잘대다 [지저귈 전(囀)]

어원은 「재잘대다」(어근은 재잘)

재 : 『재 〉 자어 〉 자에 〉 사에 〉 さえ』

잘 : 『잘 〉 자루 〉 주루 〉 ずる』

「さえずる」: 재잘대다, 지저귀다

1067. 纏わる(まつわる) : 얽히다, 휘감기다, 달라붙다 [얽힐 전(纏)]

어원은 「맞」('서로'라는 뜻의 접두사)

『맞 〉맞 〉마츠 〉まつ』

「まつ(서로의 뜻) + わる(동사를 만듦)」→ まつわる

서로 얽히다라는 뜻이다.

「まつわる」: 얽히다, 휘감기다, 달라붙다

1068. 纏う(まとう) : 얽히다, 달라붙다, 감기다, 몸에 걸치다 [얽힐 전(纏)]

어원은 「맞」('서로'라는 뜻의 접두사)

『맞 〉맏 〉마도 〉まと』

「まと(서로의 뜻) + う(동사·접미어)」→「まとう」

서로 얽히다, 서로 달라붙다.

「まとう」: 얽히다, 달라붙다, 감기다, 몸에 걸치다

*「マント」を肩(かた)にまとう(망토를 어깨에 걸치다)

1069. 手折る(たおる) : 손으로 꺾다 [꺾을 절(折)]

풀어 쓰면,

「た(手, 손) + おる(折る, 꺾다)」

「たおる」: 손으로 꺾다

☞ おる(折る) : 꺾다 (415 참조)

1070. 絶える(たえる) : 끊어지다, 없어지다 [끊을 절(絶)]

어원은 「다하다」(어근은 다), 어떤 현상이 끝나다

『다 〉た』

「た + える(동사를 만듦)」

「たえる」: 끊어지다, 없어지다

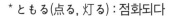

1071. 点す, 灯す(ともす) : 등불을 켜다, 불을 켜다 [점 点(点)]

본래의 말은 「とぼす」

어원은 「등불」

『등불 〉드부 〉도부 〉도보 〉とぼ』

「とぼ + す(동사·접미어)」 → とぼす

「とぼす → ともす」

「ともす」: 등불을 켜다, 불을 켜다

* ともる(点る, 灯る) : 점화되다

*「등 灯」으로, 「등」은 순우리말이다.

☞ 「ともしい(乏しい, 모자라다) = とぼしい(乏しい, 모자라다)」

「ㅁ」과 「ㅂ」은 서로 왕래한다.

1072. 接ぐ(つぐ) : 이어 붙이다, 접목하다 [이을 접(接)]

어원은「돌쩌구」의「쩌구」

돌쩌구로 문짝과 문설주를 <u>이어 붙이다.</u>

『쩌구 〉つぐ』

「つぐ」: 이어 붙이다, 접목하다

☞ 돌쩌구(돌쩌귀의 방언)

　문짝을 문설주에 달아 여닫는 데 쓰는 두 개의 쇠붙이. 북한에서는 門쩌귀라 한다. 「돌」은 일본어
「と」(戸·門, 문)의 어원이다. (돌 〉도 〉と)

☞ 「돌」은 문을 뜻하는 영어의「door」와 동근(同根)일 가능성이 매우 높다. 발음도「도올」로「돌」과 같다.

1073. 正に(まさに) : 바로, 틀림없이, 확실히, 정말로 [바를 정(正)]

어원은「맞다」(어간은 맞)

『맞 〉맛 〉마사 〉まさ』

바로 정말로 확실히 맞다.

「まさに」: 바로, 틀림없이, 확실히, 정말로

1074. 定か(さだか) : 확실함, 분명함 [정할 정(定)]

어원은「그럴似하다」(그럴싸하다의 본래 말)
참고로, 북한에서는「그럴사하다」라고 쓰고 있다.
似는「닮을 사」로서「닮다, 같다, 비슷하다」의 뜻이다.

「그럴似하다」는 거의 비슷하다는 뜻이다(≒).
「그럴似다」는「같다」라는 뜻이다(=).
따라서『似다 = 定 = さだ = 확실』등식이 성립한다.
「さだ(확실) + か(성질, 상태를 나타냄)」→ さだか(확실함)

* 定める(さだめる) : 확실하게 하다, 정하다, 결정하다

1075. 淀(よど) : 웅덩이, 물이 흐르지 않고 괸 곳 [앙금 정(淀)]

어원은 「웅덩이」(어근은 웅덩)

웅덩이는 움푹 파여 물이 괴어 있는 곳을 말한다.

『웅덩 〉우더 〉우도 〉오도 〉요도 〉よど』

「よど」: 웅덩이, 물이 흐르지 않고 괸 곳

* 淀む(よどむ) : 괴다, 흐르지 않다

1076. 情けない(なさけない) : 한심하다, 무정하다 [뜻 정(情)]

어원을 풀어 쓰면,

「なさけ(情け, 정, 인정) + ない(없다)」

「なさけない」: 한심(寒心)하다, 무정하다

※ なさけ(情け) : 정, 인정

　　나, (술) 사께(살게) → 정(なさけ)이 있음

1077. 鯖(さば) : 고등어 [잡회 정(鯖)]

「さ(= ささ. 小, 작은) + は(歯. 이, 이빨)」

「さは → さば」

고등어는 이빨이 작은 생선이다.

「さば」: 고등어

일본어	뜻	어원(語源)
たい(鯛)	도미(돔)	「돔〉도미〉다미〉다이〉たい」
ふな(鮒)	붕어	「붕〉분〉부나〉후나〉ふな」(탁음 부 → 청음 후)
かき	굴	「굴〉갈〉가기〉かき」
いか(烏賊)	오징어	いかり(怒り, 성), 오징어는 성나면 먹물을 뿜음
たこ(蛸)	문어	「た(手, 손) + こ(접미어)」 문어는 손(다리)이 많음
さんま(秋刀魚)	꽁치	「さ(= せ, せまい, 狭い) + ま(真) + な(魚)」 「さまな → さんま」 등과 배 사이가 좁은 물고기
いわし(鰯)	정어리	よわし(= よわい, 弱い) → いわし 정어리는 물을 떠나면 죽음에 약함
たら (鱈, 大口魚)	대구	껍질에 「알록달록」한 점이 있어 어원은 「달록」 「달록〉다로〉다라〉たら」
めんたい(明太)	명태	「명태〉멘태〉멘타이〉めんたい」

1078. 提げる(さげる) : (손에) 들다 [끌 제(提)]

문어체는 「さぐ」(提ぐ)

어원은 「손」

『손〉소〉사〉さ』

「さ + ぐ (동사를 만드는 접미어)」

「さぐ → さげる」(하1단화, 구어체)

「さげる」: (손에) 들다

1079. 弔う(とむらう) : 조상(조문)하다, 애도하다 [조상할 조(弔)]

어원은「무덤」의「덤」

『덤 〉더무 〉도무 〉とむ』

「とむ + らう(동사를 만듦)」→ とむらう

무덤에 가서 애도하다.

「とむらう」: 조상(조문)하다, 애도하다

☞ 영어에서 돌로 만들어진 무덤을「tomb」이라 한다.「덤」은 큰 돌(바위)을 뜻하는 경남 방언인데 영어
   하고 닮은 점이 있다.

1080. 阻む(はばむ) : 방해하다, 저지하다 [막힐 조(阻)]

「はば(幅・巾, 폭) + む(동사를 만드는 접미어)」

좁은 폭이 진입을 방해하다.

「はばむ」: 방해하다, 저지하다

☞ はば(幅・巾) : 폭 (451 참조)

1081. 兆す(きざす) : 징조가 보이다 [조 조(兆)]

「き(気. 기, 기운) + さす(射す, 비치다)」→ きさす → きざす

기운이 비치다.

「きざす」: 징조가 보이다

* 兆し(きざし) : 조짐, 징조

☞ さす(射す) : 비치다

  어원은「햇살」의「살」

  『살 〉사스 〉さす』

  「さす」: (햇살이) 비치다

1082. 粗(あら) : 흠, 결점, 살이 붙은 뼈 [거칠 조(粗)]

어원은 「얽다」(어간은 얽)

「얽다」는 물건의 거죽에 「흠」이 많이 나다.

『얽 〉 얼 〉 어라 〉 아라 〉 あら』

「あら」: 흠, 결점, 살이 붙은 뼈

1083. 蚤(のみ) : 벼룩 [벼룩 조(蚤)]

「벼룩」은 높이 뛰는 몸이다. (자기 몸의 100배 높이를 뛸 수 있음)

어원은 「높다」(어간은 높)

『높 〉 노 〉 の』

「の + み(身, 몸)」→ のみ

「のみ」: 벼룩

1084. 操る(あやつる) : 조종하다, (뒤에서 인형을) 놀리다   [잡을 조(操)]

「あや(엿보다의 뜻) + つる(吊る, 매달다)」

뒤에서 엿보면서 매단 줄로 놀리다(조종하다).

「あやつる」: 조종하다, 놀리다

☞ あや : 엿보다의 뜻

　어원은 「엿보다」의 「엿」

　『엿 〉 얏 〉 아야 〉 あや』

　「あや」: 엿보다라는 뜻

1085. 誂える(あつらえる) : 주문하다, 맞추다 [꾈 조(誂)]

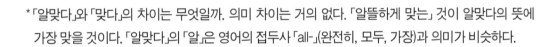

なんて読む?
誂える

문어체는「あつらう」
「맞출 때 알맞게 요구하는 것에서」
어원은「알맞게」의「알」
『알 〉 아츠 〉 あつ』
「あつ + らう(동사를 만듦)」
「あつらう → あつらえる」(구어체, 하1단화)
「あつらえる」: 주문하다, 맞추다

*「알맞다」와「맞다」의 차이는 무엇일까. 의미 차이는 거의 없다.「알뜰하게 맞는」것이 알맞다의 뜻에
   가장 맞을 것이다.「알맞다」의「알」은 영어의 접두사「all-」(완전히, 모두, 가장)과 의미가 비슷하다.

☞ 우리말 종성「ㄹ」이 일본어로 바뀔 때, 자음이「ㄱ, ㅁ, ㅅ, ㅈ, ㅊ, ㄷ」으로 바뀌며 모음(ㅣ, ㅡ, ㅏ 등)
   이 붙는다.(「종성 ㄹ의 변화표」8쪽 참조)

1086. 嘲る(あざける) : 비웃다, 조소하다 [비웃을 조(嘲)]

「あざ(痣, 피부의 반점) + ける(蹴る, 걷어차다)」
피부에 보기 싫은 반점이 있다고 걷어차듯이 비웃다.
「あざける」: 비웃다, 조소하다

☞ あざ(痣) : 피부의 반점 (1096 참조)

1087. 尊い・貴い(とうとい) : 소중하다, 귀중하다, 높다, 고귀하다 [높을 존(尊)]

「と(접두사) + ふとい(太い. 크다, 굵다)」
「とふとい 〉 とうとい」
크다(→ 소중하다, 높다)
「とうとい」: 소중하다, 귀중하다, 높다, 고귀하다

☞ ふとい(太い) : 크다, 굵다 (283 참조)

1088. 拙い(つたない) : 서투르다 [옹졸할 졸(拙)]

「**つたえる**(伝える, 전하다) + ない(無し, 없다)」→ つたない

무엇을 전달하는 능력이 형편없다(서투르다).

「つたない」: 서투르다

☞ つたえる(伝える) : 전하다 (232 참조)

1089. 腫れる(はれる) : 붓다 [종기 종(腫)]

어원은 「빨갛게 붓다」에서 「빨갛게」의 「빨」

『빨 〉 빠래 〉 하래 〉 はれ』

「はれ + る(동사·접미어)」→ はれる

「はれる」: 붓다

연상암기

1. 免れる(まぬかれる) : 면하다, 벗어나다
   마누라의 바가지에서 그(**かれ**, 彼)는 겨우 벗어나다.

2. むしばむ(蝕む, 虫食む) : 좀먹다, 침식하다
   「むし(虫, 벌레) + はむ(食む, 먹다)」→ むしはむ →「むしばむ」

3. 試みる(こころみる) : 시험해 보다, 시도해 보다
   「こころ(心, 마음) + みる(見る)」→ こころみる (마음을 시험해 보다)

4. 省みる(かえりみる) : 돌이켜보다, 반성하다
   「かえり(返り, 되돌아 감) + みる(見る)」→ かえりみる

5. いとぐち(糸口緒) : 실마리, 단서
   「いと(糸, 실) + くち(口, 입)」→ いとぐち

6. つちかう(培う) : 북주다, 배토하다, 기르다, 배양하다
   「つち(土. 땅, 흙) + かう(飼う, 기르다)」→ つちかう

7. おおかみ(狼) : 이리
   「おお(大, 큰) + かみ(噛み, 물다)」→ 크게 무는 동물(이리)

8. おちいる(陥る) : 빠지다, 빠져들다
   「おちる(落ちる, 떨어지다) + いる(入る, 들어가다)」→ おちいる

9. くつろぐ(寛ぐ) : 유유자적하다, 편안히 지내다
   구두(くっ, 靴)를 벗고 누워 유유자적하다.

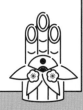

1090. 踵(くびす) : 발뒤꿈치(= かかと) [발꿈치 종(踵)]

어원은「굽」

『굽 〉구비 〉くび 〉くびす』

「くびす」: 발뒤꿈치

* 굽 : 말, 소, 양 따위 짐승의 발끝에 있는 두껍고 단단한 발톱

1091. 踵(かかと) : 발뒤꿈치, 신뒤축 [발꿈치 종(踵)]

어원은「뒤꿈치」의「꿈치」

『꿈치 〉꾸치 〉까치 〉깣 〉깥 〉까토 〉가가토 〉かかと』

「かかと」: 발뒤꿈치, 신뒤축

* 까치발 : 발뒤꿈치를 든 발
*「까치발 구두」는 10cm 이상급 아찔한 높이의 굽을 가진 구두를 가리켜
   이르는「킬힐(kill heel)」을 말함

1092. 呪う(のろう) : 저주하다 [빌 주(呪)]

어원을 풀어 쓰면,

のる(宣る, 말하다, 선언하다) + う(반복의 의미)

「のるう → のろう」

(악담을) 계속 말해 저주하다.

「のろう」: 저주하다

☞ のる(宣る) : 말하다, 선언하다 (947 참조)

1093. 樽(たる) : (술·간장 등을 넣어 두는) 나무 통 [술통 준(樽)]

어원은 「따루다」(어간은 따루), 따르다의 방언

술 등을 따루어서 보관하는 통

『따루 〉たる』

「たる」: (술·간장 등을 넣어 두는) 나무 통

樽のイラスト

1094. 蹲る(うずくまる) : 웅크리다, 쭈그리고 앉다 [쭈그릴 준(蹲)]

어원은 「웅크리다」의 「웅크」

『웅크 〉우즈크 〉우즈쿠 〉うずく』

「うずく + まる(동사를 만듦)」→ うずくまる

「うずくまる」: 웅크리다, 쭈그리고 앉다

1095. 芝(しば) : 잔디 [지초 지(芝)]

잔디는 시퍼렇기 때문에, 어원은 「시퍼렇다」의 「시퍼」

『시퍼 〉시파 〉시바 〉しば』[반탁음 파(ぱ) → 탁음 바(ば)]

「しば」: 잔디

* しばふ(芝生) : 잔디밭

1096. 痣(あざ) : 피부의 반점 [사마귀 지(痣)]

어원은 「점」

『점 〉잠 〉자 〉ざ』

「あ(접두사) + ざ」→ あざ

「あざ」: 피부의 반점

1097. 織る(おる) : 짜다 [짤 직(織)]

어원은 「올」(실의 가닥)

올을 <u>짜다</u>

『올 〉 오루 〉 おる』

「おる」: 짜다

1098. 尽くす(つくす) : 다하다, 진력하다 [다할 진(尽)]

어원은 「싹」(조금도 남기지 않고 전부)

『싹 〉 싸구 〉 쓰구 〉 つく』

「つく + す(동사·접미어)」→ つくす

온 힘을 싹 전부 쏟다.

「つくす」: 다하다, 진력하다

* つきる(尽きる) : 다하다, 끝나다

1099. 津波(つなみ) : (지진) 해일 [나루 진(津)]

「つよい(強い, 강하다) + なみ(波, 파도)」

「つよなみ → つなみ」

강한 파도가 해일이다.

「つなみ」: (지진) 해일

1100. 賑賑しい(にぎにぎしい) : 매우 번성하다, (들떠) 북적북적하다 [구휼할 진(賑)]

어원은 「내키다」(어근은 내키)

「내키다」는 「하고 싶은 마음이 생기다」라는 뜻이다.

『내키 〉 니키 〉 니기 〉 にぎ』

「にぎ + にぎ + しい(…하다, …듯하다)」

→ にぎにぎしい

하고 싶은 마음이 생겨나 매우 북적북적하다.

「にぎにぎしい」: 매우 번성하다, (들떠) 북적북적하다

* 賑やか(にぎやか) : 활기참, 흥청거림, 번화함

* 출처 : 古典基礎語辭典(大野 晋)

1101. 塵(ちり) : 티끌, 먼지, 찌듦 [티끌 진(塵)]

어원은 「찌들다」의 「찌」

찌들다는 「먼지, 때, 기름이 들러붙어 몹시 더러워지다」라는 뜻이다.

『찌 〉 지리 〉 ちり』

「ちり」: 먼지

1102. 疾しい(やましい) : 꺼림칙하다 [병 질(疾)]

어원을 풀어 쓰면,

「やむ(病む, 병들다) + しい(…듯하다)」

「やむしい → やましい」

병인가 싶어 꺼림칙하다.

「やましい」: 꺼림칙하다

☞ やむ(病む) : 병들다 (915 참조)

1103. 集う(つどう) : 모이다, 회합하다 [모을 집(集)]

어원을 풀어 쓰면,

「つ(津, 나루터) + と(所, 장소) + う(동사·접미어)」

일본에는 바다(海) 나루터가 많아 이곳에 사람들이 모이다.

「つとう 〉つどう」

「つどう」: 모이다, 회합하다

* つどい(集い) : 모임, 회합

1104. 侘しい(わびしい) : 쓸쓸하다, 외롭다, 울적하다 [낙망할 차(侘)]

어원은「わびる」(侘びる, 쓸쓸히 외롭게 살다)

「わびる」를 형용사화한 말이「わびしい」

「わびしい」: 외롭다, 쓸쓸하다, 울적하다

☞ わびる(侘びる) : 쓸쓸히 외롭게 살다

「わ + びる(…의 상태를 띠다, …인 것처럼 보이다)」

「わ」:「외롭다」의「외」에 대응(일본어에는「외」발음이 없어 わ로 바뀜)

「わびる」: 쓸쓸히 외롭게 살다

1105. 遮る(さえぎる) : 막다, 차단하다 [막을 차(遮)]

어원을 풀어 쓰면,

「さき(先, 앞) + きる(切る, 자르다)」→ さききる

「さききる → さいきる → さえきる → さえぎる」

앞을 자르다(→ 막다).

「さえぎる」: 막다, 차단하다

☞ さき(先) : 앞 (48 참조)

1106. 札(ふだ) : 표, 팻말 [편지 찰(札)]

어원은 「팻말」의 「팻」

『팻 〉 팬 〉 패다 〉 푸다 〉 후다 〉 ふだ』

「ふだ」: 팻말, 표

1107. 惨い(むごい) : 비참하다, 끔찍하다 [참혹할 참(惨)]

어원은 「無語」(むご)

너무 끔찍한 상황이라 말로 표현할 수 없는

「むご(無語) + い(형용사를 만드는 접미어)」

「むごい」: 비참하다, 끔찍하다

1108. くら(倉, 蔵, 庫) : 곳간, 곳집, 창고 [곳집 창(倉)]

어원은 「곳집」의 「곳」

『곳 〉 고 〉 구 〉 く』

「く + ら(장소, 방향을 뜻함)」→ くら

「くら」: 곳간, 곳집, 창고

1109. 唱える(となえる) : 외치다, 소리 높여 부르다 [노래 창(唱)]

문어체는 「となう」(唱う)

「おと(音, 소리) + なう(동작을 나타내는 접미어)」

「おとなう → となう → となえる(하1단화, 구어체)」

큰 소리로 하다.

「となえる」: 외치다, 소리 높여 부르다

1110. 凄まじい(すさまじい) : 무섭다, 무시무시하다, 굉장하다 [쓸쓸할 처(凄)]

「すさむ」(荒む. 거칠어지다, 격렬해지다)의 형용사화한 말이다.

「すさましい 〉 すさまじい」

「すさまじい」 : 무섭다, 무시무시하다, 굉장하다

☞ すさむ(荒む) (1194 참조)

1111. 辿る(たどる) : 더듬다, 더듬어 찾다 [천천히 걸을 천(辿)]

어원은 「더듬다」(어간 더듬)

『더듬 〉 더드 〉 다도 〉 たど』

「たど + る(동사・접미어)」

「たどる」 : 더듬다, 더듬어 찾다

* たどたどしい(辿辿しい) : 더듬거리다

1112. 喘ぐ(あえぐ) : 헐떡이다, 괴로워하다 [숨찰 천(喘)]

어원은 「애」(초조한 마음속)

『애 〉 아에 〉 あえ』

「あえ + ぐ (동사・접미어)」→ あえぐ

애를 태우며 괴로워하다.

「あえぐ」 : 헐떡이다, 괴로워하다

1113. 綴る(つづる) : 철하다 [엮을 철(綴)]

어원은 「つる」(蔓, 넝쿨)

『つる + つる 〉 つつる 〉 つづる』

넝쿨을 감아 철하다.

「つづる」 : 철하다

☞ つる(蔓) : 넝쿨, 덩굴 (877 참조)

연상암기

1. もっぱら(専ら) : 오로지, 한결같이
   다른 데는 **못 봐라**(보지 마라), 오로지 이곳에만 집중해라.

2. もはや(最早) : 벌써, 이미, 어느새
   「**も**っとも(最も, 가장) + は**や**い(早い. 이르다, 빠르다)」 → 가장 빨리(벌써)

3. あどけない : 순진하고 귀엽다; 천진난만하다
   「あと(後. 뒤, 뒤쪽) + け(気. 기, 기운) + ない」
   뒤에 어떤 기운이 없이 깨끗한, 순진한 모양

4. あやふや : 불확실한 모양, 모호한 모양
   「あ」인지「ふ」인지 확실하지 않아 모호한 모양이다.

5. 襲う(おそう) : 습격하다, 덮치다
   밤에 **오소**리가 닭 사육장을 습격하다.

6. 敵う(かなう) : 필적하다, 대적하다
   일본의 음절문자 가나(**かな**, 仮名)는 한글에 필적하지 못한다.

7. ややこしい : 까다롭다, 알기 어렵다
   「ややこ(稚児, 갓난아기) + しい(…스럽다)」 → 갓난아기는 보기가 까다롭다.
   ※ 갓난아기는「앙앙」울기 때문에,
      「앙앙 〉 아아 〉 야야 〉 やや」 + こ(子) → ややこ(갓난아기)

8. うっとうしい(鬱陶しい) : 음울하다

　　うっとう(鬱陶, 마음이 개이지 않음) + しい(…스럽다)

　　* ゆううつ(憂鬱) : 우울

9. 茨(いばら) : 가시나무

　가시나무가 주위 나무들에게 「이봐라」(여봐라) 하며 가시 돋친 말을 하다.

1114. 添える(そえる) : 첨부하다, 붙이다 [더할 첨(添)]

어원은 「쐐기」의 「쐐」

『쐐 〉 쏘애 〉 そえ』

「そえ + る(동사를 만드는 접미어)」

「そえる」: 첨부하다, 붙이다

* 쐐기 : 물건을 만들고 나서 빈틈이 없도록 추가해서 붙이는 얇은 나뭇조각 등

1115. 貼る(はる) : 붙이다 [붙일 첩(貼)]

어원은 「바르다」(어간은 바르)

『바르 〉 바루 〉 하루 〉 はる』[반탁음 바(ば) → 청음 하(は)]

「はる」: 붙이다

1116. 請う, 乞う(こう) : 청하다, 기원하다 [청할 청(請)]

어원은 「꼭」

『꼭 〉 꼬 〉 고오 〉 고우 〉 こう』

꼭 들어달라고 청하거나 기원하다.

「こう」: 청하다, 기원하다

1117. 薙ぐ(なぐ) : (낫으로 풀 등을) 옆으로 후려 쳐 쓰러뜨리다 [깎을 체(薙)]

어원은 「낫」

『낫 〉 나 〉 な』

「な + ぐ(동사를 만드는 접미어)」→ なぐ

「なぐ」: (낫으로) 옆으로 후려 쳐 쓰러뜨리다

1118. 滞る(とどこおる) : 정체하다, 막히다 [막힐 체(滞)]

「とと(処処, 장소) + こおる(凍る, 얼다)」

「ととこおる → とどこおる」

어떤 장소에서 얼어붙다(→ 정체하다).

「とどこおる」: 정체하다, 막히다

☞ と(処, 장소) :「터」(장소)가「と」로 바뀐 말

  [터 〉토 〉と]

1119. 焦れる(じれる) : 초조해지다 [탈 초(焦)]

어원은「지레」(어떤 일이 일어나기 전)

지레 겁을 먹고「초조해지다」

『지레 〉じれ 〉じれる』

「じれる」: 초조해지다

1120. 礎(いしずえ) : 주춧돌, 초석 [주춧돌 초(礎)]

「いし(石, 돌) + すえる(据える, 설치하다)」

기둥 밑에 기초로 설치한 돌

「いしすえ 〉いしずえ」

「いしずえ」: 주춧돌, 초석

1121. 促す(うながす) : 재촉하다, 독촉하다 [재촉할 촉(促)]

어원은「うなぐ」(項ぐ, 목덜미에 걸치다)의 타동사화

「うなぐ → うながす」

목덜미에 (손을) 걸쳐서 밀다(→ 재촉하다).

「うながす」: 재촉하다, 독촉하다

☞ うなじ(項) : 목덜미 (736 참조)

1122. 塚(つか) : 총, 흙무덤 [무덤 총(塚)]

풀어 쓰면, 「つち(土, 흙) + はか(墓, 무덤)」

「つちはか」가 「つか」로 바뀜

「つか」 : 흙무덤, 총

☞ つち(土) : 땅, 흙

『땅 〉 따지 〉 쯔지 〉 つち』(따지는 따地)

☞ はか(墓) : 무덤

어원은 「はるか」(遥か, 아득함)」

생사(生死)의 사이는 아득하기 때문이다.

「はるか」에서 「はか(墓)」가 「무덤」이라는 뜻이 되었다.

1123. 聡い(さとい) : 총명하다 [귀 밝을 총(聡)]

어원은 「さとる」(悟る, 깨닫다)

잘 깨닫는 사람은 총명하다.

「さとる → さとい」

さとい(聡い) : 총명하다

☞ さとる(悟る) : 깨닫다 (1015 참조)

1124. 催す(もよおす) : 개최하다, 불러일으키다 [재촉할 최(催)]

어원은 「모여서」, 기본형은 「모이다」

사람들이 「모여서」 행사를 개최한다.

『모여서 〉 모요스 〉 もよおす』

「もよおす」 : 개최하다, (행사 분위기를) 불러일으키다

* 催し(もよおし) : 행사, 모임

1125. 雛(ひな) : 날짐승의 새끼, 병아리 [병아리 추(雛)]

날짐승 새끼의 우는 소리에서 딴 이름

「삐악삐악」운다고 병아리를 「삐아리」라 부름(경상 방언)

『삐악삐악 + な(= 鳴く, 우는 것을 가리킴)』

『삐な 〉삐나 〉히나 〉ひな』

[반탁음 ぴ(삐) → 청음 ひ(히)]

「ひな」: 날짐승의 새끼, 병아리

☞ ひな祭り(ひなまつり) : 3월 3일의 여자 아이의 명절에 지내는 행사. 제단(祭壇)에 일본 옷을 입힌 작은 인형들을 진열하고 떡·감주·복숭아꽃 등을 차려 놓음

1126. 縋る(すがる) : 매달리다, 의지하다, 기대다 [매달 추(縋)]

어원은 「술」(깃발, 책상보 등에 장식으로 다는 여러 가닥의 실)

『술 〉수가 〉すが』

「すが + る(동사·접미어)」

술이 본체에 매달려서 나부끼다.

「すがる」: 매달리다, 의지하다, 기대다

☞ 우리말 종성 「ㄹ」이 일본어로 바뀔 때, 자음이 「ㄱ, ㅁ, ㅅ, ㅈ, ㅊ, ㄷ」으로 바뀌며 모음(ㅣ, ㅡ, ㅏ 등)이 붙는다. (『종성 ㄹ의 변화표』 8쪽 참조)

1127. 椿(つばき) : 동백나무 [참죽나무 춘(椿)]

어원은 「동백나무」의 「동백」

동 : 『동 〉도오 〉또 〉뜨 〉쯔 〉つ』

백 : 『백 〉배기 〉바기 〉ばき』

「つばき」: 동백나무

☞ つるべ : 두레박(줄을 길게 달아 우물물을 퍼 올리는 데 쓰는 도구)

　　『두레박 〉드루바 〉뜨루베 〉쯔루베 〉つるべ』

1128. 築く (きずく) : 쌓다, 쌓아올리다 [쌓을 축(築)]

본래 말은, 「きつく」(築く)

「き(城, 柵, 성) + つく (築く. 쌓다, 축조하다)」

「きつく → きづく → きずく」

「きずく」: 쌓다, 쌓아올리다

☞ き(城, 柵) : 성(적을 막기 위해 담을 쌓은 곳)

　삼국사기 백제(百濟) 편에 「潔城」을 「結己」, 「悅城」을 「悅己」로 쓰고 있어 「己(기)」는 성(城)을 의미하고 있다(岩波古語辞典).

1129. 脆い (もろい) : 부서지기 쉽다, 무르다 [연할 취(脆)]

어원은 「몰랑하다」(무르고 약하다)

『몰랑 〉 모라 〉 모로 〉 모로이 〉 もろい』

몰랑해서 무르다.

「もろい」: 무르다, 부서지기 쉽다

1130. 趣(おもむき) : 재미, 정취, 멋, 느낌, 의도, 취지 [뜻 취(趣)]

어원을 풀어 쓰면,

「おも(面, 얼굴) + むき(向き, 향하는 쪽)」

마음이 있어 얼굴이 향하는 쪽

「おもむき」: 재미, 정취, 멋, 느낌, 의도, 취지

☞ おも(面) : 얼굴 (28 참조)

1131. そり(橇) : 썰매 [썰매 취(橇)]

어원은「썰매」의「썰」

『썰 〉써리 〉쏘리 〉そり』

「そり」: 썰매

1132. 仄か(ほのか) : 어렴풋한 모양, 아련한 모양 [기울 측(仄)]

어원은「훤하다」의「훤」

훤하다는「조금 흐릿하게 밝다」

『훤 〉훠노 〉허노 〉호노 〉ほの』

「ほの + か(성질, 상태를 나타냄)」→ ほのか

「ほのか」: 어렴풋한 모양, 아련한 모양

* 仄めかす(ほのめかす) : 넌지시 말하다, 암시하다

☞「훤하다」와「환하다」는 다른 뜻임.「환하다」는 빛이 비치어 밝다라는 뜻이다.
　「훤하다」는 조금 흐릿하게 밝다.

☞ 曙(あけぼの) : 새벽
　「あける(明ける, 밝다) + ほの(仄, 어렴풋이)」
　→ あけほの → あけぼの(새벽)

1133. 値打ち(ねうち) : 값어치 [값 치(値)]

풀어 쓰면,
「ね(値, 값, 가치) + 어치(값어치의 어치)」
『ねーり 〉ね우치 〉ねうち』
「ねうち」: 값어치

* ねだん(値段) : 가격

1134. 値(あたい) : 값어치, 가치 [값 치(値)]

어원은 「값어치」의 「어치」

『어치 〉엊 〉얻 〉앝 〉아타 〉아다이 〉あたい』

「あたい」 : 값어치, 가치

* あたいする(値する) : 가치가 있다, 상당하다

1135. 恥(はじ) : 부끄러움 [부끄러울 치(恥)]

어원은 「발치」의 「발」

「발치」는 사물의 꼬리나 아래쪽이 되는 끝부분

『발 〉바지 〉하지 〉はじ』 [탁음 바(ば) → 청음 하(は)]

제일 발치에 있어 부끄럽다.

「はじ」 : 부끄러움

* 恥じる(はじる) : 부끄러워하다

  恥かしい(はずかしい) : 부끄럽다(はじかしい → はずかしい)

☞ 우리말 종성 「ㄹ」이 일본어로 바뀔 때, 자음이 「ㄱ, ㅁ, ㅅ, ㅈ, ㅊ, ㄷ」으로 바뀌며 모음(ㅣ, ㅡ, ㅏ 등)
    이 붙는다. (『종성 ㄹ의 변화표』 8쪽 참조)

1136. 雉(きじ) : 꿩 [꿩 치(雉)]

어원은 「꿩」

「꿩 〉꿔 〉끼 〉き」

「き + し(새를 의미)」→ きし → きじ

「きじ」: 꿩

☞ し, す는 새를 의미하는데 어원은 「새」이다

(새 〉し, す)

장끼와 까투리

수꿩은 「장끼」, 암꿩은 「까투리」라고 한다. 장끼의 장은 장골(壯骨)의 장이라고 한다. 「까투리」를 풀어 쓰면, 「갓 + 투리」이다. 「갓」은 「가시나(계집아이)」 할 때 「가시」를 줄인 말이다. 「투리」는 새라는 뜻인데 일본어 と り(鳥)와 발음이 비슷하다. 아무튼, 「까투리」는 재미있는 우리말이라고 할 수 있다.

연상암기

1. はま(浜) : 해변의 모래밭
   요코하마(橫浜, よこはま)는 도쿄 옆 바닷가에 있다.

2. 率いる(ひきいる) : 거느리다, 인솔하다
   ひき(引き, 끌다) + いる(있다) → ひきいる(거느리다, 인솔하다)

3. ならう(倣う) : 모방하다 [본뜰 방(倣)]
   다른 **나라** 제도를 모방하다.

4. あま(尼) : 여승 [여승 니(尼)]
   아마, 무슨 사연이 있어 여승이 되었겠지.

5. はだし(裸足) : 맨발
   「**はだ**か(裸, 맨몸) + **あし**(足, 발)」→ はだし(맨발)

6. 交わす(かわす) : 주고받다, 교환하다
   강(**かわ**, 川)에서 잡은 물고기로 곡물과 교환하다.

7. 果たす(はたす) : 완수하다, 달성하다
   주어진 밭(**はた**, 畑)일을 완수하다.

8. せわしい(忙しい) : 바쁘다, 틈이 없다
   「**せわ**(世話. 도와 줌, 보살핌, 폐) + しい(…하다, …스럽다)」
   환자를 밤을 새워(→ **세와**) 보살핀다고 요즘 틈이 없다.

9. ごまかす : 속이다, 얼버무리다
   「**ごま**(胡麻, 참깨) + 카다(말하다의 경상 방언)」
   들깨를 참깨라고 카다, 속이는 것이다.

1137. 浸す(ひたす) : 담그다, 잠그다 [잠길 침(浸)]

어원은「ひたひた」(무엇이 물에 잠길랑 말랑한 상태, 바특이)

「ひた + す」→ ひたす

「ひたす」: 담그다, 잠그다

* 浸る(ひたる) : 잠기다, 물에 잠기다.

☞ ひたひた : 무엇이 물에 잠길랑 말랑한 상태, 바특이

　　어원은「바특이」

　　『바특 〉 바트 〉 바타 〉 비타 〉 히타 〉 ひた』

　　「ひたひた」: 바특이

1138. 漆(うるし) : 옻나무, 옻(칠) [옻 칠(漆)]

어원은「옻」

『옻 〉 옷 〉 오시 〉 우시 〉 うし』

「うし」글자 사이에「る」가 들어가「うるし」가 됨

「うるし」: 옻나무, 옻(칠)

1139. 称える(たたえる) : 칭찬하다, 찬양하다 [일컬을 칭(称)]

풀어 쓰면,

「たた(의성어 또는 의태어) + える(동사를 만듦)」→ たたえる

「따따따(たたた), 따따따」나팔을 부는 듯이「찬양하다」

「たたえる」: 찬양하다, 칭찬하다

1140. 舵(かじ) : 키, 조종간, 방향키 [키 타(舵)]

어원은 「키」

『키 〉 가지 〉 かじ』

「かじ」: 키, 방향키

1141. 唾(つば, つばき) : 침 [침 타(唾)]

어원은 「춤」(침의 방언)

『춤 〉 츰 〉 츠마 〉 츠바 〉 つば』

「つば, つばき」: 침

☞ 「뱀」(蛇)의 발음 변화와 유사하다.

　『뱀 〉 배미 〉 해미 〉 해비 〉 へび』(ㅁ → ㅂ)

1142. 啄む(ついばむ) : 쪼아 먹다 [쫄 탁(啄)]

원래의 말을 풀어 쓰면,

「つき(突き, 찌르다) + はむ(食む, 먹다)」

「つきはむ → ついはむ → ついばむ」

찔러 먹다(쪼아 먹다)

「ついばむ」: 쪼아 먹다

☞ はむ(食む) : 먹다

　「は」(歯. 이, 이빨)를 동사화한 말이다.

　は(歯) 어원은 「이빨」의 「빨」

　『빨 〉 빠 〉 하 〉 は』

☞ くちばし(嘴) : 부리

　「くち(口, 입) + はし(嘴, 부리) → くちはし → くちばし

1143. 濯ぐ(すすぐ) : 씻다, 헹구다 [씻을 탁(濯)]

어원은 「씻다」(어간은 씻)

『씻 〉 씨 〉 쓰 〉 스스 〉 すす』

「すす + ぐ(동사를 만드는 접미어)」→ すすぐ

「すすぐ」: 씻다, 헹구다

1144. 弾く(はじく) : 튀기다, 퉁기다 [탄알 탄(弾)]

어원은 「활줄」

『활줄 〉 화주 〉 하주 〉 하지 〉 はじ』

「はじ + く(동사・접미어)」→ はじく

활줄이 활을 퉁기다.

「はじく」: 튀기다, 퉁기다

1145. 綻びる(ほころびる) : (실밥이) 풀리다, 조금 벌어지다 [터질 탄(綻)]

문어체는 「ほころぶ」(綻ぶ)

어원은 「옷고름」

『옷고름 〉 옷고롬 〉 옷고로 〉 호코로 〉 ほころ』

「ほころ + ぶ」→ ほころぶ → ほころびる (구어체, 상1단화)

옷고름을 잡아당기니 옷이 풀리다.

「ほころびる」: (실밥이) 풀리다, 조금 벌어지다

ほころ
綻びる

* 옷고름 : 저고리 깃 끝과 그 맞은편에 하나씩 달아 양편 옷깃을 여밀 수 있도록 한 헝겊 끈

1146. 嘆く(なげく) : 한탄하다, 탄식하다 [탄식할 탄(嘆)]

어원은 「落」의 우리 한자음 「낙」

『낙 〉나게 〉なげ』

「なげ + く」

낙담(落膽)하며 매우 한탄하다.

「なげく」: 한탄하다, 탄식하다

1147. 貪る(むさぼる) : 탐하다, 욕심부리다 [탐낼 탐(貪)]

「むさい(더럽다) + ほる(欲る, 바라다)」→ むさほる → むさぼる

더럽게 바라다(탐하다)

「むさぼる」: 탐하다, 욕심부리다

☞ むさい : 더럽다

　어원은 「묻다」(어간은 묻)

　『묻 〉뭇 〉무사 〉むさ』

　「むさ + い」→ むさい

　옷에 때가 묻어 더럽다.

1148. 苔(こけ) : 이끼 [이끼 태(苔)]

풀어 쓰면, 「こ(小, 작은) + け(毛, 털)

작은 털 같은 식물이 군집한 것이 「이끼」다.

「こけ」: 이끼

1149. 怠る(おこたる) : 게으름을 피우다, 태만히 하다 [게으를 태(怠)]

어원을 풀어 쓰면,

「おこ」(おこなう의 おこ, 행하다) + たるむ(弛む, 느슨해지다)」

「おこたるむ 〉 おこたる」

행하는 것이 느슨해지다.

「おこたる」: 게으름을 피우다, 태만히 하다

☞ たるむ(弛む) : 느슨해지다 (1045 참조)

1150. 沢(さわ) : 풀이 나 있는 저습지(低濕地) [못 택(澤)]

「さ(ささ, 些々, 작은) + かわ(川, 하천, 강)」

「さかわ → さわ」

작은 하천이 흐르다, 못같이 생긴 곳이 저습지이다.

「さわ」: 풀이 나 있는 저습지(低濕地)

☞ ささ(些々) : 작은/**사사**하다(작거나 적다) → ささ(작은)

1151. 退く(しりぞく) : 물러나다, 후퇴하다 [물러날 퇴(退)]

「しり(尻, 뒤, 뒤쪽) + そく(退く, 물러나다)」

「しりそく → しりぞく」

「しりぞく」: 물러나다, 후퇴하다

* 退ける(しりぞける) : 물리치다, 격퇴하다

☞ しり(尻) : 뒤, 뒤쪽, 엉덩이 (494 참조)

1152. 褪せる(あせる) : (빛깔이) 바래다, 퇴색하다, 쇠해지다 [바랠 퇴(褪)]

어원은「바래다」

『바래 〉 바라 〉 발 〉 바세 〉 하세 〉 아세 〉 あせ』

[탁음 바 → 청음 하 → 여린 소리 애]

「あせ + る(동사를 만드는 접미어)」

「あせる」: (빛깔이) 바래다, 퇴색하다, 쇠해지다

☞ 우리말 종성「ㄹ」이 일본어로 바뀔 때, 자음이「ㄱ, ㅁ, ㅅ, ㅈ, ㅊ, ㄷ)으로 바뀌며 모음(ㅣ, ㅡ, ㅏ, ㅔ
등)이 붙는다. (『종성 ㄹ의 변화표』8쪽 참조)

1153. 妬む(ねたむ) : 질투하다 [샘낼 투(妬)]

「な(名. 이름, 명성) + いたむ(痛む. 아프다, 괴롭다)」

「ないたむ 〉 ねたむ」(な + い = ね)

(그의) 명성이 높아 마음이 괴롭다(→ 질투하다는 뜻)

「ねたむ」: 질투하다

☞ いたむ(痛む) : 아프다, 괴롭다 (107 참조)

1154. 透かす(すかす) : 틈새를 만들다, 성기게 하다 [통할 투(透)]

어원은「すかすか」(틈이 많은 모양)

「すか + す(동사·접미어)」→ すかす

「すかす」: 틈새를 만들다, 성기게 하다

☞ すかすか : 틈이 많은 모양, 구멍이 숭숭 난 모양
어원은「숭숭」(구멍이 많이 나 있는 모양)
『숭숭 〉 수가수가 〉 すかすか』
「すかすか」: 틈이 많은 모양

1155. 膨れる・脹れる(ふくれる) : 부풀다, 불룩해지다 [부풀 팽(膨)]

문어체는 「ふくる」(膨る)

어원은 「불룩해지다」의 「불룩」

불 : 『불 〉부구 〉후구 〉ふく』

룩 : 『룩 〉루 〉る』

「ふくる → ふくれる」(하1단화, 구어체)

「ふくれる」: 불룩해지다, 부풀다

* ふくらす(膨らす, 脹らす) : 부풀리다

  ふくろ(袋) : 주머니(물건을 넣으면 불룩해지는 것에서)

☞ 우리말 종성 「ㄹ」이 일본어로 바뀔 때, 자음이 「ㄱ, ㅁ, ㅅ, ㅈ, ㅊ, ㄷ」으로 바뀌며 모음(ㅣ, ㅡ, ㅏ, ㅜ
  등)이 붙는다. (『종성 ㄹ의 변화표』 8쪽 참조)

1156. 片(かた) : 한쪽, 중심에서 벗어나 한쪽에 치우침 [조각 편(片)]

어원은 「갓길」의 「갓」

「갓길」은 도로 폭 밖의 가장자리에 난 길

(한쪽에 치우쳐져 있음)

『갓 〉갇 〉가다 〉かた』

「かた」: 한쪽, 중심에서 벗어나 한쪽에 치우침

* かたよる(片寄る) : (한쪽으로) 치우치다

1157. 鞭(むち) : 채찍, 회초리 [채찍 편(鞭)]

어원은 「매질」

『매질 〉매지 〉무지 〉むち』

「むち」: 채찍, 회초리

1158. 貶す(けなす) : 폄하하다, 깎아내리다, 헐뜯다 [낮출 폄(貶)]

어원은「깽판」의「깽」

『깽 〉깬 〉깨나 〉けな』

「けな + す(동사·접미어)」→ けなす

「깽판」질로 남을 헐뜯고 폄하하여 망치게 하다.

「けなす」: 폄하하다, 깎아내리다

1159. 坪(つぼ) : 평(땅의 면적) [들 평(坪)]

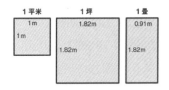

「つち(土, 땅) + きぼ(規模, 규모)」→ つぼ

땅의 규모(크기)를 나타내는 단위

「つぼ」: 평(땅의 면적, 1평≒3.3㎡)

☞ つち(土) : 땅 (443 참조)

1160. 怖じる(おじる) : 무서워하다, 두려워하다 [두려워할 포(怖)]

문어체는「おず」(怖づ)《ず와 づ는 같은 발음임》

어원은「おどおど」(두려워하는 모양)

おどおど(두려워하는 모양) → おず → おじる (구어체, 상1단화)

「おじる」: 무서워하다, 두려워하다

☞ おどおど : 두려워하는 모양

　　어원은「오들오들」(두렵거나 추워서 몸을 떠는 모양)

　　『오들오들 〉오드오드 〉오도오도 〉おどおど』

1161. 浦(うら) : 외해(外海)에 대조되는 내측의 곳, 포구, 해변 [개 포(浦)]

어원을 풀어 쓰면,

「うち(内, 내) + ら(방향, 장소를 나타냄)」

「うちら → うら」

「うら」: 외해(外海)에 대조되는 내측의 곳, 포구, 해변

1162. 廃れる(すたれる) : 쓰이지 않게 되다, 소용없게 되다 [폐할 폐(廃)]

본래 말은「すたる」(廃る)

어원은「すてる」(捨てる. 버리다, 낡은 것을 버리다)

「すてる」가 자동사화된 것이「すたる」로「소용없게 되다」

「すたる → すたれる」(하1단화)

「すたれる」: 쓰이지 않게 되다, 소용없게 되다

☞ すてる(捨てる) : 버리다, 낡은 것을 버리다 (190 참조)

1163. 包み(くるみ) : 휘감아 쌈, 싼 것, 보따리 [쌀 포(包)]

어원은「꾸러미」(꾸리어 싼 물건)

『꾸러미 〉 꾸루미 〉 くるみ』

「くるみ」: 휘감아 쌈, 싼 것, 보따리

* 包む(くるむ) : 감싸다, 둘러싸다

　包める(くるめる) : 한데 합치다, 감싸다

1164. 老舗(しにせ) : 노포, 대대로 내려온 유명한 가게 [가게 포(舗)]

어원은「싱~」(형의 경상 방언)

「싱~」은 영어 senior(연장자, 나이가 많은)와 같은 의미다.

『싱 〉 신 〉 시니 〉 しに』

「しに + みせ(店, 가게)」→ しにせ

「しにせ」: 노포, 대대로 내려온 유명한 가게

2022년도 일본 성씨 순위

全国の名字ランキング

順位	名字	読み方	順位	名字	読み方
1	佐藤	さとう	16	井上	いのうえ
2	鈴木	すずき	17	木村	きむら
3	高橋	たかはし	18	林	はやし
4	田中	たなか	19	斎藤	さいとう
5	伊藤	いとう	20	清水	しみず
6	渡辺	わたなべ	21	山崎	やまざき
7	山本	やまもと	22	森	もり
8	中村	なかむら	23	池田	いけだ
9	小林	こばやし	24	橋本	はしもと
10	加藤	かとう	25	阿部	あべ
11	吉田	よしだ	26	石川	いしかわ
12	山田	やまだ	27	山下	やました
13	佐々木	ささき	28	中島	なかじま
14	山口	やまぐち	29	石井	いしい
15	松本	まつもと	30	小川	おがわ

1. 1위부터 30위까지의 인구 합계는 2,410만 4,000명으로, 일본 총인구 1억 2,665만 4,244명의 약 18% (2021년)

2. 일본의 성씨가 많은 이유는 한자 2자를 조합해서 쓰기 때문이다. 예를 들어 상용한자 2,136자를 가지고 2자씩 조합하면, $2,136C2 (2136 \times 2135 \div 2 = 2,280,180)$. 약 228만 개의 두 자 성씨를 만들 수 있다.

1165. 暴く(あばく) : 파헤치다, 폭로하다 [사나울 폭(暴)]

어원은「엎다」(어간은 엎)

「엎다」는 뒤집어서 속에 든 것이 쏟아지게 하다(폭로하다)

『엎 〉어퍼 〉아파 〉아바 〉あば』

「あば + く (동사를 만드는 접미어)」

비리를 엎어 폭로하다.

「あばく」: 파헤치다, 폭로하다

1166. 漂う(ただよう) : 떠돌다, 표류하다 [떠돌 표(漂)]

「たた(処処, 장소) + かよう(通う, 왔다갔다 하다)」

「たたかよう 〉たたよう 〉ただよう」

떠서 이 장소에서 저 장소로 왔다갔다 하다(→ 표류하다)

「ただよう」: 떠돌다, 표류하다

* たた는 とと(処処)의 모음교체(とと → たた)

☞ と(処) : 장소

　「터」(장소)가「と」로 바뀐 말.『터 〉토 〉と』

1167. 彼方(かなた) : 저쪽, 저편 [저 피(彼)]

어원을 풀어 쓰면,

「か(彼. 저, 저것) + の + かた(方, 쪽, 방향)」

「かのた → かなた」

「かなた」: 저쪽, 저편

☞ かた(方) : 쪽, 방향 (178 참조)

1168. 避ける(よける) : 피하다 [피할 피(避)]

어원은 「よこ」(横, 옆)

「よこ(옆) + える(동사를 만듦)」→ よこえる → よける

옆으로 하다(→ 피하다)

「よける」: 피하다

※ 避ける(さける) : 피하다

　요즘, 건강이 안 좋아 술(さけ, 酒)을 「피하다」→ さける

1169. 乏しい(とぼしい) : 모자라다, 부족하다 [모자랄 핍(乏)]

본래 말은 「ともしい」(乏しい)

어원은 「덤」(덜다의 명사형)

『덤 〉더모 〉도모 〉とも』

「とも + しい(…하다, …듯하다)」→ ともしい → とぼしい

덜어 내서 모자라다.

「とぼしい」: 모자라다, 부족하다

1170. ふぐ(河豚) : 복어 [물 하(河)]

어원은 「복어」의 「복」

『복 〉보구 〉부구 〉후구 〉ふぐ』

[탁음 부(ぶ) → 청음 후(ふ)]

「ふぐ」: 복어

☞ フグ毒は青酸(せいさん)カリの500倍の強さがある猛毒(もうどく)です.

　(복어 독은 청산가리의 500배나 강한 맹독입니다.)

1171. 霞(かすみ) : 안개(특히, 봄 안개)　[노을 하(霞)]

어원을 풀어 쓰면,

「**かすか**(幽か, 어렴풋함) + **み**える(見える, 보이다)」

안개가 끼면 어렴풋하게 보인다.

「かすみ」 : 안개

☞ かすか(幽か) : 어렴풋함 (1040 참조)

☞ 「かすみがせき」(霞が関) : 東京都 千代田区(ちよだく) 남부 일대

　(외무성을 비롯한 여러 관청이 있음, 관청가를 일컬음)

1172. 虐げる(しいたげる) : 학대하다　[모질 학(虐)]

「しいる(強いる, 강요하다) + たげる(상대에게 行為를 한다는 뜻)」

강요를 상대에게 하는 것, 학대하다.

「しいたげる」 : 학대하다

☞ しいる(強いる) : 강요하다

　「し」는 する(하다)의 연용형. 「しい」는 「し」의 장음으로 길게 발음하면 강요한다는 느낌을 준다.

1173. 檻(おり) : 우리, 감방　[난간 함(檻)]

어원은 「우리」

『우리 〉오리 〉おり』

「おり」 : 우리, 감방

1174. 海老(えび) : 새우　[바다 해(海)]

어원은 「새비」(새우의 경상, 전북 방언)

『새비 〉애비 〉えび』(ㅅ → ㅇ)

「えび」 : 새우

1175. 解く(ほどく) : 풀다, 뜯다, 알기 쉽게 풀이하다 [풀 해(解)]

어원은「풀다」(어간은 풀)

『풀 〉푸도 〉포도 〉호도 〉ほど』[반탁음 포(ぽ) → 청음 호(ほ)]

「ほど + く」→ ほどく

「ほどく」: 풀다, 알기 쉽게 풀이하다

* 解ける(ほどける) : 풀어지다

☞ 우리말 종성「ㄹ」이 일본어로 바뀔 때, 자음이「ㄱ, ㅁ, ㅅ, ㅈ, ㅊ, ㄷ」으로 바뀌며 모음(ㅣ, ㅡ, ㅏ, ㅗ 등)이 붙는다. (「종성 ㄹ의 변화표」 8쪽 참조)

1176. 蟹(かに) : (바다의) 게   [게 해(蟹)]

어원은「게」

『게 〉거이 〉가이 〉가니 〉かに』

「かに」: (바다의) 게

1177. 幸(さち) : 행복, 행운, 자연에서 얻은 음식   [다행 행(幸)]

어원은「살」(화살)

『살 〉사치 〉さち』

「살」이 일본어로 바뀔 때「さ」또는「さち」로 바뀜

화살로 사냥감을 잡으면 정말「행운」이라는 뜻이다.

(활은 총에 비해 명중률이 낮다)

「さち」: 행복, 행운, 자연에서 얻은 음식

1178. 幸う(さいわう) : 행복하게 되다 [다행 행(幸)]

풀어 쓰면,

「さき(咲き, 꽃이 핌) + わう(동사를 만듦)」

「さきわう → さいわう」

꽃이 피어 행복하게 되다.

「さいわう」: 행복하게 되다

* 幸い(さいわい) : 행복, 다행

☞ 咲く(さく) : 꽃이 피다/さくら(桜, 벚꽃)가 피다

1179. 幸せ(しあわせ) : 행복, 행운 [다행 행(幸)]

풀어 쓰면,

し(する의 연용형) + あわせ(合わせ, 합치다)

(떨어져 있던) 부부가 다시 합쳐서 행복하게 되다.

「しあわせ」: 행복, 행운

1180. まばゆい(目映い, 眩い) : 눈부시다 [어지러울 현(眩)]

풀어 쓰면,

「ま(目, 눈) + はゆ(映ゆ, 빛나다) + い(형용사·접미어)」

まはゆい → まばゆい(눈부시다)

☞ はゆ(映ゆ) : 빛나다, はえる(映える, 빛나다)의 문어체

하얀 이빨(は, 歯)이 나서 빛나 보이다.

1181. 賢しい(さかしい) : 영리하다, 건방지다 [어질 현(賢)]

어원은「싹싹하다」(어근은 싹싹)

「싹싹하다」는 눈치가 빠르고 사근사근하다. 눈치가 빠른 것은 영리하다
는 의미다.

『싹 〉싸가 〉사가 〉さか』

「さか + しい(…하다, …듯하다)」→ さかしい

「さかしい」: 영리하다, 건방지다

1182. 脅す(おどす) : 으르다, 위협하다, 협박하다 [위협할 협(脅)]

어원은「おどおど」(두려워하는 모양)

「おど + す(동사·접미어)」→ おどす

「おどす」: 으르다, 위협하다, 협박하다

☞ おどおど : 두려워하는 모양

　　어원은「오들오들」(춥거나 무서워서 몸을 매우 떠는 모양)

　　『오들오들 〉오드오드 〉오도오도 〉おどおど』

1183. 惑う(まどう) : 갈팡거리다, 어찌할 바를 모르다, 잘못 생각하다 [미혹할 혹(惑)]

풀어 쓰면,

「まど(窓. 창, 창문) + う(동사·접미어)」

창구가 많아 어디서 담당하는지 몰라 갈팡거리다.

「まどう」: 갈팡거리다, 어찌할 바를 모르다, 잘못 생각하다

* 惑わす(まどわす) : 생각을 헷갈리게 하다, 어지럽히다

　戸惑う(とまどう) : 어리둥절해 하다, 망설거리다

☞ まど(窓) : 창, 창문

　　「ま(目, 눈) + と(戸·門, 문)」→ まと → まど

　　눈으로 보는 문이 창문이다.

1184. 喚く (わめく) : 큰소리로 외치다, 크게 떠들다 [부를 환(喚)]

어원은 외치는 소리「와(わ)」

「와(의성어) + めく(동사를 만듦)」→ わめく

「わめく」: 큰소리로 외치다, 크게 떠들다

1185. 狐 (きつね) : 여우 [여우 호(狐)]

어원은 여우의 우는 소리「낏낏」

『낏낏 〉 낏낏 〉 끼쯔 〉 きつ』

「きつ + ね(첨가어)」→ きつね

「きつね」: 여우

* おおかみ(狼) : 이리

1186. 惚れる (ほれる) : 반하다, 넋을 잃다 [황홀할 홀(惚)]

어원은「홀리다」

『홀리 〉 호리 〉 호래 〉 ほれ』

「ほれ + る(동사·접미어)」→ ほれる

「ほれる」: 반하다, 넋을 잃다

*「홀리다」는 유혹에 빠져 넋을 잃고 정신을 차리지 못하는 것을 말한다.

1187. 惚ける(ぼける) : (감각·의식) 흐려지다, 멍청해지다 [황홀할 홀(惚)]

어원은 「보얗게 되다」

「보얗다」는 연기나 안개가 낀 것처럼 선명하지 못하고 조금 하얗다.

『보얗게 〉보야케 〉보케 〉ぼけ』

「ぼけ + る(동사·접미어)」→ ぼける

「ぼける」: (감각·의식 등이) 흐려지다, 멍청해지다

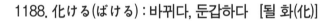

* ぼやける : 희미해지다, 부예지다

  とぼける(惚ける) : 얼빠지다, 정신 나가다

※ 「ぼける」와「ぼやける」의 차이

  시각적으로는「ぼける」와「ぼやける」는 같은 의미다.

  그러나「ぼける」에는「멍청해지다」라는 뜻이 하나 더 있다.

1188. 化ける(ばける) : 바뀌다, 둔갑하다 [될 화(化)]

어원은 「바뀌다」

『바뀌 〉바께 〉ばけ』

「ばけ + る(동사·접미어)」→ ばける

「ばける」: 바뀌다, 둔갑하다

* 化け物(ばけもの) : 도깨비

1189. 和ぐ(なぐ) : 평온해지다, 가라앉다 [화할 화(和)]

어원은「나긋하다」(어근은 나긋)

「나긋하다」는 보드랍고 연하다, 부드럽다.

『나긋 〉나그 〉なぐ』

「なぐ」: 평온해지다, 가라앉다

라멘 10선(2022년)

1위：丸源ラーメン(まるげん ラーメン)

2001년 6월 아이치현(愛知県) 안죠시(安城市, あんじょうし)에서 오픈.
전문인 숙성 간장을 사용한 「숙성 쇼유라멘 니쿠소바」(熟成醤油ラーメン肉そば)는 희소 부위를 살짝
익힌 고기가 부드럽게 먹기 쉬운 것이 특징. 유자 후추가 향과 맛을 더해 줌. 그리고 「숙성 쇼유 돈코츠
(赤)」도 인기

2위：天下一品(てんかいっぴん)

1971년 라멘 포장마차로 시작. 4년에 걸쳐 만든 스프는 진하면서도 뒷맛이 깔끔함. 한 번 먹으면 중독
되어 계속 찾게 될 정도임

3위：ラーメン山岡家(ラーメンやまおかや)

라멘 「야마오카야」는 이바라기현(茨城県) 우시구市(牛久市, うしくし)에 1호점을 낸 라멘 체인점. 25
년 이상 이어 온 쇼유라멘(醤油ラーメン)을 필두로, 미소라멘(味噌ラーメン), 시오라멘(塩ラーメン)
등이 인기

4위：ラーメンショップ(라멘숍)

1982년부터 계속되어 온 라멘 체인점은 후쿠시마현(福島県) 고오리야마시(郡山市, こおりやまし)에
서 창업했다. 간판메뉴인 파 라멘(ネギラーメン)은 모든 사람에게 친숙한 맛. 면만이 아니라 김치도
직접 만든다고 함

5위：一蘭(いちらん)

천연 돈코츠라멘 전문점을 내세우는 이치란. 1993년 제1호점 나노가와점(那の川店)을 시작으로 전국
에 전개하는 라멘 체인점. 냄새가 없는 돈코츠 스프와 가는 면이 맛있다. 좌석이 구분되어 있는 가게도
있음

6위 : スガキヤ(愛知県)
7위 : 喜多方ラーメン坂内(きたかたラーメンばんない, 福島)
8위 : 来来亭(らいらいてい)
9위 : くるまやラーメン
10위 : 博多一風堂(はかたいっぷうどう)

마루겐라멘

天下一品

라멘 야마오카야

라멘숍

이치란

1190. 和む(なごむ) : 누그러지다, 온화해지다 [화할 화(和)]

어원은「나긋나긋」(보드랍고 연한 모양)

『나긋 〉나그 〉나고 〉なご』

「なご + む(동사를 만드는 접미어)」→ なごむ

「なごむ」: 누그러지다, 온화해지다

* なごやか(和やか) : 부드러움, 온화함

☞ 아이치(愛知) 현 현청 소재지가「나고야」(名古屋, なごや)시인데 지명의 유래가「和やかな地」이다.
날씨가 온화하다는 의미가 아니고, 지형이 평탄하고 수해 등이 없다고 하는 지역이라는 뜻이다.

1191. 和える(あえる) : 무치다, 버무리다 [화할 화(和)]

어원은「아우르다」(한데 합치다)

『아우르 〉아에르 〉아에루 〉あえる』

「あえる」: 무치다, 버무리다

1192. 滑らか(なめらか) : 매끄러운 모양, 매끈매끈한 모양   [미끄러울 활(滑)]

「なめる(嘗める, 핥다) + らか(…와 같은 모양)」

엿을 핥으면 매끈매끈해진다.

「なめらか」: 매끄러운 모양, 매끈매끈한 모양

☞ 嘗める(なめる) : 핥다

　어원은「날름」(혀를 내밀었다 들이는 모양)

　개가 혀로 자신의 코를「날름날름」핥다.

　『날름 〉나름 〉나르매 〉나매 〉なめ』

　「なめ + る」→ なめる(핥다)

1193. 幻(まぼろし) : 환상, 환영   [헛보일 환(幻)]

어원은「홀리다」의「홀」

『홀 〉호로 〉보로 〉ぼろ』

「ま(目, 눈) + ぼろ + し(접미어)」→ まぼろし

눈이 홀려 헛보이는 것이 환상이다.

「まぼろし」: 환상, 환영

1194. 荒ぶ(すさぶ) := すさむ. 거칠어지다, 생활이 무절제하다   [거칠 황(荒)]

어원은「스산하다」

① 몹시 어수선하고 쓸쓸하다.

② 날씨가 흐리고 으스스하다.

『스산 〉스사 〉すさ』

「すさ + ぶ(동사·접미어)」→ すさぶ

「すさぶ」: (스산해서 마음이) 거칠어지다

1195. 懐く(なつく) : 따르다 [품을 회(懐)]

풀어 쓰면,

「なれる(馴れる, 친숙해지다) + つく(付く.붙다, 달라붙다) → なつく

친숙해져서 잘 따르다.

「なつく」: 따르다

☞ なれる(馴れる) : 친숙해지다, 따르다

　　어원은「날이 가다」의「날」

　　날이 지나면서 사람들이 서로 친숙해지다.

　　『날 〉나래 〉なれ 〉なれる』

1196. 賄う(まかなう) : 조달하다, 꾸려 가다   [재물 회(賄)]

어원은「마카」(모두의 경상 방언)

『마카 〉まか』

「まか + なう(동작을 나타내는 접미어)」

모두 알아서 하다(즉, 조달해 꾸려 가다).

「まかなう」 : 조달하다, 꾸려 가다

1197. 懐かしい(なつかしい) : 그립다   [품을 회(懐)]

어원은「なつく」(懐く, 따르다)의 형용사화

「(なつく → なつか) + しい(…스럽다)」

나를 몹시 따르던 친구라서 그립다.

「なつかしい」 : 그립다

☞ 「낯짝」(낯의 속된 말)으로 풀이할 수 있다.

  『낯짝 〉나짝 〉나짜가 〉나쯔가 〉なつか』

  「なつか + しい(…스럽다)」→「なつかしい」

  (옛 친구의) 낯이 그립다.

1198. 朽ちる(くちる) : 썩다   [썩을 후(朽)]

어원은「구질구질하다」(깨끗하지 못하고 구저분하다)

『구질 〉구지 〉くち』

「くち + る(동사·접미어)」→ くちる

구질구질하게 되다(→ 썩다).

「くちる」 : 썩다

☞ くさる(腐る) : 부패하다, 썩다 (360 참조)

1199. 携わる(たずさわる) : 관계하다, 종사하다 [이끌 휴(携)]

풀어 쓰면,

「た(手, 손) + ず(첨가어) + さわる(触る. 닿다, 손을 대다)」

(어떤 일에) 손을 대다(→ 종사하다)

「たずさわる」: 관계하다, 종사하다

* 携える(たずさえる) : 휴대하다, 손에 들다

☞ さわる(触る) : 닿다, 손을 대다 (271 참조)

1200. 恰も(あたかも) : 마치, 흡사 [흡사할 흡(恰)]

어원을 풀어 쓰면,

「**あたる**(当たる. 맞다, 적중하다) + か(접미어) + も(조사)」

→ あたかも

마치 정확히 적중한 듯이(흡사)

「あたかも」: 마치, 흡사

* あたる(当たる) : 맞다, 당하다 (526 참조)

  あてる(当てる) : 맞히다, 명중시키다

  あてる(宛てる) : …앞으로 보내다

1. ひな(鄙) : 시골, 촌 [더러울 비(鄙)]

　　어원은「벼」

　　『벼 〉비 〉히 〉ひ』[탁음 비(び) → 청음 히(ひ)]

　　「ひ + な(菜, 나물, 야채) → ひな

　　벼와 나물이 자라는 곳

　　「ひな」: 시골, 촌

　　 * な(菜) : 나물, 야채 / 어원은「나물」의「나」

2. さえる(冴える) : 추위가 혹독하게 되다, (머릿속) 맑아지다   [얼 호(冴)]

　　어원을 풀어 쓰면,

　　「살 + 에다(도려내듯 베다)」

　　『사(← 살) + 에 〉사에 〉さえ』

　　「さえ + る(동사를 만드는 접미어)」

　　살을 에는 듯이 추워지다(차가우면 정신이 맑아진다).

　　「さえる」: 추위가 혹독하게 되다, (머릿속) 맑아지다.

3. かき(垣) : 울타리, 담   [담 원(垣)]

　　어원을 풀어 쓰면,

　　「かこむ(囲む, 둘러싸다) + き(木, 나무)」

　　「かこむ + き 〉かき」

　　나무로 둘러싼 것(울타리)

　　「かき」: 울타리, 담

　　 * かきま(垣間) : 울타리 빈틈

　　 * かいまみる(垣間見る) : 틈으로 살짝 (엿)보다

　　　(かきまみる → かいまみる)

　　 ☞ かこむ(囲む) : 둘러싸다 (400 참조)

4. いぶかしい(訝しい) : 의아스럽다, 수상쩍다 [의심할 아(訝)]

    어원은「의붓」

    『의붓 〉이붗 〉이부카 〉いぶか』

    「いぶか + しい(…하다, …스럽다)」

    의붓아들이라고 하나 의아스러운 데가 있다.

    「いぶかしい」: 의아스럽다, 수상쩍다

    ☞「がっこう(学校)」=「がく(学) + こう(校)」= 갖꼬(= 가꾸꼬)

      「붖 = 부카」등식 관계임

5. ふところ(懐) : 품, 호주머니 [품을 회(懐)]

    어원을 풀어 쓰면,

    「ふかい(深い, 깊다) + ところ(所・処, 곳, 장소)」→ ふところ

    옷의 깊은 곳

    「ふところ」: 품, 호주머니

6. やたら(矢鱈) : 함부로 하는 모양 [矢鱈는 취음(取音)]

    취음한 한자로 풀이하면

    「や(矢, 화살) + たら(鱈・大口魚, 대구)」

    화살로 대구의 눈을 맞추는 내기를 하다(생선을 함부로 취급하다).

    「やたら」: 함부로 하는 모양

    ☞ たら(鱈, 大口魚) : 대구 (1077 참조)

7. ふける(耽る) : 탐닉하다, 빠지다 [즐길 탐(耽)]

    어원은「혹하다」의「혹」

    『혹 〉호게 〉후게 〉ふけ 〉ふける』

    「ふける」: 탐닉하다, 빠지다

    * 혹하다 : 홀딱 반하거나 빠져서 정신을 못 차리다

8. せがむ : 조르다, 졸라대다

　　어원은「씨가지」(혀의 방언, 속어)

　　『씨가 > 쎄가 > せが > せがむ』

　　씨가지를 자꾸 놀려 조르다.

　　「せがむ」: 조르다, 졸라대다

9. ねる(練る) : 이기다, 반죽하다　[익힐 련(練)]

　　어원은「니기다」의「니」(이기다의 옛말)

　　『니 > 내 > ね > ね + る(동사·접미어)』

　　「ねる」: 이기다, 반죽하다

　　☞「니기다」는 영어「knead」(반죽하다)와 동근(同根)으로 보인다.

10. ゆるむ(緩む, 弛む) : 느슨해지다　[느릴 완(緩)]

　　　어원은「ゆるゆる」(느슨함, 헐렁함)

　　「ゆる + む(동사·접미어)」

　　「ゆるむ」: 느슨해지다

　　* ゆるめる(緩める) : 늦추다, 완화하다

　　☞ ゆるゆる : 느슨함, 헐렁함 (373뒤〈쉬어 가는 곳〉참조)

11. おだてる(煽てる) : 치켜세우다, 부추기다　[부채질할 선(煽)]

　　「おし(押し, 밀다) + たてる(立てる, 세우다)」

　　「おしたてる → おだてる」

　　밀어서 세우다(→ 치켜세우다)

　　おだてる(煽てる) : 치켜세우다, 부추기다

12. そぐう(適う) : 어울리다, 걸맞다 [맞을 적(適)]

어원은 「쏙」(마음에 들거나 닮은 모양)

『쏙 〉 쏘구 〉 そぐ 〉 そぐ+う』

서로 닮은 데가 있어 어울리다.

「そぐう」: 어울리다, 걸맞다

☞ 이 말은 보통 不定形으로 쓰임

そぐわない(適わない) : 어울리지 않다, 맞지 않다

13. ばてる : 지치다, 녹초가 되다, 뻗다

어원은 「뻗다」(어간은 뻗)

『뻗 〉 빤 〉 빠데 〉 바데 〉 ばて』[반탁음 빠(ぱ) → 탁음 바(ば)]

「ばて + る(동사·접미어)」

「ばてる」: 뻗다, 지치다, 녹초가 되다

14. いたむ(悼む) : 애도하다, 슬퍼하다 [슬퍼할 도(悼)]

어원은 「잃다」(어간은 잃)

「잃다」는 가까운 사람이 죽어서 그와 이별하다

『잃 〉 일 〉 이다 〉 いた』

「いた + む(동사·접미어)」

가까운 사람을 잃어 그의 죽음을 슬퍼하다.

「いたむ」: 애도하다, 슬퍼하다

※ 우리말 종성 「ㄹ」이 일본어로 바뀔 때, 자음이 「ㄱ, ㅁ, ㅅ, ㅈ, ㅊ, ㄷ」으로 바뀌며 모음(ㅣ, ㅡ, ㅏ
   등)이 붙는다. (「종성 ㄹ의 변화표」8쪽 참조)

15. たもつ(保つ) : 가지다, 지니다, 지키다 [지킬 보(保)]

어원을 풀어 쓰면,

「た(手, 손) + もつ(持つ, 쥐다, 가지다)」

손에 가지다

「たもつ」: 가지다, 지니다, 지키다

16. とう(問う) : 묻다, 질문하다 [물을 문(問)]
    어원은「묻다」(어간은 묻)
    『묻 〉무도 〉도 〉도우 〉とう』
    「とう」: 묻다, 질문하다

17. さすらう(流離う) : 방랑하다, 떠돌다, 유랑하다 [흐를 류(流)]
    어원을 풀어 쓰면,
    「さける(避ける, 피하다) + する(為る, 하다) + う(계속을 나타냄)」
    「さするう → さすらう」
    할 일을 피해 떠돌다.
    「さすらう」: 방랑하다, 떠돌다, 유랑하다

18. さずける(授ける) : (윗사람이 아랫사람에게) 주다, 하사하다 [줄 수(授)]
    어원을 풀어 쓰면,
    「さげる(下げる, 내리다, 내려주다) + つく(付く)」
    「さつく → さつける → さづける → さずける」(하1단화)
    「さずける」: (윗사람이 아랫사람에게) 주다, 하사하다

19. やしなう(養う) : 기르다, 양육하다 [기를 양(養)]
    어원은「양식」
    『양식 〉야시 〉やし』
    「やし + なう(동작을 나타내는 접미어)」
    양식을 구입하여 자식을 양육하다.
    「やしなう」: 기르다, 양육하다

20. かつお(鰹) : 가다랑어 [가물치 견(鰹)]
    어원은「가다랑어」
    『가다랑 〉가드롱 〉가즈로오 〉가즈오 〉かつお』

*「카츠오부시」(かつおぶし, かつお節)는 육수를 내는 재료로 많이 사용

21. よこたえる(横たえる) : 가로 놓다, (칼 등)옆으로 차다 [가로 횡(横)]
    문어체는「よこたう」(横たう)
    「よこ(横, 옆) + たう」→ よこたう → よこたえる(하1단화, 구어체)
    「よこたえる」: 가로 놓다, (칼 등)옆으로 차다

    * よこたわる(横たわる) : 가로 눕다, 가로놓이다

22. もえる(萌える) : 싹트다 [움 맹(萌)]
    「もえ」를 축약하면「め」(芽, 싹)가 된다. (모에 〉메)
    「もえ(= め, 싹) + る(동사·접미어)」
    「もえる」: 싹트다

23. いちご(苺, 莓) : 딸기 [딸기 매(苺)]
    어원은「딸기」
    『딸기 〉따알기 〉알기 〉일기 〉일고 〉이치고 〉いちご』(た 탈락)
    「いちご」: 딸기

    ☞ 우리말 종성「ㄹ」이 일본어로 바뀔 때, 자음이「ㄱ, ㅁ, ㅅ, ㅈ, ㅊ, ㄷ」으로 바뀌며 모음(ㅣ, ㅡ, ㅏ
      등)이 붙는다. (『종성 ㄹ의 변화표』8쪽 참조)

    ※ 日本書紀(720년)에는「イチビコ」라고 되어 있는데, ビコ는 美子로 맛이 있는 열매라는 뜻으로
      ビ(美)가 추가된 것으로 보인다.

24. ゆり(百合) : 백합, 나리
    어원은「나리」
    『나리 〉나아리 〉아리 〉우리 〉유리 〉ゆり』(ㄴ 탈락)
    「ゆり」: 백합, 나리

25. ひいでる(秀でる) : 빼어나다, 뛰어나다 [빼어날 수(秀)]

문어체는 「ひいづ」(秀づ)

어원은 「빼어나다의」의 「빼어」

『빼어 〉 삐이 〉 히이 〉 ひい』[반탁음 삐(ぴ) → 청음 히(ひ)]

「ひい + づ(동사·접미어)」 → ひいづ → ひいでる(하1단화, 구어체)

「ひいでる」 : 빼어나다, 뛰어나다

26. ひずむ(歪む) : 비뚤어지다, 일그러지다, 뒤틀리다 [기울 왜(歪)]

어원은 「삐지다」

『삐지 〉 삐즈 〉 히즈 〉 ひず』(반탁음 삐 → 청음 히)

「ひず + む(동사·접미어)」

「ひずむ」 : 비뚤어지다, 일그러지다, 뒤틀리다

* 삐지다 : 마음이 뒤틀리다

27. ひらめく(閃く) : 번뜩이다, 순간적으로 번쩍이다 [번쩍일 섬(閃)]

「ひらひら(빛이 번뜩이는 모양) + めく (동사·접미어)」 → ひらめく

「ひらめく」 : 번뜩이다, 순간적으로 번쩍이다

☞ ひらひら : 팔랑팔랑, 빛이 번뜩이는 모양, 불꽃이 흔들리는 모양

어원은 「팔랑팔랑」

『팔랑 〉 파라 〉 피라 〉 히라 〉 ひら』

(깃발이나 빛이) 팔랑팔랑 거리다.

「ひらひら」 : 팔랑팔랑, 빛이 번뜩이는 모양

28. わく (枠) : 테두리, 테, 틀 [벚나무 화(枠)]

    어원은 「바쿠」(바퀴의 방언)

    「바퀴」는 돌리거나 굴리려고 '테' 모양으로 둥글게 만든 물건

    『바쿠 〉하쿠 〉와쿠 〉わく』

    [반탁음 바(ば) → 청음 하(は) → 여린소리 와(わ)]

    「わく」: 테두리, 테, 틀

29. おごそか(厳か) : 엄숙함 [엄할 엄(厳)]

    어원은 「엄격하다」의 어근 「엄격」

    『엄격 〉어겨 〉오교 〉오고 〉おご』

    「おご + そか(상태를 나타내는 접미어)」

    「おごそか」: 엄숙함

30. たまる(堪る) : 참다, 견디다 [견딜 감(堪)]

    어원은 「참다」(어간은 참)

    『참 〉차마 〉ちゃま 〉たま 〉たま』

    (요음 「ちゃ」가 직음화로 가까운 음인 「た」로 바뀜)

    「たま + る(동사·접미어)」

    「たまる」: 참다, 견디다

    ※ 보통은 부정(否定)을 수반하여, 堪りません(참지 못하다)

    ☞ 직음(直音, ちょくおん) : 요음(拗音, きゃ), 촉음(促音, きっ), 발음(撥音, ん) 이외의 가나(仮名)
       한 자로 표시되는 음

의성어
및
의태어

(1) **ぐっすり** : 푹, 깊이 잠든 모양

약(くすり, 藥)을 먹고 푹 자다.

(2) **すくすく** : 쑥쑥, 무럭무럭

『쑥쑥 〉 숙숙 〉 수구수구 〉 すくすく』

* 부모는 자녀가 쑥쑥(すくすく) 자라는 것을 좋아한다.

→ すく (好く, 좋아하다)

(3) **のびのび** : 쭉쭉 뻗어나는 모양, 느긋한 모양

『높이높이 〉 노피노피 〉 노비노비 〉 のびのび』

(4) あっぷあっぷ(= あぶあぶ) : 아푸아푸, 어푸어푸

물에 빠져서 물을 켜며 괴롭게 내는 소리

(5) ばたばた : 파닥파닥, 날개를 움직이는 소리

『파닥파닥 〉 파다파다 〉 바다바다 〉 ばたばた』

* はばたく(羽ばたく) : 날개 치다

(6) ぴょんぴょん : 깡충깡충, 뛰어오르는 모양

「뿅」하고 갑자기 뛰어서 나타나다.

(7) うろうろ : 허둥지둥, 어슬렁어슬렁

「우(右)로 우로」, 「좌(左)로 좌로」 허둥대다.

(8) くんくん : 킁킁, 냄새를 맡는 모양

『킁킁 〉쿵쿵 〉くんくん』

(9) すらすら : 막힘없이 원활히 진행되는 모양, 술술

『술술 〉수라수라 〉すらすら』

(10) ぺらぺら : 외국어를 능숙하게 구사하는 모양

목소리를 잘 「뻬라뻬라」 하며 치켜세우다.

(11) もくもく : 묵묵, 아무 말 없음

묵묵(黙黙, もくもく) : 말이 없음

(12) ばりばり : 일을 척척 해 나가는 모양

차에 짐을 한 바리, 두 바리, 세 바리 열심히 나르다.

* 바리 : 마소(馬牛)의 등짐이나 화물차의 짐을 세는 단위

(13) ぼんやり : 멍청히, 멍텅구리

「봉」(棒, 몽둥이)에 맞아 머리가 띵한 모양

(14) しみじみ(染染) : 마음속 깊이 느끼는 모양

* しみる(染みる, 스며들다)

(15) くよくよ : 끙끙, 걱정하는 모양

『끙끙〉꿍꿍〉꾸요꾸요〉くよくよ』

(16) おんおん : 엉엉(큰 소리로 우는 모양)

『엉엉 〉 옹옹 〉 おんおん』

(음성모음 ㅓ → 양성모음 ㅗ)

(17) わくわく : 두근두근

기쁨이 샘솟아(わく, 涌く) 가슴이 두근두근

『わく 〉 わくわく』

(18) どきどき : 두근두근

「도끼, 도끼」 쌍도끼를 들고 있어 가슴이 두근두근

(19) ぴかぴか : 번쩍번쩍

　　「빛깔이(비까리 → **삐까리**) 번쩍번쩍」

(20) ざあざあ : 좍좍, 쏴아쏴아, 비가 몹시 오는 소리

　　『좍좍 〉좌좌 〉자아자아 〉ざあざあ』

(21) きらきら : 반짝반짝, 밝게 빛나는 모양

　　전구를 「키라」(켜라) 반짝반짝 빛나게.

　　* きらめく (煌めく) : 반짝이다, 빛나다

(22) **とぼとぼ** : 터벅터벅(걷는 모양)

『터벅터벅 〉터버터버 〉토보토보 〉とぼとぼ』

(일본어에는 음성모음이 없어 ㅓ가 ㅗ로 바뀜)

 * **とぼしい(乏しい)** : 모자라다, 없다

   돈이 없어 터벅터벅(とぼとぼ) 걸어서 가다.

(23) **あつあつ(熱熱)** : 뜨거운 모양

『아, 뜨거워 〉아뜨 〉아쯔 〉あつ』

(24) **ばらばら(散散)** : 뿔뿔이

『뿔뿔 〉빨빨 〉발발 〉바라바라 〉ばらばら』

 * **ばらまく(散播く)** : 흩뿌리다

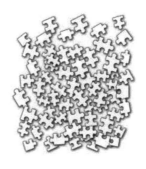

(25) **のろのろ** : 느릿느릿, 꾸물꾸물

「놀보」(놀부) 걸음 걷듯이 느릿느릿.

『느릿느릿 〉 느리느리 〉 노리노리 〉 노로노로 〉 のろのろ』

* のろい(鈍い) : 느리다, 둔하다

(26) **のんびり** : 유유이, 한가로이

「노는 일에 빠져 빌빌거리다」

* 빌빌거리다 : 일정한 직업이 없거나 하는 일 없이 계속 지내다

(27) **ぱさぱさ** : 바삭바삭, 물기(기름기)가 없는 모양

『바삭바삭 〉 바사바사 〉 ぱさぱさ』

(28) ひしひし(犇犇) : 바싹바싹, 강하게 느끼는 모양

적군이 필사적으로(ひっし, 必死)으로 바싹바싹 조여 오다.

なんて読む?

犇犇

牛だらけ

(29) ぶらぶら : 흔들흔들, 어슬렁어슬렁, 빈둥빈둥

시계 불알(→ 부랄 → **부라**알. 시계추)이 흔들흔들 왔다갔다 하다.

(30) しとしと : 비 따위가 조용히 내리는 모양, 촉촉이, 추적추적

しとやか(淑やか, 정숙한 모양) → しとしと(조용한 모양)

* しとやか(淑やか) : 정숙한 모양 (971 참조)

일본어 발음수 [日本語の音の数]

• 발음수(112개) : 청음 44, 탁음 20, 반탁음 5, 요음 42, 발음(撥音) 1

【직음(直音)】

청음(清音)					탁음(濁音)					반탁음(半濁音)				
あ	い	う	え	お										
か	き	く	け	こ	が	ぎ	ぐ	げ	ご					
さ	し	す	せ	そ	ざ	じ	ず	ぜ	ぞ					
た	ち	つ	て	と	だ	ぢ	づ	で	ど					
な	に	ぬ	ね	の										
は	ひ	ふ	へ	ほ	ば	び	ぶ	べ	ぼ	ぱ	ぴ	ぷ	ぺ	ぽ
ま	み	む	め	も										
や		ゆ		よ										
ら	り	る	れ	ろ										
わ				(を)										

㈜ 발음(撥音) : ん, 「お」와 「を」는 같은 발음임.

【요음(拗音)】

きゃ	きゅ	きょ	ぎゃ	ぎゅ	ぎょ
しゃ	しゅ	しょ	じゃ	じゅ	じょ
ちゃ	ちゅ	ちょ	ぢゃ	ぢゅ	ぢょ
にゃ	にゅ	にょ			
ひゃ	ひゅ	ひょ	びゃ	びゅ	びょ
みゃ	みゅ	みょ	りゃ	りゅ	りょ

ぴゃ　　　ぴゅ　　　ぴょ

くゎ(kwa)　　　くゐ(kwi)　　　くゑ(kwe)
ぐゎ(gwa)　　　ぐゐ(gwi)　　　ぐゑ(gwe)

우리말 어원의
일본어 단어

ⓒ 한창화, 2023

개정판 1쇄 발행 2023년 8월 1일
　　　　2쇄 발행 2024년 1월 4일

지은이　　한창화
펴낸이　　이기봉
편집　　　좋은땅 편집팀
펴낸곳　　도서출판 좋은땅
주소　　　서울특별시 마포구 양화로12길 26 지월드빌딩 (서교동 395-7)
전화　　　02)374-8616~7
팩스　　　02)374-8614
이메일　　gworldbook@naver.com
홈페이지　www.g-world.co.kr

ISBN　979-11-388-2163-6 (03730)